集人文社科之思 刊专业学术之声

刊　　名：社会学刊
主办单位：复旦大学社会学系
主　　编：刘　欣
副主编：李　煜　胡安宁

JOURNAL OF SOCIOLOGICAL STUDIES（No.2）

投稿邮箱
shxk@fudan.edu.cn

联系电话
+86-21-65648471

第2期

集刊序列号：PIJ-2018-255

中国集刊网：www.jikan.com.cn

集刊投约稿平台：www.iedol.cn

社會學刊

第 2 期

Journal of Sociological Studies（No.2）

主编／刘　欣

副主编／李　煜　胡安宁

社会科学文献出版社
SOCIAL SCIENCES ACADEMIC PRESS (CHINA)

社會学刊

Journal of Sociological Studies

第 2 期

2019 年 8 月出版

专题研究

译　介

《社会学刊》第 2 期

第 1~21 页

© SSAP，2019

城市居民阶层隔离与空间分异研究

梁玉成　李蔓莉*

摘　要： 居住隔离是我国城市化发展中阶层差异的空间投射。在西方社会，居住隔离限制了不同群体的交往，这与异群体间的刻板印象和族群歧视相关，并会导致阶层不平等的固化和贫困聚集。本文回顾了我国"再分配－市场"转型、地域流动以及住房改革等政治经济制度背景，将"时间性"纳入城市空间研究范畴，区分了新老城区及空间特征和中产阶层内部的居住差异。本文发现，新城区的居住隔离比老城区更高；体制内、本地中产阶层在老城区占比更高，体制外、外地中产阶层在新城区占比更高。还初步考察了居住隔离对强化现有阶层结构的负面作用。最后反思我国现有城市规划，建议加强对城市区域人口分布的管控，并引导增加社区内部的居民构成异质性。

关键词： 居住隔离　空间分异　中产阶层

一　问题的缘起

我国目前进入了快速城市化阶段，城市人口构成逐渐复杂化，社会阶层区分日益明显，并开始投射为居住模式的差异。例如，房地产市场的繁荣发

---

* 梁玉成，中山大学社会学与人类学学院社会学与社会工作系教授，lyucheng@ mail. sysu. edu. cn；李蔓莉，中山大学社会学与人类学学院博士研究生。

展，各类高档社区层出不穷，以迎合高层消费者的需求；另一端，低收入人群无力搬离公共服务匮乏、配套设施老旧的社区；同时，城乡接合部和"城中村"则成为流动人口的栖身之所。这都预示着我国居民居住模式初显空间分异。

"居住隔离"强调同类群体内部集中居住、异群体之间隔离居住的形态。在西方社会，居住隔离成为城市化过程中不可避免的问题，居住隔离主要与族群特征相关联，严重阻碍了不同族群的互动，从而导致族群间的刻板印象和歧视。"接触理论"是解释两个群体彼此印象形成的代表理论之一，在同等条件下，接触对于印象的形成有积极的作用（Park，1950），而居住隔离的加深会降低群体间的接触频率，进而引发群体间的疏远、误解和敌视。基于此，本文力图呈现我国城市的阶层隔离与中产阶层内部因职业和户籍导致的隔离，通过梳理我国城市化进程中的政治经济制度背景，将宏观的阶层隔离状态与微观的"择居"逻辑相结合，并初步考察居住隔离的社会后果。

二　文献综述

本文主要研究城市居民阶层隔离与空间差异状况，因此首先回顾了城市居住隔离的理论与计算方式，并根据我国城市发展历史，对城市空间、中产阶层类型划分及两者关系进行总结；最后讨论空间隔离对于社会不平等的影响，为我国城市空间变迁与现状提供完整的理解框架。

（一）城市居住隔离研究

1. 居住形态产生的原因

城市居民的空间分布与流动是城市社会学中经久不衰的议题。虽然交通和通信手段的发达使社会关系超越空间束缚，瓦解着邻里间的稳定性和亲密性，但城市人口分布仍然受到阶级和种族的影响，"地域中的距离和情感上的距离是互为加强的"（帕克，1987）。居住隔离在美国的研究较多，这主要基于其两个社会特点。第一，美国是移民国家，少数族裔与美国本土居民存在天然的差异，移民对于种族同质性的选择，通常在城市外围形成"飞地"（Enclave）——族裔隔离区，移民能否离开族裔区进入主流社区，往往成为其融入的标志之一。第二，美国的社区营建由社区居民负责。社区公共环境与社区居民的投入能力高度相关，居民税收将用于维护社区环境、公共产品和医疗教育设施，这就导致空间的地域分化是阶层差异的反映，基于这两个原因，不同种族、少数族群社区的隔离研究成为美国学者们的研究重点。

虽然居住隔离的测量早在1955年已有奠基性研究（Duncan & Duncan，1955），但微观居住形态的突破性进展则是1971年的谢林模型：白人与黑人的种族态度会影响其互动模式，白人对社区种族比例的宽容度降低，则会搬离社区，由黑人取代，从而产生了种族更替和重新隔离的循环（Schelling，1971）。这可以阐述为两点：少数族裔和本地居民对某社区的选择——"走"或是"留"。后期研究均是在谢林模型的基础上，针对这两个群体进行更符合主体理性的修正，这包括以下两点。第一，少数族裔的居住选择。个体或家庭是否离开族裔区会受到"族裔资本"，即父辈族裔群体的平均人力资本的影响，如果族裔资本能够实现家庭效应最大化，即种族溢出效应（Ethnic Spillovers），则不会考虑离开，反之亦然（Borjas，1997）。第二，本地居民的居住选择。与少数族裔的选择相反，"白人迁离"（White Flight）则描述因为社区中种族和族裔比例的增加（Saiz & Wachter，2006），当地居民的外迁行为（Crowder et al.，2011），高比例的移民可能与周边收入水平、当地的犯罪率和便利设施（Alba & Logan，1993）有联系，因而导致本地居民的外迁。总之，城市聚居研究的微观层面是寻找产生居住隔离的原因，与之对应的是对于这种居住隔离的宏观测量。

2. 居住隔离系数的计算

Massey和Denton将居住隔离系数方法归纳成五个经典维度：均匀性（evenness）、接触性（exposure）、集中性（concentration）、向心性（centralization）和群聚性（clustering）。其中均匀性和接触性可以计算任何单位内的隔离系数，但缺乏空间维度，这会导致"棋盘"问题和"可调整面积单位问题"

(Modifiable Areal Unit Problem，MAUP)（White，1983）；集中性、向心性和群聚性则涵盖了空间临近性原则。也正因为均匀性和接触性指标不需要地理空间信息，所以适用也更为广泛，本文对居住隔离的测量也使用了这两个维度，在下文进行重点介绍。

均匀性（evenness）指某区域单位中两个社会群体的分布差异，如果两个群体分布不均匀，则称为隔离程度高。例如，如果每个社区中两个群体的分布与整个行政区中两个群体分布相同，则达到绝对的均匀，不存在社会隔离。用于衡量均匀性的指标有很多，如基尼系数（Gini Coefficient）、熵指数（Entropy Index）等。使用最广泛的是相异指数（Index of Dissimilarity）（Duncan & Duncan，1955），相异指数脱胎于劳伦兹曲线，通过研究单位内部各单元的少数群体比例与整体少数群体比例进行加权，其计算方法是：

$$D = \sum_{i=1}^{n} \frac{t_i \left| p_i - P \right|}{2TP(1 - P)}$$

相异指数包括两层信息，第一层是研究总体，第二层是具体"单元"。n 指单元数量，以本文为例，当研究总体是行政区时，t_i 和 p_i 分别是各社区 i 中产阶层和非中产阶层人数，T 和 P 则是行政区的中产阶层和非中产阶层总人数。以此类推，当研究总体是城市时，具体单元亦可设置为更低一层的行政区。

相对于"均匀性"的高度抽象性，"接触性"（exposure）指标则更为具体，描述了两种群体潜在接触程度或互动的可能性，不仅是空间分散程度，还是两种成员因为共享区域的多寡程度而感受到的隔离"体验"。虽然均匀性与接触性存在相关性，但仍有截然不同的概念差异，主要是因为接触性取决于两种群体的相对数量——试想如果某群体总数量很少，那么无论他们如何均匀地分布在各社区，他们与其他群体接触的可能性都会很大，这就弥补了"均匀性"属性描述的不足。

基于这样的思路，接触性就存在两个相互关联的指标——$_xP^*_y$ 和 $_yP^*_x$，分别代表少数群体 X 对于多数群体 Y 的接触性，以及多数群体 Y 对于

少数群体 X 的接触性。两个指数相加等于 1，在研究中呈现其中一个指标即可推算另一群体的接触程度。xP^*_y 是由 Lieberson 和 Schwirian（1962）提出的，通常被称为"互动指数"（Interaction Index）；互动指数的反面 xP^*_x 被称为"隔绝指数"（Isolation Index）。其计算公式分别如下：

$$xP^*_y = \sum_{i=1}^{n}\left(\frac{x_i}{X}\right)\left(\frac{y_i}{t_i}\right)$$

$$xP^*_x = \sum_{i=1}^{n}\left(\frac{x_i}{X}\right)\left(\frac{x_i}{t_i}\right)$$

x_i、y_i 和 t_i 是社区 i 中的群体 X 和 Y 以及社区总人数，X 则代表城市范畴中的群体 X 总体，将各社区中多数群体的比例作为少数群体加权值；与之对应的，xP^*_x 指数中则将少数群体的比例作为少数群体加权值。

Reardon 和 O'Sullivan 则把这两种经典的隔离维度框架化，形成四个象限。X 轴代表群体从有频繁的接触机会转型为完全的隔绝；Y 轴代表群体居住的均匀分布向空间聚集的连续统（Reardon & O'Sullivan, 2004）。在第一个象限中，两个群体总体数量相同，且分布均匀，个体与异群体的互动机会最大，双方彼此融入程度最高。第二个象限中，两个群体数量不同，虽然分布均匀，但是黑色个体接触白色个体的机会显著更大。第三个象限中，两个群体高度聚集，且彼此隔绝，这意味着只有社区边缘的个体有与异群体互动的机会。第四个象限中，虽然两个群体有空间聚集，但是聚集程度低，每个单元中群体比例差异不大，因此接触概率高于第三象限中的个体（见图 1）。

隔离系数的新近研究主要包括两个方向：第一，从两种群体的隔离向多群体隔离延伸；第二，通过空间数据对原指标进行修正（Morrill, 1991；孙秀林等，2017）。空间数据的普及使空间概念在隔离研究中被强化，而且将传统静态的城市空间研究单位——社区、街道等，扩展为动态的多维度地理标尺（Multiple Geographic Scales），测量单位即距离尺度，随着距离增加、研究测量单位空间变大，隔离系数会逐渐降低，较有代表性的是 H 指数（Lee et al., 2008）。

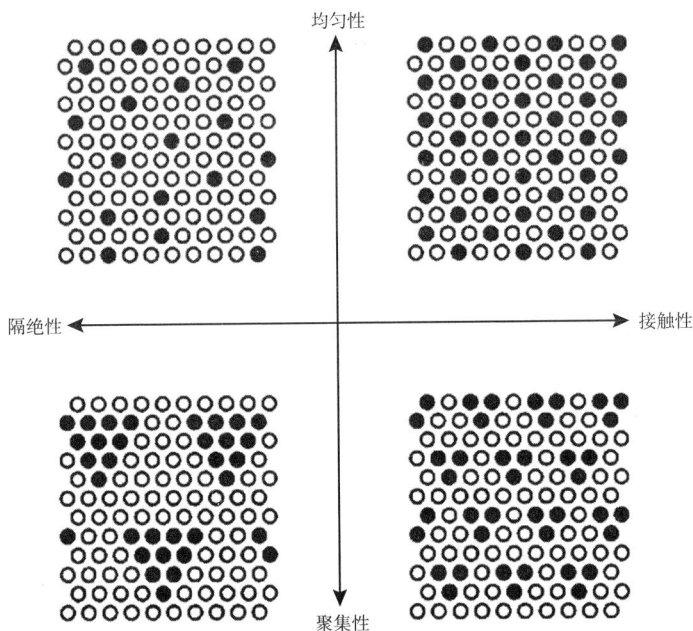

图 1　空间隔离的两个维度

资料来源：Reardon ＆ O'Sullivan，2004。

（二）城市空间观与中产阶层聚居研究

1. 空间分异与城市扩张

城市的空间属性研究是城市社会学的重要分支之一，其核心讨论是空间与物质形态和生产方式的关系。伯吉斯最早提出城市空间的"同心圆理论"，认为城市用地是围绕单一中心，形成不同功能的圈层结构（Burgess，1925）。列斐伏尔在《空间的生产》中进一步将城市空间区分为"中心"与其对立面（隔离、分散和边缘），认为"同时性"和"中心性"是城市的重要属性，城市中心性指各种权力机构都集中在城市的中心。不同空间根据与中心体（权力、财富和信息）的关系，空间的价值存在差异（高鉴国，2006）。

如果说列斐伏尔的城市空间观可总结为"空间的社会性与社会的空间

性"（吴庆华，2013），那么本文的理论贡献是在该框架中加入"空间的时间性"维度：城市空间范畴并非固定，而是随着时间推移不断扩展延伸，新近出现的空间与历史悠久的空间必将呈现不同社会性风貌——集中体现为老城区和新城区的差异——而空间的时间"先后"与"中心－外围"理论框架显然存在潜在联系，本文正是在该理论宏图上展开对于居民阶层间、阶层内部的隔离差异性研究。

　　我国大规模的城市扩展开始于1990年以后，虽然城市不存在绝对的"新老"城区之分，但在国内语境中，老城区主要是指在城市建设中早期发展的中心城区，新城区则是后期建设扩展的区域，其社会形态深受住房改革和地域流动的影响，本文将梳理这两种力量的演进过程。

　　第一，住房改革。在1990年以前我国住房制度具有福利性质，主要是根据职称和工龄进行分配，住房差异较小。在2000年以后我国开始住房分配方式的改革，开始从无偿、福利加货币分房的模式改革为货币购买方式（滑锡林，2016）。在新城区的规划中，社区空间被称为"小区"，虽然"小区"的生活功能与单位"大院"相似，但是两者存在显著的差异。首先，在空间分布上，小区大多远离工作地点，工作与居住的空间被切断，小区成员的职业背景也更具有异质性；而单位制社区"大院"的居民职业背景则普遍相似。其次，小区是居民自行购买和选择的，多样化、等级性的社区被开发，以满足不同社会阶层和购买能力的居民（薄大伟，2014），相比之下，单位制住房的分配性质又弱化了阶层间的差异。因此，我国的住房改革通过住房商业化，使新建小区内部的相似性增强，而社区间的异质性增加。

　　第二，户籍制度与地域流动。我国的户籍制度具有维护本地利益的属地管理原则，因此户籍制度会通过差别化劳动力市场和住房政策，以限制外地户籍人口的住房选择，形成空间隔离（袁媛、许学强，2008）。尤其是北京、上海等特大城市日趋上涨的房价，本地人在住房改革前已有居所，而外地人口进入后已经错失购房的最佳时机。同时，国家为了抑制住房市场过热，对于城市居民购房进行了户籍条件限制，例如，广州规定"非本市户籍居民家庭能够提供购房之日前5年在本市连续缴纳个人所得税缴纳证明或

社会保险缴纳证明的，在本市限购 1 套住房"①。因此，外地户籍人口主要
在新建小区购房，新建小区则集中分布在城市边缘地区，而老城区的居民构
成则更为稳定，以本地居民为主。

总之，老城区的"中心性"与其"历史性"高度统一。基于老城区和
新城区差异化的形成背景，老城区既保留了单位制时期福利式住房安排的历
史痕迹，也体现了属地管理过程中对本地资源和利益的保护。我们认为，新
老城区的人口居住隔离存在差异，这种差异首先体现在阶层间——中产阶层
与非中产阶层。形成本文的假设一：阶层隔离差异性假设。假设一通过
"均匀性"和"接触性"两个维度测量，进而形成两个具体的研究假设。

假设 1.1：阶层隔离均匀性差异假设。

"均匀性"主要使用差异指数计算：如果中产阶层与非中产阶层分布均
匀，那么差异指数越低，隔离状况越弱。由于住房政策改革等，老城区的居
住形态不易被改变，但是新城区遵循市场原则，可以更自由地根据支付能力
选择社区，"人以群分"的阶层居住隔离模式将更加明显。因此老城区的阶
层分布比新城区更均匀，新城区的社区间、行政区间的差异将更明显。

假设 1.2：阶层隔离接触性差异假设。

"接触性"隔离系数有两个指标，本文主要以非中产阶层作为参照
组，使用隔绝指数计算：如果居住社区里中产阶层越多，那么非中产阶层
接触到中产阶层的概率越大。新城区迎合高阶层住房消费的小区更多，高
档的"门禁社区"吸引着中产阶层居住，因此新城区的中产阶层更多，
反之老城区非中产阶层接触到中产阶层的机会比新城区更小，其隔绝指数
应该会更低。

2. 中产阶层的类型化研究

我国中产阶层的形成与历史变迁密切相关。正如西方国家在资本主义体
制下形成的"新-旧"中产阶层分类，我国的中产阶层类型也体现了社会

---

① 《广州市人民政府办公厅关于进一步完善我市房地产市场平稳健康发展政策的通知》，
　　http://www.gz.gov.cn/gzgov/gsgg/201703/bce12430c7254129a429b6f6cec1430f.shtml。

结构转型，而改革开放以来，我国体制转型最大的两个现实动力是：第一，从再分配社会向市场化转型；第二，地域迁移流动的加剧。

首先，"再分配－市场"的结构变迁产生两种中产阶层。其一是延续再分配体制特征的"内源中产阶层"，其二是在市场化体制中产生的"外生中产阶层"（李路路、李升，2007）。从"社会结构决定阶级性格"理论视角出发，这两种中产阶层在代际延续性、政治意识和消费意识等方面存在显著差异（李路路、李升，2007）。然而，鲜有对于两种中产阶层的居住模型差异的研究。本文认为，体制内和体制外的中产阶层存在不同的居住模型：体制内的中产阶层从事政府机关工作，在工作地点上更靠近权力中心，居住地点保留了与工作地点毗邻的"单位制"痕迹；而体制外的中产阶层职业市场化程度高，其居住地更可能位于城市外围。

其次，"本地－外地"的户籍差异区分两种中产阶层。根据有无本地户口区分为"本地户籍中产阶层"和"外地户籍中产阶层"。在前期研究中，本地居民与外地居民的居住隔离研究较多，因为城市基础设施和住房福利主要是针对本地户籍居民，无论是商品房还是廉租房政策，大多通过差异化本地、外地户籍所持权利，以保障本地居民能够"居者有其屋"（袁媛、许学强，2008）。北京和广州等城市的研究均发现户籍是影响社会空间结构的主要原因，外来人口聚居区在城市的外围和边缘（顾朝林、王法辉、刘贵利，2003；李志刚、吴缚龙、肖扬，2014；杨菊华、朱格，2016）。本地与外地居民的居住隔离是毋庸置疑的，而中产阶层比非中产阶层拥有更强的购买能力，择居的能动性更大，是否同样遵循这样的居住隔离形态？

结合我们对于城市空间的新老城区的特征划分，我们认为老城区作为城市中心，承担政治功能，由此向边缘扩散，市场化力量越发明显。国家权力主要通过单位制度和户籍制度影响中产阶层的产生和聚居。体制内中产阶层和本地户籍中产阶层对国家权力依赖大，很可能居住在靠近国家权力的老城区。由此分别推论得到假设二与假设三。

假设二：新、老中产阶层居住社区差异假设。体制内中产阶层在老城区占比更高，体制外中产阶层在新城区占比更高。

假设三：本地、外地中产阶层居住社区差异假设。本地中产阶层在老城区占比更高，外地中产阶层在新城区占比更高。

(三) 居住隔离与社会不平等

国外学者更关心居住隔离的社会后果。最著名的是 Massey 研究的居住隔离造成低阶层的形成（Massey，1990）。他认为居住隔离通过自我强化（Self-reinforcing）的方式延续阶层隔离，他描述了这种现象的发生过程："当族裔隔离或阶层隔离增加，在低收入少数族裔集中的社区，社区总收入的降低会导致业主难以获得足够租金维护房屋的建设；随着社区周边配套设施（如商店）的撤离，房东对于社区经营维系的积极性也将受损；随着种族隔离的增加，犯罪率和暴力事件会增加；而低阶层不健康生活习惯（如吸烟、饮酒）与医院、诊所的减少会导致社区死亡率增加；同时美国的公共学校主要受当地税收的支持，高比例的低阶层少数族裔社区难以提供高税收，这直接导致社区公共学校教学质量的下降……"（Massey et al.，1994）诸如上述原因，导致高隔离环境中低阶层居住社区每况愈下，更加凋敝。

在后续研究中，学者们认为除了种族隔离还有种族群体内部的阶层隔离，导致贫困的空间聚集（Fischer & Massey，2000）。Quillian 则进一步指出，三种隔离导致了贫困：种族隔离、种族间的贫困状况隔离以及其他种族群体的高、中等收入阶层的隔离（Quillian，2012）。这些研究主要考察了隔离的单向影响，同时意识到居住隔离对于高阶层和低阶层存在双向影响。种族居住隔离是美国社会分层的原因（Massey et al.，1987），隔离会导致家庭收入的不平等，当收入隔离较高（0.4 ~ 0.9）时会显著影响收入的标准差。这主要是因为收入隔离增加，会使生活在高收入社区的低收入群体生活成本更大（Watson，2010），因此低收入群体更容易陷入贫困。虽然我国社区的营建机制与美国不尽相同，但是存在某些类似的机理。

假设四：居住隔离的阶层自我强化假设。高隔离的居住环境会强化现有阶层结构。居住隔离系数越高，高收入阶层社区的资源越富集，低阶层的社区则越贫瘠，最后呈现"富者越富，穷者越穷"的马太效应。

三　数据来源与研究方法

（一）数据来源

本文研究数据来自由上海大学和上海社会科学中心在 2014~2015 年实施的"特大城市居民生活状况"调查。调查地点主要在北京市、上海市和广州市。该调查采用自适应区群抽样方法（Adaptive Cluster Sampling）：后阶段抽样单位由前一阶段的抽样所决定，在总体稀少且聚集分布的情况下，使用这种方法尤其有效（Seber and Salehi，2013；陈传波、白南生、赵延东，2012）。该调查的重点研究对象是中产阶层，我国中产阶层总体不明，且多聚集分布，因此非常适合该方法。在第一阶段，将研究区域根据社区边界分成相互邻接的抽样单位，采用随机方法抽取其中 50 个社区作为初始单位展开调查，得到每个社区中中产阶层的比例。根据此比例计算得出阈值。在第二阶段，判断每个初始单位是否达到阈值，若达到阈值，则向邻接单位外推，直到所有的邻接单位都达不到阈值，初始单位达不到阈值则不往外推。①

（二）研究变量

1. 行政区、社区的隔离系数（差异指数和隔绝指数）

通过行政区中各社区的不同类型人口数量计算，在以往研究中，多使用普查数据计算隔离系数，而本文使用的是抽样数据，虽然抽样社区对于城市

---

① 阈值：上海市老城区阈值为 0.7，新城区阈值为 0.6；广州市老城区阈值为 0.65，新城区阈值为 0.45。

有代表性，但隔离系数不能代表城市，但各城市间可以进行系数比较，并进行一定程度的相关性分析。

2. 新老城区

本文认为新、老城区是城市空间在"时间性"维度的延伸，因此根据城市扩展的时间，将行政区划分为新老城区。其中，北京的老城区主要在二环路以内，包括西城区、东城区；上海的老城区包括黄浦区、徐汇区、长宁区、静安区、闸北区、普陀区、虹口区、杨浦区；广州市的老城区包括荔湾区、越秀区、海珠区和天河区。

3. 阶层类型

本文主要将阶层进行二分类，区分为中产阶层与非中产阶层，其中中产阶层主要通过对若干指标（本人/配偶的职业类型、自评家庭等级、自评家庭住房等级、全年家庭总支出、全年家庭总收入）进行因子分析降维后，将因子得分大于 0 的样本设定为中产阶层，小于 0 则标记为非中产阶层。

4. 各社区的体制内、本地中产阶层比例

本文总结了中产阶层的类型划分，为了研究不同类型的中产阶层居住模式的差异，将社区作为基本研究单位，操作化为各社区的体制内、本地中产阶层比例，借助社区的地理信息即可验证研究假设。

其他研究变量还包括基本人口学信息、社区离市中心的距离和社区离区中心的距离等。

（三）研究方法

1. 空间自回归模型

由于本文的研究单位之一是社区，各社区的阶层构成很有可能存在空间依赖性，例如，调查通过自适应区群抽样方法，已经发现中产阶层是存在聚集分布的，因此我们必须检验数据是否存在空间自相关（Spatial Autocorrelation），即位置临近的区域是否具有相似的变量取值。莫兰指数（Global Moran's I）和吉尔里指数（Geary's C）都是常用的计算空间自相关的指标，前者主要是考察整个空间序列的集聚状态，后者则表示某区域的空间集聚情况。

　　我们利用百度地图将社区名称转换为经纬度，先计算空间权重矩阵，再计算自相关指标，如果指标计算结果拒绝"无空间自相关"的原假设，即认为存在空间自相关，不满足独立同分布的假设，就必须使用空间自回归模型，包括空间滞后模型和空间误差模型。

2. 多层次截距模型

　　在验证居住隔离对于阶层不平等的影响研究中，居住隔离是行政区层面的指标，居住在同一个行政区的个体会受到相同居住隔离的影响，导致回归分析的三个基本条件之一——独立性，无法得到满足。而多层次回归模型就是通过将非独立性的来源纳入方程中以解决该问题。本文假设居住隔离的效应在组内（各行政区）是相同的，因此使用多层次截距模型。

四　研究结果

（一）城市居民阶层隔离的差异性研究

　　表1是以行政区为单位计算的中产阶层与非中产阶层间的居住隔离系数：差异指数和隔绝指数。总体而言，老城区的差异指数显著低于新城区，对老城区与新城区差异指数的均值进行 t 检验，均值差异为 - 0.07，p 值为 0.0317，说明老城区的差异指数显著小于新城区，假设 1.1 得到验证。进而对老城区与新城区隔绝指数的均值进行 t 检验，均值差异为 - 0.068，但 p 值为 0.3，说明老城区的隔绝指数小于新城区，但不显著，假设 1.2 未得到验证。根据对居住隔离程度的界定：低于 0.3 为低度居住隔离；0.3 ~ 0.6 为中度居住隔离；大于 0.6 为高度居住隔离。除了广州市，北京市和上海市不仅老城区的差异指数均低于 0.3（低度居住隔离），且新城区的差异指数均高于 0.3，该指标意味着新城区是存在中度居住隔离的。

表 1　中产阶层与非中产阶层间的居住隔离系数

城市	差异指数（均匀性）			隔绝指数（接触性）		
	总体	老城区	新城区	总体	老城区	新城区
北京市	0.3491	0.2423	0.3418	0.6388	0.4431	0.6710
上海市	0.3370	0.2777	0.3137	0.6826	0.7356	0.5856
广州市	0.1653	0.0352	0.1276	0.4360	0.3594	0.4869

（二）不同类型的中产阶层居住地差异

1. 不同类型中产阶层居住隔离

如表 1 至表 3 所示，首先，在中产阶层内部由职业类型、户籍类型产生的居住隔离远远小于阶层间的居住隔离：北京与上海两地阶层间的居住隔离已经大于 0.3，达到中度居住隔离；而不同类型的中产阶层内部，主要属于低度居住隔离状态，除了上海地区中产阶层因户籍差异导致的居住隔离系数为 0.33，其他居住隔离系数均低于 0.3。这意味着由经济差异导致的居住隔离，高于阶层内部由职业类型和户籍类型导致的居住隔离。

表 2　体制内、外中产阶层居住隔离系数

城市	差异指数（均匀性）			隔绝指数（接触性）		
	总体	老城区	新城区	总体	老城区	新城区
北京市	0.0642	0.0461	0.1138	0.4444	0.4524	0.4415
上海市	0.1089	0.0339	0.0942	0.5333	0.5654	0.4794
广州市	0.1923	0.1270	0.2048	0.5767	0.5362	0.6215

其次，对比表 2、表 3，在中产阶层内部，由职业类型导致的居住隔离要低于由户籍差异导致的居住隔离。体制内、外中产阶层的居住隔离差异指数低于户籍居住隔离，但不够显著（均值差异： - 0.089；p 值：0.159）；体制内、外中产阶层的居住隔离隔绝指数也低于户籍居住隔离，且在 5% 水平上显著（均值差异： - 0.243；p 值：0.022）。

最后，在老城区，体制内、外中产阶层的居住隔离差异指数要低于新城区（均值差异：－0.068；p 值：0.0027）；但是除广州市外，老城区体制内、外中产阶层的居住隔离隔绝指数要高于新城区，但并不显著（均值差异：0.004；p 值：0.528）。

表3　本地、外地户籍中产阶层居住隔离系数

城市	差异指数（均匀性）			隔绝指数（接触性）		
	总体	老城区	新城区	总体	老城区	新城区
北京市	0.1048	0.0503	0.1410	0.7327	0.7420	0.7023
上海市	0.3314	0.1855	0.3809	0.8347	0.8466	0.8264
广州市	0.1966	0.2048	0.1851	0.7146	0.7208	0.7095

2. 不同类型中产阶层居住地差异

中产阶层的产生方式存在差异，这很可能影响其目前在城市的聚居方式。因此，本文首先验证中产阶层是否存在空间上的关联，即居住选择是否存在空间聚集规律；其次，则考虑不同类型中产阶层的居住模式是否有显著差异。

考虑到本研究主要使用三个城市抽样数据进行空间研究，城市间距离较远，因此除了使用莫兰指数（Global Moran's I）考察全局指数测量空间，同时使用吉尔里指数（Geary's C）以反映不同区域的空间关联度。首先，需构建空间矩阵。空间矩阵构建有两种方式：一种是邻近矩阵（Contiguity Matrix）；另一种是距离矩阵（Distance Matrix）。邻近矩阵主要考虑区域是否毗邻连接，街道边线的重合是重要的判断指标；而距离矩阵则主要将空间简化为"点"，因此可通过经纬度等位置信息构建矩阵。在以行政区为研究范畴时，我们可以获得北京、上海和广州三地的地理要素文件（Shapefile），通过这种毗邻信息能够构建相关变量的邻近矩阵。但本部分主要以社区为研究对象，因此主要采用第二种空间矩阵方式，通过社区的经纬度信息构建距离矩阵，进而计算全局空间自相关莫兰指数以及局部空间指标吉尔里指数。

如表4所示，全局空间自相关测度和局部空间指标均显示 p 值小于

0.001。可在 1% 水平上拒绝原假设：误差项是独立同分布的，空间的联系会影响社区中体制内中产阶层和本地中产阶层的比例，而且两类中产阶层比例的指标呈现空间正相关，即聚集模式——这意味着社区间体制内中产阶层比例、本地中产阶层比例均属高值与高值相邻，低值与低值相邻；局部的空间指标同理。

表 4　中产阶层居住隔离的 Moran's I 指数、Geary's C 指数及统计检验

	指数	以社区为研究单位	Z 得分（标准差）	p 值
体制内中产阶层比例	Moran's I	0.135	13.819	<0.001
	Geary's C	0.886	−4.334	<0.001
本地中产阶层比例	Moran's I	0.145	14.755	<0.001
	Geary's C	0.807	−7.741	<0.001

　　进而，我们使用空间误差回归模型进行拟合（已进行空间相关性检验，LMerr 比 LMbag 统计值更为显著），因变量分别为体制内中产阶层比例和本地中产阶层比例；主要的自变量是城区类型（新、老城区）、距离市中心和行政区中心的距离。利用社区和城市、行政区中心经纬度计算距离①，如表 5 所示，以新城区为参考组，老城区社区体制内中产阶层比例更高。距离市中心、区中心的距离对社区的体制内中产阶层的效应为负，意味着离中心的距离越短、越靠近中心地段，社区里体制内中产阶层比例越高，但结果在统计上不显著。此外，在老城区，本地中产阶层的比例也显著更高，这与社区距离市中心、区中心的距离效应相一致，离政治空间的距离越近，社区中体制内、本地中产阶层的比例越高，验证了假设二与假设三，也说明了模型的稳健性。同时，我们发现中产阶层与市中心和区中心的距离均有负效应，这可能意味着城市中存在多中心的趋势。

---

　　①　计算方式：距离 $= \sqrt{(longitude_2 - longitude_1)^2 (latitude_2 - latitude_1)^2}$。

表5　影响中产阶层社区分布的空间误差回归模型

因变量:社区 为研究单位	自变量		
	城区类型（老城区 =1）	与市中心距离	与区中心距离
模型1:体制内中 产阶层比例	0.0295	− 0.104	− 0.0198
常数项	− 0.01	− 0.011	− 0.0113
样本量	186	186	186
模型2:本地中产 阶层比例	0.102 ***	− 0.758 ***	− 0.731 **
常数项	− 0.595 **	− 0.132	− 0.0287
样本量	186	186	186

注：其他变量还包括所属城市、本地户口比例、农业户口比例、平均住宅面积。

（三）阶层强化：居住隔离的后果

如表6所示，在基准模型中，年龄及其平方项、婚姻状态、教育水平、职业状态、城乡户口和阶层均对收入有显著的影响。在差异指数模型中，重点考察"均匀性"对阶层影响的异质性，阶层与行政区差异指数的交互项显著，这意味着居住隔离对收入的影响在中产阶层与非中产阶层内部存在差异：隔离系数对于中产阶层的影响显著为正（0.01 = − 0.654 + 0.664）；而非中产阶层仍然是显著为负的（− 0.654）。这说明，行政区层面的居住隔离越高，阶层自我强化的趋势越明显，中产阶层的收入会越高，而非中产阶层的收入越低，阶层间的收入不平等越严重。

在隔绝指数模型中，阶层与行政区接触指数交互项显著为正，说明中产阶层与非中产阶层差异明显：隔绝指数对于两个群体的收入均为负效应，中产阶层的系数为 − 0.183（ = − 0.648 + 0.465），非中产阶层的系数为 − 0.648，这说明非中产阶层与中产阶层的互动越少，两个群体的收入都越低，但是这种接触对于非中产阶层的影响更大。总体而言，我们验证了假设四：居住隔离会加深阶层的固化，如果社区内部的同质性更强、阶层分布更均匀，那么社区的优势或劣势都会得到强化；同时，阶层间接触的可能性越

低，两个群体的收入都会越少。总之，阶层经济差距所投射的居住隔离主要
显示为负面影响，一方面使社会不平等加深，另一方面阶层间互动的降低会
导致所有居民收入减少。

表 6　居住隔离对收入影响模型

因变量:收入	基准模型	差异指数模型	隔绝指数模型
性别	− 0.003	0.001	− 0.0006
年龄	0.041 ***	0.041 ***	0.041 ***
年龄平方项	− 0.0005 ***	− 0.0005 ***	− 0.0005 ***
婚姻状态	0.103 ***	0.104 ***	0.104 ***
政治身份	0.020	0.019	0.021
教育水平	0.027 *	0.027 *	0.027 *
就业就学状态	− 0.121	− 0.132	− 0.117
职业状态	0.089 *	0.091 *	0.082
城乡户口	0.123 **	0.127 **	0.125 **
本地户口	− 0.012	− 0.024	− 0.020
新老城区	− 0.026	− 0.016	− 0.009
阶层(非中产阶层为参考项)	0.967 ***	0.743 ***	0.703 ***
行政区差异指数		− 0.654 **	
阶层×行政区差异指数		0.664 ***	
行政区接触指数			− 0.648 **
阶层×行政区接触指数			0.465 **
社区	已控制	已控制	已控制
常数项	10.15 ***	10.39 ***	10.53 ***
随机效应			
SD(截距)	7.82E − 12	3.00E − 11	3.02E − 11
SD(残差)	0.570053	0.568778	0.569035
Log likelihood	− 1499.6	− 1494.82	− 1495.61
AIC	3485.195	3477.646	3479.229
BIC	4813.766	4811.546	4813.128
样本量	1750	1749	1749
组数量	33	32	32

五 结论与总结

当前中国社会现代化建设和城市化扩展速度加快，城市空间不仅是社会经济活动的场所，而且是社会关系和阶层结构的投射，更影响了社会阶层的再生产。本文主要通过研究中产阶层与非中产阶层的居住隔离、中产阶层内部的类型化与居住模式差异和阶层居住隔离的社会后果，从实践层面与新马克思主义城市理论对话，力图呈现中国城市空间中阶层分布的规律性。本文主要有以下结论。

第一，我国特大城市中，老城区的居住隔离低于新城区。老城区保留了单位制时期"居者有其屋"的福利分房特征，而新城区则遵循了住房改革依"择居能力"购房的市场化原则。新城区的"小区"类型和档次体现了社区居民的社会经济地位，因此"人以群分"的居住隔离特征更为明显，老城区保留了原有的"单位大院"风貌，社区内居民职业各异、层次多样，因此居住隔离的程度更低。

第二，在中产阶层内部的居住隔离产生于职业和户籍的分异，体制内、本地户籍中产阶层在老城区占比更高。我国特殊的历史进程造就了不同类型的中产阶层，同时新、老城区逐渐显现巨大差异。老城区不仅是城市政治空间，在地域流动背景下，是外地居民难以进入的中心地带，而体制内中产阶层依附于权力中心，本地户籍中产阶层则保留了本地优势，因此两个群体居住在老城区的比例更高。

第三，阶层居住隔离导致阶层固化、社会阶层不平等的持续。西方学者认为居住隔离与城市贫困有高度亲和性，居住隔离营建了一种结构性的亚环境，导致贫困的自身持续循环（Self-perpetuating Cycle）。本文发现居住隔离的"均匀性"和"接触性"维度均会使中产阶层与非中产阶层的分化更严重，其中差异指数的影响在中产阶层中为正，在非中产阶层中为负；而隔绝指数对两个群体的收入都是负面影响。

本研究结论有助于反思我国城市规划的方向。政府应加强对房地产市场的调控，增加对区域人口分布的管控，适当对社区异质性加以引导。可以通过多元混居的方式将保障房"插花"到普通住宅项目中，避免保障房公共配套缺乏、选址偏远等原因导致居民更加边缘化（赵聚军，2013）。

　　本文的不足在于，西方学者多使用普查数据计算城市的居住隔离系数，但本文主要使用对城市具有代表性的抽样数据进行计算，可能存在对居住隔离系数的低估。

参考文献

薄大伟，2014，《单位的前世今生：中国城市的社会空间与治理》，南京：东南大学出版社。

陈传波、白南生、赵延东，2012，《适应性区群抽样：研究流动农民工的方法与实践》，《统计研究》第 5 期。

高鉴国，2006，《新马克思主义城市理论》，北京：商务印书馆。

顾朝林、王法辉、刘贵利，2003，《北京城市社会区分析》，《地理学报》第 6 期。

何江、张馨之，2006，《中国区域经济增长及其收敛性：空间面板数据分析》，《南方经济》第 5 期。

滑锡林，2016，《行政机关前端经济政治比较》，北京：北京交通大学出版社。

李路路、李升，2007，《"殊途异类"：当代中国城镇中产阶级的类型化分析》，《社会学研究》第 6 期。

李志刚、吴缚龙、肖扬，2014，《基于全国第六次人口普查数据的广州新移民居住分异研究》，《地理研究》第 11 期。

帕克，1987，《城市社会学：芝加哥学派城市研究文集》，北京：华夏出版社。

孙秀林、施润华、顾艳霞，2017，《居住隔离指数回顾：方法、计算、示例》，《山东社会科学》第 12 期。

吴庆华，2013，《城市空间类隔离：基于住房视角的转型社会分析》，黑龙江：黑龙江大学出版。

杨菊华、朱格，2016，《心仪而行离：流动人口与本地市民居住隔离研究》，《山东社会科学》第 1 期。

袁媛、许学强，2008，《广州市外来人口居住隔离及影响因素研究》，《人文地理》第 5 期。

赵聚军，2013，《社会稳定的增压阀：对居住隔离现象的政治社会学解读》，《江海学刊》第 6 期。

Alba, R. D. & Logan, J. R. 1993. "Minority Proximity to Whites in Suburbs: An Individual-Level Analysis of Segregation." *American Journal of Sociology* 98 (6): 1388 – 1427.

Borjas, G. J. 1997. "To Ghetto or Not to Ghetto: Ethnicity and Residential Segregation."

Journal of Urban Economics 44 (2): 228 – 253.

Burgess, E. W. 1925. "The Growth of the City." Edited by Park R. E. et al. , *The City*. Chicago: Chicago University Press.

Crowder, K. , Hall, M. , and Tolnay, S. E. 2011. "Neighborhood Immigration and Native Out-Migration." *American Sociological Review* 76 (1): 25 – 47.

Duncan, O. D. & Duncan, B. 1955. "A Methodological Analysis of Segregation Indexes." *American Sociological Review* 20 (2): 210 – 217.

Fischer, M. J. and Massey, D. S. 2000. "Residential Segregation and Ethnic Enterprise in U. S. Metropolitan Areas." *Social Problems* 47 (3): 408 – 424.

Lee, B. A. , Firebaugh, G. , and Matthews, S. A. , et al. 2008. "Beyond the Census Tract: Patterns and Determinants of Racial Segregation at Multiple Geographic Scales." *American Sociological Review* 73 (5): 766 – 791.

Lefebvre, Henri. 1991. *The Production of Space*. Blackwell.

Lieberson, Stanley and Schwirian, Kent P. 1962. "Banking Functions as an Index of Inter-city Relations." *Journal of Regional Science* 4 (1): 69 – 81.

Massey, D. S. , Condran, G. A. , and Denton, N. A. 1987. "The Effect of Residential Segregation on Black Social and Economic Well-Being." *Social Forces* 66 (1): 29 – 56.

Massey, D. S. , Gross, A. B. , and Shibuya, K. 1994. "Migration, Segregation, and the Geographic Concentration of Poverty." *American Sociological Review* 59 (3): 425 – 445.

Massey, D. S. 1990. "American Apartheid: Segregation and the Making of the Underclass." *American Journal of Sociology* 96 (2): 329 – 357.

Morrill, Richard L. 1991. "On the Measure of Geographic Segregation." *Geography Research Forum* 11: 25 – 36.

Park, Robert E. 1950. "The Race Relations Cycle in Hawaii." Edited by Everett Hughes, *Race and Culture*. Chicago: University of Chicago Press.

Quillian, L. 2012. "Segregation and Poverty Concentration: The Role of Three Segregations." *American Sociological Review* 77 (3): 354 – 379.

Reardon, S. F. & O'Sullivan, D. 2004. "Measures of Spatial Segregation." *Sociological Methodology* 34 (1): 121 – 162.

Saiz, A. & Wachter, S. 2006. "Immigration and the Neighborhood." *American Economic Journal Economic Policy* 3 (2): 169 – 188.

Schelling, Thomas C. 1971. "Dynamic Models of Segregation." *Journal of Mathematical Sociology* 1 (2): 143 – 186.

Seber, G. A. F. and Salehi, M. M. 2013. *Adaptive Sampling Designs*. Springer-Verlag Berlin Heidelberg.

Watson, T. 2010. "Inequality and the Measurement of Residential Segregation by Income in American Neighborhoods. *Review of Income & Wealth* 55 (3): 820 – 844.

White, Michael J. 1983. "The Measurement of Spatial Segregation." *American Journal of Sociology* 88 (5): 1008 – 1018.

《社会学刊》第 2 期
第 22 ~ 39 页
© SSAP，2019

国家权力、社会资本与社区参与：
基于上海社区研究的分析[*]

田丰　李雪^{**}

摘　要：有关社会资本与社区参与之间关系的经典论辩大多源于社区自发性这一理论前提。然而，中国的城市社区具有政区－社区的混合特征，其不仅是居民互动的场所，更是国家基层治理的场域。因此，在中国城市社区语境下，不可忽略国家权力对二者的中介效应。本文提出一个国家权力介入的分析框架，认为国家权力不仅影响社会资本的生成机制，也影响其与社区参与之间的关系。通过对 2016 年上海社区研究（SCS）社区层面的数据分析发现，自发型社会资本会促进娱乐性社区参与，但抑制抗争性社区参与，渗透型社会资本仅会抑制抗争性社区参与。这一发现有利于厘清国家权力与基层社会的互动关系。

关键词：社会资本　社区参与　国家权力　基层治理

---

* 本文为"上海居民小区的空间结构、社会结构与居住满意度研究"的一项成果，该项目由同济大学高密度区域智能城镇化协同创新中心及上海同济城市规划设计研究院（China Intelligent Urbanization Co-Creation Center for High Density Region & Shanghai Tongji Urban Planning and Design Institute）资助，也是国家社会科学基金青年项目"城市社区的权力结构、社会资本生成机制及其对社会治理的政策影响研究"（19CSH005）的一项成果。
** 田丰，复旦大学社会学系副教授，ftian@ fudan. edu. cn；李雪，复旦大学社会学系副教授。

一　引言

有关社会资本与社区参与的文献普遍认为，社区居民之间的互动、信任和社区归属感形成社会资本，促进居民参与社区公共生活，共同解决社区的公共问题（Putnam et al.，1993；Ostrom，1990）。这虽在中国城市的社区研究中得到一定的支持（涂晓芳、汪双凤，2008；张红霞，2004；潘柄涛，2009；黎熙元、陈福平，2008），但更多的研究则发现社区社会资本与社区参与呈现了更复杂的关系（黄荣贵、桂勇，2011），受社会资本类型（陈捷、卢春龙，2009）、社区参与类型（杨敏，2007；刘丽娟，2017）或其他社区因素的影响。

本文提出国家权力介入的框架，试图更好地理解在中国城市社区中社会资本和社区参与之间的关系。社会资本与社区参与之间关系的经典论辩，其理论前提在于西方社会的社区自治性；而在中国城市社区，社区不仅是居民互动的场所，更是国家基层治理的场域，呈现政区－社区的混合模式（朱健刚，1997；李友梅等，2014）。因此，应从国家权力的角度考虑社会资本与社区参与之间的关系。国家权力不仅影响社会资本的生成机制，也影响其与社区参与的关系。

另外，现有的经验研究所呈现的社会资本与社区参与之间的复杂关系，除缺乏一般解释性框架外，也与所用的数据有关。大多数经验研究为个案研究（如杨敏，2007；黄晓星，2011；张红霞，2004），虽然不乏洞见，但由于受到社区所在地的经济、文化、区位等因素的影响，难以对一般性模式做出总结。已有的定量研究尽管视社区参与为集体层面的行动，也视影响社区参与的社会资本具有集体性和社区性的特征，但往往从个体层面对二者进行测量（如陈捷、卢春龙，2009），或以个体层次数据汇总来描述其社区特征（如桂勇、黄荣贵，2008；黄荣贵、桂勇，2011），从而难以对社区特征做出准确描述和判断。

本研究以居民小区为分析单位，直接收集社区层次的社会资本和社区参与的数据，考察在国家权力介入的中国城市社区中，社区层次的社会资本如何影响社区公共事务的组织，既弥补了大多数定量研究忽略社会资本的集体维度的缺憾，也弥补了定性研究缺乏对一般性模式的提炼的不足。重视对社区特征的考察是本研究不同于以往同类研究的一大特点。

二　文献回顾与理论假设

（一）经典论辩及其在中国城市社区的适用性

传统经济学认为，从理性人的假设出发，社区公共事务参与具有集体行动的困境。与私人物品相比，社区公共事务具有外部性和非排他性的特征，无法克服"搭便车"的问题。个人由于寻求自我利益最大化，并不会采取行动来促进集体利益，导致社区公共事务的组织难以实现（Olson, 1971）。奥尔森继而认为，要克服"搭便车"的行为，促进人们在集体事务上的合作，只能一则通过外部强制干预，强令人们在公共事务上合作；二则通过选择性激励，向愿意参与公共事务的个人提供物质或名誉上的奖励，但必须限制"搭便车"的个人享有此类荣誉。

奥斯特罗姆（Ostrom, 1990）则认为，社会资本是社区公共事务困境的一种解决之道。集体行动的困境存在两个前提假设：一是个体行动是相互独立的，之间没有沟通或沟通困难；二是个人行为无法改变规则。这两个前提在成员彼此熟悉、互相信任的社区中并不适用。在一个拥有大量社会资本的社区内，成员之间彼此信任，互惠互助，可以出现自愿的合作。这是因为，成员之间的互惠互助对社区公共物品的供给提供道德激励，对"搭便车"的成员进行道德谴责，进而以自组织的方式实现公共物品的供给（也见 Coleman, 1988）。另外，群体成员之间的情感连带使得他们不会轻易地离开社区，进而增强道德激励和谴责的力度（Lawler, 2001; Lawler, Thye, and Yoon, 2000）。

普特南进而认为，社会资本与社区参与之间是一个相互促进的过程。社会资本促进居民投身于社区公共事务，而通过对社区公共事务的参与，居民之间能进一步加强联系，增进感情，使之更易从社区的公共角度而非自己的利益考虑问题，并提高其参与社区公共事务的意愿。从以往社区的公共活动中也可积累成功的组织经验，使未来的公共活动更容易组织。

　　基于中国城市社区的经验研究则对社会资本与社区参与的相关联系存在较大分歧。一些研究发现了社会资本对社区参与的积极影响。例如，黄晓星（2011）通过对 Z 市一个解困房小区的个案研究，生动描绘了社区居民通过"洗楼梯"的仪式性行动，增强邻里之间的互动和熟悉感，形成社区的水平型社会资本，基于此进行资源动员而组织抗争型社会参与。陈捷、卢春龙（2009）基于对北京、成都和西安的 144 个社区的小区居民的抽样调查也发现，社区居民之间的一般信任及社区兴趣团体的参与对居民社区参与有显著的促进作用。潘柄涛（2009）基于深圳市三个"村改居"社区的调查发现，居民的水平型社会资本，如社区社会网络、居民之间的信任和社会规范会促进居民的社区参与。除成功案例外，已有研究也从反面说明水平型社会资本的重要性，将居民缺乏社区参与归结于其水平型社会资本的缺乏。如涂晓芳、汪双凤（2008）基于北京市单位大院及商业型社区的问卷调查发现，居民邻里熟悉程度很低，关系冷漠，降低了他们参与社区公共事务的积极性。

　　但另一些研究则认为社会资本与社区参与的关系不大，甚至在一定程度上消解了社区参与。杨敏（2007）基于武汉市汉江区的一个小区的田野研究发现，小区的公共事务大多由居委会包办指派，社区参与是一种自上而下的行政性指令，或由居委会指派小区居民参加，或动员小区少数积极分子参与，难以使居民自愿自发参与其中。张红霞（2004）对上海的一个商品房小区和一个工人新村的个案研究也发现，社区活动大多数由居委会组织，居民普遍参与度不高。黄荣贵和桂勇（2013）则发现，业委会的构建越完备，社区群体事件反而越少。

　　这些发现启发我们必须从中国城市社区的制度基础来理解社会资本与社区参与类型的关系。必须明确的是，有关社会资本促进社区参与的经典论辩，多数是基于社会自发性这一理论前提的。欧美国家大多采用社区自治模式，社区依赖社区居民自身的力量进行管理，社区内的具体事务完全由社区居民集体决策，通过居民之间的团结和合作而实现，与政府没有直接联系。政府通过法律和制度来保障社区的自我管理，但不直接介入社区事务（刘君德等，2013；谢芳，2004）。与欧美国家的社区行为和政府行为相对分离不同，中国的城市社区是政府对基层社会的治理单元（吴缚龙，2002；杨敏，2007），呈现"政区－社区"混合模式（朱健刚，1997）。社区的许多公共事务及福利供给并非源于居民的自发合作，而是由政府提供社区中形成的以各级各类行政组织为主体的社会服务供给和管理体系（刘君德等，2013）。

这一制度基础的不同使得社会资本与社区参与的关系必然受到国家中介的影响。基于此，本文提出一个国家权力介入的分析框架，试图理解社会资本与社区参与如何呈现与西方社会不同的关系。下文首先以上海为例，概述中国城市社区治理从"街居制"向"社区制"的转变，继而提出国家权力介入的分析框架及研究假设。

（二）上海的社区治理：从"街居制"至"社区制"

自 1949 年新中国成立至改革开放以来，中国城市的社区治理呈现从"街居制"向"社区制"的制度转变，这一制度变迁的过程，是从"国家一元结构"向国家通过行政网络把社会纳入其权力体系的转变（李友梅等，2014；刘春荣，2018；朱健刚，1997）。

1949 年新中国成立之后，如何把城市基层社会组织起来并加以改造，成为新中国成立之初的重要任务之一，社区的制度建设由此就被提上了政治议程（Wang，2001）。1954 年全国人民代表大会常务委员会通过的《城市街道办事处组织条例》，奠定了沿用至今的市政府、区政府、街道办事处和居民委员会组成的城市社区治理体系。直至 1978 年改革开放之前，城市社区治理普遍采用"街居制"的治理模式，作为"单位制"的辅助和补充，管理无单位的城市居民及其社会生活（雷洁琼，2001）。

　　20 世纪 80 年代改革开放以来，社会经济体制改革和城市转型促进了"街居制"向"社区制"的转变。首先，随着经济体制改革、城市化和单位制的衰落至解体，出现了大量的"非单位化"人群，如下岗失业人员、外来务工人员及离退休人员。其次，随着房屋产权改革，出现了大量不属于之前"街居制"管辖之下的"非国家空间"（刘春荣，2018）。这给整个城市社区治理带来了巨大的挑战，社区由单位制逐步变成了中国城市的基层治理单元。

　　自 20 世纪 80 年代起，民政部就提出"社会福利社会办"的口号，开启以社区福利代替单位福利的制度变革。民政部于 1986 年首次将"社区"的概念引入城市管理，1989 年通过的《中华人民共和国城市居民委员会组织法》中，首次提到"居民委员会应当开展便民利民的社区服务活动"。2000 年中共中央办公厅、国务院办公厅转发了《民政部关于在全国推进城市社区建设的意见》，制定了"党委和政府领导、民政部牵头、有关部门配合、社区居委会主办、社会力量支持、群众广泛参与"的社区建设方针，自此之后形成和不断发展中国城市新世纪的社区建设方案。

　　在之后的社区建设中，由于各地行政资源及对社区本身的理解不同，各地政府的社区治理模式出现了明显的区域差异（邱梦华，2013）。上海采取了行政力量推动基于街道辖区体制的社区建设路径（刘春荣，2018）。

　　自 1996 年上海城区工作会议以来，上海确立了"两级政府、三级管理、四级网络"的社会治理体系。在新的治理体系中，街道获得了区财政新增收入 1% ~ 2% 的拨款，拥有了一级财政地位，并且强调"费随事转"，为街道的职能调整提供了稳定的财政保障。在实际的工作中，街道和居委会作为组织和操作平台，力图发挥政府在社区建设中的主导作用。由居委会、业委会和物业公司组成的社区治理基层组织，被称为"三驾马车"（李友梅，2003），以此为基础，发动社区居民自身力量，拓展基层组织网络（刘春荣、汤艳文，2013）。

　　在 2004 年之后，社区建设成为国家社会治理战略的一部分，是"和谐社会建设"的重要内容，社区治理进而强调社区治理中的群众参与。

2004 年上海市委办公厅发布《中共上海市委关于加强社区党建和社区建设工作的意见》，提出"两化一覆盖"的基层治理方针。"两化一覆盖"是指"社区党建全覆盖、社区建设实体化、社区管理网格化"，要求优化社区行政组织的社会管理和服务管理，加强对民间服务组织的培养和管理，增强党领导下的居民自治和社区共治功能，以社区为基本网络，协调各类资源的共享和协同。社区建设继而以公共服务为主要导向，以社会功能性组织的培育作为提升社区治理的手段，试图弱化社区行政化，提升社区中的社会性力量。2011 年上海市委办公厅发布《关于加强本市社区居民委员会自治能力建设的若干意见》，进一步强调加强社区自治能力的重要性，力图"引导社区居民用协商、沟通、合作的方法处理和协调社区事务，激发社区活力"。

2014 年，上海市委市政府将"创新社会治理，加强基层建设"列为市委 1 号重点课题开展调研，并形成了"1 + 6"文件成果。强调深化街道体制改革、创新居民区治理体系、引导社会力量参与社区治理、深化拓展网格化管理等，进一步鼓励社区治理中社会性力量的参与。2017 年《上海市社会治理"十三五"规划》的发布，更是明确社会治理精细化、鼓励行政化渗透下的社区自治，形成"政区－社区"交织互动的基层治理模式。

（三）国家权力介入的分析框架

由于中国城市社区的"政区－社区"一体化特征，已有的社区研究基本形成一个共识，即国家权力影响社区参与。但具体影响机制如何，则难以达成一致。一些学者认为，国家介入不但为邻里互动注入资源，还以纵向统合的方式将利益表达和诉求整合进正式的制度框架中，因此促进了居民的社区参与（Tilly，1978；刘春荣，2007；朱健刚，1997；张欢、褚勇强，2015）。另一些学者则认为，中国城市社区自单位制解体后居民之间冷漠，这种现状难以通过国家自上而下的介入而改变，因而单纯的行政性指令难以调动居民参与社区公共事务的积极性（杨敏，2007；张红霞，2004；孙小逸、黄荣贵，2013）。还有学者认为，国家权力对社区组织孕育的目的就是将社区公共事务纳入控制管理范围，因而国家权力抑制居民的社区参与（Cai，2008；黄荣贵、桂勇，2013）。

本文认为，这些理论论辩混淆了国家权力的两个影响途径，一是国家权力对社会资本的生成机制的影响，二是国家权力对社会资本能动作用的影响。基于这两个基本途径，本文提出国家权力介入的分析框架。[①]首先，由于政府将社会资本培育视为其行政目标之一（"四级网络"），国家权力增加了社会资本的生成途径，除居民自发互动生成外，也可通过基层组织系统性的培养，形成渗透型社会资本。其次，由于社区参与的后果对政权合法性的影响不同，社会资本对社区参与的能动作用继而存在差异。下文从这两方面分别进行叙述。

（四）自发型与渗透型社会资本

首先，国家权力为社会资本的生成增加新的途径。转型时期的国家尤为关注政权合法性问题，随着单位制的瓦解，社会趋于开放和流动，这时过度的压制不利于合法性认同的获得。从而国家倾向于通过鼓励自治性组织并将其纳入控制范围的方式来治理社会（朱健刚，1997；刘春荣，2007）。自治性组织和国家权力因而形成一种共建共生的关系，一方面自治组织通过得到国家权力的支持而更好地为居民服务，另一方面国家通过自治组织的服务提高其社会福利供给的质量（Spires，2011）。在这个意义上，自治组织受到国家的渗透性影响，变成国家进行社区治理的一个途径（Read，2012）。

这使得社会资本的生成途径不仅存在普特南意义上的由居民互动和相互信任而产生，也存在政府对居民自发性组织的渗透性培育。若我们将前者视为居民"自发型社会资本"，则后者可被视为权力"渗透型社会资本"。渗

[①] 黄荣贵、桂勇（2011）也对社会资本及社区参与做了类型学上的划分，也提及了国家权力的重要性，但他们并未在国家介入的制度背景下社会资本与社区参与的关系做系统性的理论论述。其数据也未支持他们的类型学划分。

透型社会资本包括业主的个人资源（如专业知识、私人关系等）、抗争者的政治网络（特别是其与大众传媒、专家学者、地方政府部门官员、地方人大代表和政协委员之间的关系）等。这些社会资本能提供与政府沟通的非正式渠道，在一定程度上决定了社区参与的成败（张磊，2005；张紧跟、庄文嘉，2008；Shi & Cai，2006）。

在上海，渗透型社会资本的一个典型社区自发组织就是业委会。上海是中国唯一一个由政府自上而下推动大部分居民小区成立业委会的城市。在这个过程中，房地产管理局与区、街道成为组建业委会的主要推手，从而制度化了业委会与政府、物业公司之间的关系。在"三驾马车"中，居委会为政府的派出或延伸机构，执行国家的各项政策和任务，成为城市基层治理的"神经末梢"（桂勇、崔之余，2000）。与居委会相比，业委会是由业主自发选举产生的基层自治组织。但是，按照国务院《物业管理条例》以及住房和城乡建设部《业主大会和业主委员会指导规则》的规定，业委会接受地方政府和居委会的指导和监督；其决策应告知相关居委会并听取其建议。这一规定在明确业委会的资质范围的同时，也为居委会通过业委会进入小区进行干预提供了合法渠道。

因此，在考虑社会资本与社区参与关系时，首先必须考虑自发型社会资本与渗透型社会资本的区别。它们与国家权力的关系不同，自发型社会资本受国家权力干预较少，而渗透型社会资本则与国家权力有正式或非正式的连接。因它们与国家权力的关系不同，其对社区参与的能动作用也可能存在差异。

（五）抗争性与娱乐性社区参与

国家权力不仅影响了社会资本的生成方式，还对不同类型的社区参与分别对待。蔡永顺（Cai，2008）从转型期国家的特征着眼，指出国家面临的"妥协 - 压制困境"（Concession-Repression Dilemma）影响了其介入社区的方式和特征。我们根据国家在社区参与中影响力的大小，将社区参与划分为"抗争性社区参与"和"娱乐性社区参与"。"抗争性社区参与"由居民对某项或某几项社区事务不满或希望改进，而组织起来以集体的方式向有关部门寻求帮助，在一定程度上对国家权力的合法性造成威胁。"娱乐性社区参与"往往以增进居民之间的互动和感情为目的，以组织文艺或体育活动为主要形式，与国家权力的合法性关系不大，包括健身运动会、广场舞这样的活动。可见，国家权力会倾向于吸纳、消解"抗争性社区参与"，对"娱乐性社区参与"则采取支持或中立的态度。

从这个意义上看，自发型社会资本和渗透型社会资本对不同类型社区参与的能动机制不同。自发型社会资本由居民间的相互熟悉和信任互惠产生，通过克服"集体行动的困境"来促进社区行动，因此其能动作用受社区参与的后果的影响不大。我们因此认为，自发型社会资本对抗争性和娱乐性社区参与均有促进作用。

与之相对，渗透型社会资本与社区参与的关系则受到国家权力的调节。社会抗争会影响国家权力的政治合法性，因此渗透型社会资本便构成了国家吸纳、消解社会抗争的主要工具之一，使潜在的社区矛盾通过完善的正式渠道得到反馈和处理。学者通过对广州和上海两地业主组织联盟的比较发现，上海的业委会组织建立较为完善，基层治理架构更为健全，上海的群体事件比广州的少很多（黄荣贵、桂勇，2013）。因此，对于"抗争性社区参与"这种会威胁政权合法性的社区参与，渗透型社会资本转而有抵制作用（黄荣贵、桂勇，2011）。

综上所述，自发型社会资本对社区参与存在一贯的积极影响，而渗透型社会资本对社区参与的影响取决于社区参与的后果与政权合法性的关系。为检验上述论辩，本文对比了自发型和渗透型社会资本对抗争性和娱乐性两类社区参与的分别影响。若本文理论论辩成立，则自发型社会资本对抗争性和娱乐性两类社区参与都呈正相关关系，而渗透型社会资本与抗争性社区参与呈负相关关系，与娱乐性社区参与或呈正相关关系，或与其无关（如表1所示）。

表 1　社会资本与社区参与的关系总结

社会资本类型	社区参与类型	
	抗争性	娱乐性
自发型	促进	促进
渗透型	抵制	促进或无影响

三　数据与方法

（一）数据

本文所用的资料，来自"上海居民小区的空间结构、社会结构与居住满意度研究"（简称"上海社区研究"，Shanghai Community Survey，SCS）。该项目第一期由复旦大学社会转型研究中心与同济大学城市与社会研究中心合作发起，项目负责人为复旦大学刘欣教授，学术咨询委员会主任为同济大学周俭教授。项目综合运用传统的抽样调查方法和新兴的大数据技术，系统收集居民小区、家庭和居民层次的信息。居民小区层次的调查采用了四种方式收集资料，包括到居民小区现场观察并填写观察问卷，绘制居民小区地图，居民小区知情人（居委会成员、物业管理人员、保安、居民代表）参加座谈会并填写访谈问卷，以及从网络数据抓取居民小区及周边社区有关信息；于 2016 年 7 月至 2017 年 7 月完成。对居民小区的抽样，以街（镇）、居委会 GIS 和人口作为辅助信息，以多阶段 PPS 方式抽取了除崇明县以外各区的 30 个街镇 120 个居委会，其中，每个街镇抽取 4 个居委会，每个居委会的居民小区全部入样。最终成功调查了 119 个居委会的 382 个居民小区。本文删去因变量和重要自变量的缺省值，共得分析样本为 321 个小区。

（二）变量

（1）因变量。SCS 测量了小区居民在过去一年中自发组织的一系列的社区参与活动。本文将"类似联名抗交物业费、联名抗议扰民事件这样的抗争性的集体活动"划分为抗争性社区参与，将"类似①健身运动会、团体旅游；②广场舞；③慈善捐助活动这样的集体活动"划分为娱乐性社区参与。若该小区在上年有某类社区参与发生，则按照类别分别赋值，有此类社区参与赋值为1，否则为0。如表2所示，在这些小区中，娱乐性社区参与比例为74.9%，而抗争性社区参与仅占4.7%，这从一个侧面反映了国家权力对抗争性社区参与的消极态度。

（2）自变量。本文的核心自变量为自发型社会资本和渗透型社会资本。自发型社会资本用社区居民的交往频率测量，问卷询问"这个居民小区的邻里之间的交往多不多"，回答从低到高分别为"很少"、"比较少"、"一般少"、"比较多"和"很多"。本文将这些回答按1~5赋值，视为连续变量。

渗透型社会资本用该小区是否有一个经过民主选举的业委会来测量。若有则赋值为1，否则为0。

（3）控制变量包括小区的空间特征及居民特征两类。小区的空间特征包括房价（取自然对数）、小区规模（取自然对数）、小区类型（街坊型/工人社区、动迁安置小区、商品房小区）和有无公共绿地。小区的居民特征包括年龄结构（居民是否以老人为主）、收入结构（居民是否以中/高收入人群为主）、教育结构（居民是否以受过高等教育人群为主）、职业结构（居民是否以白领职员为主）、职位结构（居民是否以领导管理人员为主）和户籍结构（居民是否以不拥有上海户籍的流动人口为主）。

表2　变量的描述性统计

	均值（标准差）		均值（标准差）
社区参与类型		小区空间特征	
抗争性	0.047	房价（自然对数）	10.691(0.027)
娱乐性	0.749	小区规模（自然对数）	5.734(0.066)

	均值（标准差）		均值（标准差）
		小区类型	
社会资本类型		街坊型/工人社区	0.422
小区居民交往频率	3.710（0.041）	动迁安置小区	0.162
业委会	0.715	商品房小区	0.416
		公共绿地	0.656
		小区居民特征	
		老人为主	0.631
		受过高等教育人群为主	0.265
		白领职员为主	0.260
		领导管理人员为主	0.176
		中/高收入人群为主	0.855
		流动人口为主	0.003
样本量	321		

（三）模型

由于因变量为虚拟变量，故本文采用二元逻辑斯蒂回归（logistic regression）进行分析。又因这 321 个小区分属于 120 个居委会，而国家权力的介入方式和程度可能因居委会而有差异，模型中也基于居委会层面的集群标准误进行调整。抗争性社区参与由于发生率较低，故使用 firthlogit 进行调整。

四　研究发现

表 3 考察了两类社会资本对两类社区参与分别的影响。每个模型都加入了小区的空间特征和居民特征为控制变量。从控制变量来看，小区的空间特征对社区参与有一定的影响。小区类型与娱乐性社区参与有关，在街坊型/工人社区发生娱乐性社区参与的可能性显著高于动迁安置小区和商品房小

区；小区房价越高，抗争性社区参与的发生比例就越低。与之相对，小区的居民特征对两种类型的社区参与无显著影响。

正如上述论辩所言，渗透型社会资本对社区参与的影响受到国家权力的调节，渗透型社会资本与抗争性社区参与呈负相关关系，系数为 -0.914（模型1）。这说明，拥有业委会的小区抗争性社区参与的发生比仅为没有业委会的小区的 40%（$e^{-0.914}$）。渗透型社会资本与娱乐性社区参与不存在显著相关关系。这与本文论辩相符，渗透型社会资本在一定程度上消解与对政权合法性有潜在威胁的抗争性社区参与，而与政权合法性无关的娱乐性社区参与关系不大。

而自发型社会资本与社区参与并非呈一贯的正相关关系。自发型社会资本与娱乐性社区参与显著正相关，小区居民的交往增多，娱乐性社区参与的发生比将提高 60%（模型2，$e^{0.468}-1$），这与本文论辩相符。而自发型社会资本与抗争性社区参与呈负相关关系，系数为 -0.587（模型1），即居民交往程度每上升一个单位（如从"一般少"上升至"比较多"），抗争性社区参与的发生比则降低 44%（$1-e^{-0.587}$）。这说明自发型社会资本对社区参与的影响可能也受到国家权力的调节。

表3　社会资本对社区参与影响的二元逻辑斯蒂回归

	社区参与类型			
	抗争性（模型1）[a]		娱乐性（模型2）	
	系数	（标准误）	系数	（标准误）
社会资本类型				
小区居民交往频率	-0.587 *	（0.313）	0.468 ***	（0.168）
业委会	-0.914 *	（0.537）	-0.612	（0.431）
小区空间特征				
房价（自然对数）	-0.987 *	（0.542）	-0.435	（0.384）
小区规模	0.234	（0.258）	0.630 ***	（0.169）
小区类型				
动迁安置小区	-0.219	（0.787）	-2.032 ***	（0.507）
商品房小区	0.435	（0.624）	-0.938 **	（0.461）

续表

	社区参与类型			
	抗争性（模型 1）[a]		娱乐性（模型 2）	
	系数	（标准误）	系数	（标准误）
（街坊型/工人社区）				
公共绿地	0.112	（0.699）	− 0.006	（0.369）
小区居民特征				
老人为主	0.626	（0.588）	− 0.182	（0.323）
受过高等教育人群为主	0.113	（0.774）	− 0.286	（0.492）
白领人员为主	0.277	（0.797）	− 0.147	（0.342）
领导管理人员为主	− 0.305	（0.831）	− 0.008	（0.347）
中/高收入人群为主	− 0.321	（0.656）	− 0.145	（0.532）
流动人口为主	0.519	（1.080）	− 0.334	（0.799）
常数项	9.907 *	（5.945）	1.751	（4.470）
卡方值	13.49		54.71 ***	
对数似然值	− 50.583		− 151.436	
样本量	321		321	

注：括号中采用居委会层面集群标准误（clustered error）。

a. 使用 firthlogit 估计。

* $p < 0.05$（单尾检验），** $p < 0.05$（双尾检验），*** $p < 0.01$（双尾检验）。

五　总结与讨论

中国城市社区的"政区－社区"合一的社会治理模式，使得社会资本与社区参与之间呈现复杂的关系。本文认为，必须从国家权力的角度来考虑二者的关系。国家权力不仅影响社会资本的生成机制，也影响其能动员的社区参与的类型。一方面，国家权力影响社会资本的生成机制，尽管居民之间的交往产生自发型社会资本，这受国家权力的影响相对较小，但一些居民自治组织——如业委会——在当今"社区制"基层治理框架下，与国家权力联系紧密，从而生成渗透型社会资本。另一方面，国家权力抑制威胁其政权合法性的社区参与，因而国家权力塑造了渗透型社会资本动员社区参与的能力。

本文基于 2016 年上海社区研究，从社区层面对社会资本与社区参与之间的关系进行了实证分析，结果基本支持了本文论辩。研究发现，渗透型社会资本与抗争性社区参与呈负相关关系，而与娱乐性社会参与无显著相关。这支持了本文的论辩。自发型社会资本与娱乐性社区参与呈正相关关系，这也支持了本文的论辩。但是，自发型社会资本与抗争性社区参与也呈负相关关系，这虽不支持本文的论辩，但说明自发型社会资本对社区参与的影响可能也受到国家权力的影响，提供了修正普特南的社区参与理论模型的一个可能思路，以待后续研究继续挖掘。

本文也存在一定的局限。本文的数据是基于上海的社区调查。由于中国城市社区管理模式的差异性，上海经验并不能够代表全国的情况。但上海市作为中国社区管理的代表之一，其经验可能对其他城市有借鉴作用。今后研究可酌情选择其他城市与上海比较，来进一步检验社会资本与社区参与之间的关系。本文也是一个截面数据，难以对所发现的相关关系做进一步的因果探究，以待追踪数据进一步研究。

本文意图抛砖引玉，从中国城市社区"政区 – 社区"的制度基础出发，探讨国家权力如何形塑社会资本与社区参与的关系，提出一个国家权力介入的理论框架，试图帮助我们理解在实证研究中所发现的中国城市社区社会资本与社区参与之间纷繁复杂的关系。在国家以行政网络不断将社会纳入其中的制度基础下，"国家 – 社会"之间会呈现怎样的互动关系，希望本文的理论和研究结果能提供一定的思考。

参考文献

陈捷、卢春龙，2009，《共通性社会资本与特定性社会资本》，《社会学研究》第 6 期。
桂勇、崔之余，2000，《行政化进程中的城市居委会体制变迁——对上海市的个案研究》，《华中理工大学学报》（社会科学版）第 3 期。
桂勇、黄荣贵，2008，《社区社会资本测量：一项基于经验数据的研究》，《社会学研究》第 3 期。

黄荣贵、桂勇，2003，《为什么跨小区的业主组织联盟存在差异——一项基于治理结构与政治机会的城市比较分析》，《社会》第 5 期。

黄荣贵、桂勇，2011，《集体性社会资本对社区参与的影响：基于多层次数据的分析》，《社会》第 6 期。

黄荣贵、桂勇，2013，《为什么跨小区的业主组织联盟存在差异——一项基于治理结构与政治机会（威胁）的城市比较分析》，《社会》第 5 期。

黄晓星，2011，《社区运动的"社区性"：对现行社区运动理论的回应与补充》，《社会学研究》第 1 期。

雷洁琼主编，2001，《转型中的城市基层社区组织：北京市基层社区组织与社区发展研究》，北京：北京大学出版社。

黎熙元、陈福平，2008，《社区论辩：转型期中国城市社区的形态转变》，《社会学研究》第 2 期。

李友梅，2003，《城市基层社会的深层权力秩序》，《江苏社会科学》第 6 期。

李友梅等，2014，《城市社会治理》，北京：社会科学文献出版社。

刘春荣，2007，《国家介入与邻里社会资本的生成》，《社会学研究》第 2 期。

刘春荣，2018，《社区治理与中国政治的边际革新》，上海：上海人民出版社。

刘春荣、汤艳文，2013，《告别科层？基层群众自治的组织变迁及其困境》，《当代中国政治研究报告》，北京：社会科学文献出版社。

刘君德等，2013，《中国大城市基层行政社区组织重构——以上海市为例的实证研究》，南京：东南大学出版社。

刘丽娟，2017，《社会资本与城市居民社区参与的影响因素——基于 CGSS2012 年数据》，《现代商业》第 17 期。

潘柄涛，2009，《社会资本与居民社区参与——基于深圳 3 个村改居社区的实证分析》，《学习与实践》第 6 期。

邱梦华、李晗、秦莉，2013，《城市社区治理》，北京：清华大学出版社。

孙小逸、黄荣贵，2013，《居委会治理能力与社区参与——基于上海调查数据的经验研究》，《当代中国政治研究报告》第 3 期。

涂晓芳、汪双凤，2008，《社会资本视域下的社区居民参与研究》，《政治学研究》第 3 期。

吴缚龙，2002，《市场经济转型中的中国城市管治》，《城市规划》第 9 期。

谢芳，2004，《美国社区》，北京：中国社会出版社。

杨敏，2007，《作为国家治理单元的社区——对城市社区建设运动过程中居民社区参与和社区认知的个案研究》，《社会学研究》第 4 期。

张红霞，2004，《不同居住区居民社区参与的差异性比较——对上海两个社区居民参与情况的调查》，《社会》第 5 期。

张欢、褚勇强，2015，《社区服务是城市居民社区参与的"催化剂"吗？——基于全国 108 个城市社区的实证研究》，《四川大学学报（哲学社会科学版）》第 6 期。

张紧跟、庄文嘉，2008，《非正式政治：一个草根 NGO 的行动策略》，《社会学研究》第 2 期。

张磊，2005，《业主维权运动：产生原因及动员机制：对北京市几个小区个案的考察》，《社会学研究》第 6 期。

朱健刚，1997，《城市街区的权力变迁：强国家与强社会模式》，《战略与管理》第 4 期。

Cai，Yongshun. 2008. "Power Structure and Regime Resilience：Contentious Politics in China." *British Journal of Political Science* 38（3）：411 – 432.

Coleman，James S. 1988. "Free Riders and Zealots：The Role of Social Networks." *Sociological Theory* 6（1）：52 – 57.

Eisinger，Peter K. 1973. "The Conditions of Protest Behavior in American Cities." *The American Political Science Review* 67（1）：11 – 28.

Lawler，Edward，Shane Thye，and Jeongkoo Yoon. 2000. "Emotion and Group Cohesion in Productive Exchange." *American Journal of Sociology* 106（3）：616 – 657.

Lawler，Edward. 2001. "An Affect Theory of Social Exchange." *American Journal of Sociology* 107（2）：321 – 352.

Olson，Mancur. 1971. *The Logic of Collective Action*. Cambridge：Harvard University Press.

Ostrom，Elinor. 1990. *Governing the Commons：The Evolution of Institutions for Collective Action*. Cambridge，UK：Cambridge University Press.

Putnam，Robert，Robert Leonardi，and Raffaella Y. Nanetti. 1993. *Making Democracy Work：Civic Traditions in Modern Italy*. Princeton，NJ：Princeton University Press.

Putnam，Robert. 2001. *Bowling Alone：The Collapse and Revival of American Community*. New York：Touchstone Books by Simon & Schuster.

Read，Benjamin L. 2012. *Roots of the State：Neighborhood Organization and Social Networks in Beijing and Taipei*. Stanford：Stanford University Press.

Shi，Fayong and Yongshun Cai. 2006. "Disaggregating the State：Networks and Collective Resistance in Shanghai." *The China Quarterly* 186（1）：314 – 332.

Shi，Fayong. 2008. "Social Capital at Work：The Dynamics and Consequences of Grassroots Movements in Urban China." *Critical Asian Studies* 40（2）：233 – 262.

Spires，Anthony J. 2011. "Contingent Symbiosis and Civil Society in an Authoritarian State：Understanding the Survival of China's Grassroots NGOs." *American Journal of Sociology* 117（1）：1 – 45.

Tilly，Charles. 1978. *From Mobilization to Revolution*. Addison-Wesley Publishing Company.

Wang，Shaoguang，2001. "The Construction of State Extractive Capacity：Wuhan，1949 – 1953." *Modern China* 27（2）：229 – 261.

《社会学刊》第 2 期
第 40~66 页
© SSAP，2019

内外兼修：基层社会治理中的精英及其生产

陈国强*

摘　要： 基层社会治理中，越来越依赖于一些精英发挥"领头雁"作用，以推进自上而下和自下而上力量之间的统合。因此，对精英及其生产方式的认识成为推进基层社会治理发展的一个关键环节。本研究确立了一个"事件浮现"的精英锚定方式，对基层社会治理中的精英进行新的审视。对现有文献做的二次研究发现：当前在基层社会治理中发挥作用的精英是一群介于"国家—社会"之间的中间群体；精英的生产呈现一个内外兼修的复杂过程，个体的认知、情绪体验、行为性质、在社会结构中所处的位置等都具有影响作用；精英对基层社会治理结构的嵌入，是精英从事件治理走向常态治理的关键。

关键词： 基层社会治理　精英　精英生产　内外兼修

一　问题的提出

进入 21 世纪以来，社会建设的问题日益受到重视，并不断被提上议事日程（沈原，2008）。在这一过程中，如何构造一个有效、合适的基层社会治理体系成为其中的一个核心议题。从现有的众多研究和分析来看，没有哪

＊　陈国强，浙江红船干部学院副教授、嘉兴市委党校文化与社会学教研室副主任，17402505@ qq. com。

一项实践是普遍适用的，也没有哪一项理论获得了普遍共识。总体而言，地方政府近些年通过"网格化"建设（姜爱林、任志儒，2007；杨代福，2013）、村（社区）各类中心建设（梁伟发，2010；黄俊尧，2014；曹志刚，2013；徐宇珊，2016）、村（社区）"一站式"服务建设（李颖，2014）、引入社会组织参与等，不断完善基层管理与服务体系，试图以这种方式主动引导社会需求与替代民间的权利表达，达到使社会安定有序的目的。但是，以物业（包括村集体土地）、环境为核心的业主（村民）集体抗争行为（陈文、黄卫平，2009；王瑜、仝志辉，2012；陈涛、谢家彪，2016）仍时有发生，成为影响社会稳定的主要因素，但也被许多学者认为是我国公民社会发展（夏建中，2003）、促进基层政府治理水平提升的表现与契机。这种双向推进的治理路径具有"双轨政治"的特征（费孝通，2012：45）。以此观之，在地方政府不断将治理体系向下延伸的过程中，如何有效吸纳社会中仍然广泛潜在的自下而上的主体表达，并构建起相应的治理框架，成为我国基层①社会治理的一个发展方向，也是《中共中央关于全面深化改革若干重大问题的决定》中对于"实现政府治理和社会自我调节、居民自治良性互动"治理要求的应有之义。

围绕这一问题，研究者形成了几种构建基层社会治理框架的思路。第一种注重对政社边界的厘定。目前社区（居委会、村委会）行政化倾向较严重，这制约了基层治理格局的形成，尤其是不利于基层自治组织主导、引导社会成员与地方政府之间形成良性互动局面，因此社区自治组织去行政化成为社会治理变革的重要内容，并形成了包括"议行分设"（姚华、王亚南，2010）、"准入制"（卢福营、戴冰洁，2015）等在内的多种探索和主张。此外，一些学者看到社区本身也已不具备作为社会生活共同体的特质（王小章、王志强，2003），因此，需要将政社边界往下限定在小区范围内，从而构筑"业主主导型——自治政体"（陈鹏，2016），或者一种围绕社会组织建

---

①　中国的行政序列分为国家、省、地级市、县、乡镇五个层级。在乡镇（街道）以下，需要构筑乡镇（街道）与社会彼此合作的多元治理格局。因此，本文中的"基层"主要在乡镇（街道）以下这一范围，集中体现在村和社区。

设而形成的"法团主义"治理模式（秦洪源、付建军，2013）。第二种从方式和途径的角度，认为社会各项关系错综复杂，要明确界定各个主体的权责范围是较为困难的。因此，需要从治理方式着手，区分维权、谋利、泄愤、凑热闹等不同取向，注重围绕利益受损者的合法权益建立治理机制等（陈涛、谢家彪，2016），发挥不同治理手段的作用，从而达到对公共事务的有效管理。第三种围绕具体内容展开，一方面，在国家将社会治理触角向下延伸的过程中，给予社会参与的治理空间并不多，从而出现了碎片化治理（韩志明，2012）的特点；而另一方面，尽管社会中基于权利维护和伸张的群体行动不断，但其也同样存在碎片化、临时性、应激性等特征，尚未形成系统、有序、触及政治诉求的治理行为和治理意向。因此，研究者认为基层社会治理应采用分而治之的做法，治理方式应根据具体治理内容采用不同的治理方式（陈伟东、张大维，2009）。这些研究及其结论总体反映了当前我国基层社会治理现状，其中社会成员的参与成为这些治理构想的一个方向和基础（阿兰纳·伯兰德、朱健刚，2007）。然而，从基层社会治理议题形成至今，基层社会参与不足的难题一直存在，这成为制约社会治理得以有效运转的一个突出问题。

从众多研究来看，社会成员的广泛参与主要是在精英动员和组织下产生，这些精英包括"关键群众"（刘春荣，2007；桂勇，2007）、"行政网络"（耿曙等，2008：515）、"社区精英"（陈桂香、杨进军，2004）、"新代理人"（李祖佩，2016）等多种形态。他们不仅是社会参与力量的主要发起者，也影响着社会治理的走向。但研究者对基层社会治理中精英的认定是存在分歧的，在不同的情境中呈现不同的面貌，比如一些研究者认为基层社会治理中涌现的精英是国家的代表（刘春荣，2010；郭圣莉，2010），而另一些研究者则发现这些精英显现了"公民""草根"的特点（夏建中，2003；张磊，2005）。因此，究竟如何认识基层社会治理中的精英？换句话说，该如何界定当前基层社会治理中的精英？

与此同时，在对精英的认识中还存在另一个更重要的问题，即精英的生产方式。它决定着以精英主导参与的基层社会治理是否具有普遍意义和价值。事实上，源自我国传统社会"士绅"治理的特点，精英治理模式已成为当前基层社会治理的一项重要主张，许多研究者力图通过对"乡贤"（裴斌，2016）、"新乡绅"（申瑞峰，2009）等的发现和培育，恢复"士绅"治理的传统。但这一构想的实现需建立在精英群体普遍存在的基础上。换言之，社会中存在一种独立于个体之外的精英生产体制，它能实现对社会成员的筛选，并把他们推到能主导地方治理的位置上。对这一问题，研究者的认识依然存在分歧，比如应星（2007）、张紧跟和庄文嘉（2008）、陈国强（2014）等都认为，现有"精英"的出现主要由个人秉性、能力所决定，他们的个人信念与坚持是他们在治理参与中主导地位形成的基础，因此这种"精英"生产方式具有很大的偶然性、不确定性和随机性。这就意味着，由精英主导参与的基层社会治理并不能成为一条具有普适意义的路径。但也有一些研究指出，现有精英的生产是有其内在机制的，一些个体占有着一些特殊资源（李辉，2008），或者占据着一些特殊的位置（王国勤，2011），为他们通过交换、庇护树立权威提供了便利和条件，从而塑造起精英身份和精英地位。这又意味着，现实生活中的社会治理精英是可以寻找、发现，甚至培养的。对于这两种截然不同的观点，该如何认识？是什么造成了这种差异？又该如何拨开蒙在"精英生产方式"上的迷雾，使我们能更加客观地评价"精英治理"的前景？针对这些问题，本文将首先对如何发现基层社会治理中的精英进行探讨，并在此基础上通过对现有文献的二次分析，着重考察精英的生产方式。

二　基层社会治理中的精英及其理解

（一）基层社会治理中的"精英"

关于"精英"的论述尚未形成统一认识。帕累托（2003：13）较早对精英进行研究，认为精英是"最强有力、最生气勃勃和最精明能干的人，而不论是好人还是坏人"。米尔斯（2004：2）围绕权力占有情况，指出权力精英是一些人的地位"可以使他们超越普通人所处的普通环境"，并且可以使"他们做出具有重要后果的决定"。布登（Michael G. Burton）和希格利（John Higley）（1987：223）对当代主要学者（包括吉登斯、戴耶、摩尔、普特南等）的精英观点进行了全面梳理，从他们的分析中可以发现，这些学者都强调精英是由对公共机构、社会组织中位置、社会权力和财富等占有而形成，且主要集中在政府、政党、商业、媒体、法律、教育、军事等领域。对于近代中国社会精英的研究也主要承袭了这一思路，在各类实证研究中，研究者往往以大学学历、党员身份、收入、专业技术职称、私营企业主等作为精英的表征（华尔德，1996；宋时歌，1998；郑辉、李路路，2009）。除此以外，还有一些研究者根据所处地域不同，将"精英"区分为"乡村精英"（农民精英）和"城市精英"（社区精英）。杜赞奇（1996：150）认为"拥有财富是进入乡村领导层的关键"。朱天义（2016）进一步指出，乡村精英是"在农村场域内，比其他成员能调动更多社会资源，获取更多权威性价值分配如安全、尊重和影响力，并实质性参与、领导、管理、决策乡村公共事务的群体"。在城市里，林尚立（2003：210）认为"社区精英是指拥有一定的优势社会资源，具有较强的公共意识和参与意识，并且实际参与社区公共权力的分配与运行，能够对社区公共事务产生影响力的人群总体"。综合来看，研究者对精英的理解主要是基于社会中的"资源占有"或"位置占据"而形成的。这构成了对社会结构和社会运转方式的一种宏观透视，揭露出社会的分化与不公，同时也成为考察社会主义国家转型的一个有利视角，受到学者的重视。

本文所关注的"精英"是与基层社会治理这一背景紧密相连的。因此，这部分"精英"至少需具备以下四方面的特征。第一，公共性。基层社会治理首先针对的是公共事务（至少是准公共事务），而非私人事务。因为只有公共事务才构成治理中的主体"多元化"基础，并且只有"精英"代表了公共意志，才能形成内嵌于精英中的"权威"基础。正是因为这种"公共性"特点，许多仅仅拥有财富、能力的社会成员并不在本文考察的"精英"之列。第二，权威性。权威是传统精英理论中的重要内容，主要是指一种合法性关系（Dahrendorf，1959：166）。在基层治理中，这种关系主要是通过社会成员的广泛认同、认可而获得。也正因为存在这种关系，社会成员才会在精英主导下参与对公共事务的管理。因此，基层社会治理中的"精英"必须能对社会成员形成有效动员、号召或组织，使他们能跟随"精英"做出自主行动。第三，内生性。能获得社会成员广泛认同的精英，既可以内生于社会，也可以是外在党政力量的介入。但近些年来在党群之间、干群之间形成的不信任关系，致使大多数能获得居民认同的精英都来自社会内部。因此，许多研究者将基层社会中出现的积极分子作为政府触角的延伸（刘春荣，2007；桂勇，2007；耿曙等，2008：515），而非社会力量的兴起，也就无法整合社会力量治理社会事务。第四，建设性。基层社会治理的目的是构成对公共事务的有效管理，而不是造成破坏性结果。因此，"精英"之于公共事务的管理应该是建设性的。这区别于泄愤性群体事件或骚乱事件中，那些目的不在于解决问题，而只为发泄不满，引导社会成员进行"打、砸、抢"的领导者。基于这四方面的特点，笔者认为基层社会治理中的"精英"与经典精英理论中的"精英"是不同的。他们不是宏观意义上决定历史走向的那部分人，或者他们可能根本算不上是"精英"，而只是公共事务治理中的"草根行动者"（应星，2007）。但他们在基层社会治理中的角色是独特的，是与我国社会紧密相连的一种介于西方精英民主与东南亚底层政治之间的样态（应星，2007）。他们在社会中若隐若现，平时隐匿在普罗大众中，在具体的事件中又会涌现出来，当问题消除后又隐退出公众视线。因此，直接以"资源占有"情况的静态"精英"定位方法并不利于对他们的了解。从他们的出现与具体事件相结合的特点来看，笔者主张以"事件浮现"的动态方式对"精英"进行锚定，也即"精英"是在基层公共事务中逐渐涌现出来的以解决具体问题为目的、能代表社会成员意志、引导社会成员行为的个体。这种动态精英锚定方式，为对精英群体做更准确的分析提供了条件，也更有利于深入认识这一群体。

（二）精英的生产方式

本文对基层社会治理中的"精英"做出了重新认定，因此，对这些精英生产方式的考察成为一个新的课题。现有研究为这一问题的分析提供了两条有益的线索。

第一，内在促发。内在促发关系是精英行为出现的内在动因。精英不是凭空出现的，他们主要来自社会群体内部。但他们为什么能在众多个体中"脱颖而出"，这与他们先期的行为有很大的关系。从理性人的角度分析，精英愿意在基层社会事务管理中做出更多投入、承担更多风险，主要是他们能在这种付出中获得某种回报。华尔德（1996：197）在研究单位制下的工厂政体时就发现，由于改革前社会资源被垄断，工厂里出现了一批积极分子，他们为了获得更多报酬而依附在具有资源分配权的管理者周围，因此形成了一种"依附－庇护"关系。资源获取正是这些积极分子行为的动因。李辉（2008）在分析现代社区积极分子的产生时也发现，社会报酬的获取是社区积极分子产生的根源，而这种社会报酬的表现更为多元，包括了荣誉、政治关心、社会交往与小群体活动、重要性与个人价值的体现、轻微的权威感、社会互助感等。李祖佩（2016）在对乡村干部的研究中指出，谋取村干部身份也主要是由于他们能利用这一身份谋利。

与理性人的假设不同，另一些研究者认为，基层社会治理中的大部分精英并未经历行动前的深思熟虑，相反他们的行为很大程度上也是由感性因素所驱使。这些感性因素与个体的感受程度、公共事务中的公平性、社会舆论环境等相关。从传统社会理论开始，情感在群体行为中的作用和影响一直受到关注（陈颀、吴毅，2014）。勒庞（2000）和霍弗（2008）较早提出了非理性因素在社会行为中的决定性作用。在这一思路影响下，"怨恨"（McCarthy & Mayer，1977；刘能，2004）、"愤怒"（Jasper，2011）、"情感"（应星，2009；吴长青，2013）理论被应用到集体行为发生的研究中，认为"怨恨""愤怒"来源于对不公正的关注、对苦难的体验或对危机的担忧。尽管这些都是一种情绪体验，但它最终作用于理性人的行为，构成"利益表达和需求保卫的导火索"。与此不同，应星（2007）用"气"这一具有中国文化特质的概念，解释了集体行为产生的整个过程，也即集体行为源于一些人的"气"，又通过"气场"主导着其他成员的行为。因此，由

"气"所主导的集体行为，其整个过程都是非理性的。吴长青（2013）则用"英雄伦理"对个体在公共事务中的持续投入做出了解释。这回应了精英在投入收益不对等情况下做出行为的原因。当然，对于感性因素是否一定表现为非理性作用机制，是存在争议的。陈颀、吴毅（2014）在梳理"情感"研究时认为，集体行为中的情感分析出现了传统情感主义和新情感主义两种取向，前者将情感作为非理性因素，后者视情感为可控制和可资利用的理性因素。这些解释并非针对"精英"的产生，但为理解这一问题提供了思路。

　　第二，外在塑造。内在促发只表示一些个体会在公共事务中优先行动，但并不表示他们能在社会群体中获得认同、建立权威。现有研究基本将后者主要归结为由外部塑造而形成，这在我国传统士绅形成的过程中表现最显著。张仲礼（2008：3）主张从学衔和官职两方面对士绅进行界定，其中学衔与科举制有关，官职与官籍获得有关，而官籍的获得又建立在学衔（科举考试）基础之上。因此，科举制被认为是精英（士绅）生产的核心机制（孙立平，1996）。但无论是学衔还是官职，其都是国家权力的一种表现。士绅因此也成为国家权力的延伸和象征，拥有包括经济、政治、文化等多方面的特权（张仲礼，2008：26～33；徐茂明，2006：81～96）。毫无疑问，士绅能主导中国传统社会中的基层治理，与其所享有的权力和占有的资源紧密相关。李祖佩（2016）的研究则聚焦于现代乡村精英的生产，他认为作为国家正式代理人的村组干部才是乡村治理的主体，他们的生产与其作为国家"代理人"的角色有关，但国家"代理人"角色并不必然带来资源（项目），因此他们能借此争取到尽可能多的资源（项目）就成为他们获取来自基层的认同的基础。就精英而言，这激发、吸引了他们的行为；就社会成员而言，由于忌惮威慑或获取资源的需要，他们愿意做出服从。受此影响，学界也习惯以资源和地位占据作为界定精英的标准，这也是精英理论的主要逻辑。精英生产的过程也成为精英的内在含义。

　　与国家赋权建立精英地位不同，另一种以个体主动付出、不等价反馈社会而在社会成员中取得认同、确立精英地位的观点，在当下具有更大的解释空间，也更接近于韦伯所说的"法理性"精英。个体对社会成员的非义务性、非强制性付出，提升了其道义地位。随之也成就了推动其与社会成员之间良性互动的内在机制——"互惠"（波兰尼，2013：115），社会成员愿意跟随、听从能为群体付出的个体。从士绅的精英地位获得过程中也可以看到这种"互惠"机制所发挥的作用。士绅在获得国家赋予的特权外，还常常主动承担起许多社会职责，包括开展赈灾济贫等公益活动、排解纠纷、兴修公共工程、教化乡民、维护社会秩序等（张仲礼，2008：40；徐茂明，2006：127）。正是这些职责担当与对社会的回馈，形成了乡民对士绅的认可和认同。

三　公共事件中的精英及其生产——一项对精英的文献考察

本文确立了用"事件浮现"的方式来理解基层社会治理中的精英。但这一方式需要通过公共事件的发生才能得以运用，这给建立样本进行分析带来较大困难。对此，本文尝试采用文献分析方法对这一问题进行研究。目前，对公共事件中的精英做出详细描述的文献并不多，一般主要集中于采用深描的个案研究。因此，文章针对符合这一特征的文献进行梳理，重点在知网通过搜索"个案""事件""维权"等关键词寻找符合本文所述的"精英"。

通过文献检索，共获得符合条件①的文献 50 篇，其中有 40 篇明确论及在事件发展中精英的作用，这意味精英在基层社会事务中确实不可或缺。其间，又有 26 篇文献对精英做了较为详细的描述（见表 1）。一篇文献中往往存在多个个案，一个个案中又可能存在多名精英，因此，这 26 篇文献最终共涉及 35 个个案，41 名精英（共 42 人次，其中一名精英出现在两个不同的事件中）。

---

① 事件属性与精英的特点是相辅相成的，当建立在公共性、权威性、内生性和建设性基础上的精英出现时，这类特征也映射在了事件本身中。

表1　文献中的精英及其相关情况表

序号	事件	类型	时间	精英人物	特点	职业	行动缘由	事件中的个人投入
1	立碑护树	常规	2015	天鸣	辈分高,博士研究生	国家干部	他人教训;本村古树差点被卖掉	发起,组织,出钱
2	农贸市场搬迁	维权	2003	何三益	其父为退休镇干部	经营户	对农贸市场搬迁的不满与抵制	
3	集体土地纠纷	维权	2012	C	人脉广,大公无私	古董商人		替大家维权;寻找律师
4	更换物业公司	维权	2011	XM		检察官	不满物业涨价	抗争;邀请记者;建立微信群;进行民意调查;向上级反映
5	物业管理	常规	2004	Xt	有多种头衔,善于协调	市建委专家		召集人;提出新物业管理理念;倡导要紧紧依靠政府
			2006	Slt	阅历丰富,喜欢研究经济学	前国企厂长,老师		钻研小区自管模式,自管式代言人
6	环境抗争	维权	2010	老赵	非利益相关者	村委会主任	不满损害老百姓的利益	组织集体上访
7	环境抗争	维权	1999	ZCJ	有行医经验和个人威望	赤脚医生	最先了解污染造成的影响。在后来的媒体报道中强化了行为坚持	组织信访,围堵工厂;投诉;寻求外部支持;接受专业培训;成立环保组织;被取消执业资格;被法院拘留

续表

序号	事件	类型	时间	精英人物	特点	职业	行动缘由	事件中的个人投入
8	小区业主维权	维权	1999	B女士	原国企高级工程师、业委会主任	退休		督促开发商解决问题;率领业主诉讼
	追讨物业维修资金	维权	2002	A先生	有记者经历			行政申诉;诉讼;通过媒体进行舆论施压
	业委会改选	常规	2003	C女士	原国有公司经理	退休		向政府要求改选业委会
	建立业委会协会	常规	2004	A先生	有记者经历		认为业主维权难,主要是没有业委会协会	呼吁有房产者联合;"让利"解决矛盾;筹措资金;与媒体进行信息传递
9	居委会选举	常规	2006	赵先生	原某国有企业党委书记	退休	认为现有政策存在问题,应实行上级的新政策	上访,给市领导写信反映情况
	镇北联席会议	常规	2011	龙先生	法律工作背景		为解决出行难问题;认为城乡接合部的公共服务差	抵制过激言论;向政府争取政策
				强先生	40多岁	民营企业家		
				容女士	30多岁,法学硕士	事业单位干部		
				武先生	30多岁	IT从业人员		
	人大代表选举	常规	2011	薛先生	40岁,硕士	跨国企业高层管理人员		倾斜或资源投放

续表

序号	事件	类型	时间	精英人物	特点	职业	行动缘由	事件中的个人投入
10	成立业联合会	常规	2005	孙威力	本科	房地产		投入资金；利用个人关系联络各方，进行宣传游说
11	采石场纠纷	维权	2001	杨宏军		村委会副主任		组织上访、谈判
12	拆迁纠纷	维权	2000	罗先生		冷冻机厂总质量师		承担普法工作；进行个人诉讼、组织集团诉讼
13	业委会信任事件	维权	2003	赵兵	与政府长期保持着良好关系			质疑、揭露业委会行为，获取外部支援；设法让居委会介入并负责
	村民维权抗争	维权	2004	周孝忠	有文革经历；大专学历；组织维权经历	做过教师，小生意	听说到相关信息；他人推荐参加培训班持续发展培训班	被拘留；组织签名、张贴报道，组织活动、游说分发材料、收集文件，与政府对话；募集费用
	村集团诉讼	维权	1999	田亮生	有疾病；54岁；上学7年	在村里当小支部		动员村民抵制；组织上访；集资进行政复议、诉讼
14	移民集体上访	维权	1997	徐绍荣	有文革经历；高中	村小学代课教师	由村民请出来推进上访	组织上访；运作自身与政府的博弈问题；上访资金集资
	移民集体上访	维权	1997	周克旺	有文革经历；原大河航运公司职工；见过世面，能说会道	退休	发现补偿不足，假移民现象	组织集体上访、走访；被判刑三年
15	国有企业工人集体行动	维权	2000	刘女士	中专；下岗	开毛巾厂	同情工人低劣生活条件和不屈不挠的上访	集体行动中表现出来的同情心和勇气得到认可，后当选工会主席

续表

序号	事件	类型	时间	精英人物	特点	职业	行动缘由	事件中的个人投入
16	业主维权	维权	2009	R先生	大学,业主群体的知名人士,维权经历	当选过两届居委会主任		参与地方立法工作;组织诉讼、行政复议
17	职工维权	维权	2003	小丁	退伍军人;懂法律知识	工人	不满公司规定;小丁被集体推举为代表	学习法律;申请组建工会;发动停工抗议;参选工会主席并当选;致企业报复
18	环境维权	维权	2001	WCL		村支书	不公平感,不作为将会愧得良心不安	组织核实破坏环境情况,收集数据,走访政府部门和递送资料
19	景区开发冲突	维权	1999	陈天喜		村支书	村集体的自尊心受伤害,产生共同愤怒	组织上访;寻求上层领导支持;被抗争对象聘用
20	业主维权	维权	2004	刘强	退休,原交通部工程师	公司老总	发现物业费违规	建立组织,发动倡议,寻找社会支持,应诉,向政府部门反映情况
				刘光镇	退休,享受国务院津贴专家	公司老总		
				周文	退休,原大学教师	退休		
21	DH维权	维权	2011	LZL	67岁,当兵,经商,村委会副主任,开发区工作经历	退休	村民找他领导维权	组织理性维权,上访
22	土地承包纠纷	维权	2001	杨尚辉	种植能手,经济条件好	农民	觉得不合理,感觉个人经济窝囊	发起上访和诉讼;拒绝个人经济补偿
22	违法征税费抵抗	维权	1996	牛治才	高中,经济地位不高,有胆识	农民	不满镇政府违法征税费	发起集体告官,被拘留;上访、劳教

续表

序号	事件	类型	时间	精英人物	特点	职业	行动缘由	事件中的个人投入
23	征地补偿	维权	2008	薛永颂	正派,有主见,子女在医院/名企工作	农民,小生意	没有负担,生活惬意,特别热衷于公共事业	搜集政策信息,开展辩论,动员村民,试图寻求土地利用
24	农村环境	维权	2006	文司令	高中,50多岁;帮助解决纠纷	原村主任	受邀参加	通知村民回村;组织、代表谈判;联系媒体;做群众思想工作
25	村修路	常规	1999	李健	父亲李伯有省委书记关系	村党支部副书记	修路为村塑料加工提供运输便利;有派系利益之争	提出修路方案;获取外部资金
				李温	县政协常委	私营企业主		
26	采矿权纠纷	维权	2006	谭少芸	嫁到香港		受村邀请回乡办企业	竞标采矿权,弄清采矿权价值,上访

1. 文献的代表性

对这些文献做概览，大致有以下两方面特点。其一，文献所论及的个案发生的时间跨度较大。全部 35 个个案发生的时间，很好地分布于 1996 ~ 2015 年（见图 1），其中有四年未有任何案例进入，最多的一年有 5 个个案进入。同时，这些案例集中发生于 20 世纪 90 年代末和 21 世纪，这也与我国社会发展进程①相吻合。其二，文献所论及的个案中的事件类型多样。全部 35 个个案涵盖了农村土地纠纷、小区物业管理、劳资纠纷、环境保护、邻避行为等。从以上两方面来看，虽然经整理后获得的文献数量有限，但其具有一定代表性。

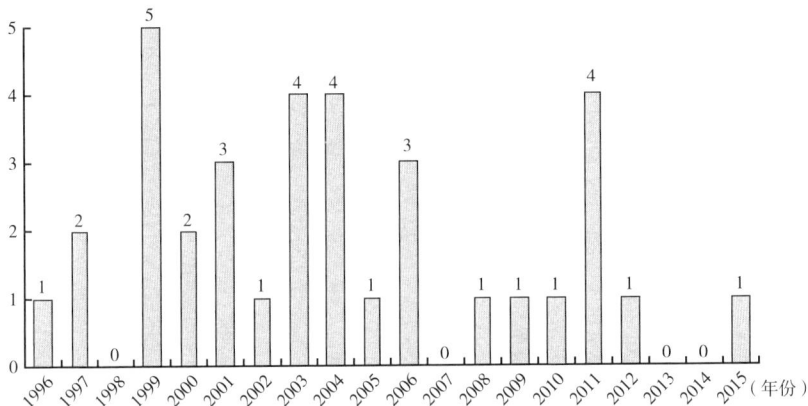

图 1　现有文献述及"精英"的案例发生时间分布

2. 精英：一个中间群体

这些在事件中浮现的精英，是一个特殊的群体。从职业来看，他们的工作分布广泛，既有在公职部门任职或曾经在公职部门任职的（如国家干部），也有在国家部门的延伸组织中工作或曾经工作的（如村支书），还有属于经济部门（如国企总经理）和普通一线职工（如工人、农民）的。从

---

①　这种进程主要表现为 20 世纪 90 年代末和 21 世纪初，社会成员的权利表达日益突出。因此，各类公共性事件不断兴起。

年龄来看，分布于 30 多岁到已退休的各个年龄段。从文化程度来看，包括了小学、高中、大专、大学、硕士、博士等多个层次。以此视之，基层社会治理中的精英似乎是一个无统一特征的群体，这意味着他们可以存在于任何职业、文化程度、年龄中，既有可能是社会中的优势群体，也有可能是社会中的弱势群体。这一结论与现有研究将行动中的精英主要定位于"弱者"不相一致。董海军（2008）指出，在公共事务中发挥组织者或领导者作用的，主要是一些弱者（老人、妇女）。因为恰恰是这些人的"弱者"身份，赋予了他们在权利维护中的"武器"作用。陈映芳（2006）在上海城市运动研究中也发现，那些职业地位相对较高的政治、文化、经济精英，往往不参与或会中途退出。还有一些研究以"草根"对精英进行认定，表明其在社会中的劣势地位。尽管这些研究所阐述的角度略有不同，但共同指出无组织、无优势资源是其共同特征。显然，对基层社会治理精英认识分化与研究者所研究的对象和分析的个案数量有关。

　　然而，在反驳现有精英观的同时，是否意味着基层社会治理中的精英走向了离散化？现有研究习惯于将个体的资源动员能力作为衡量基层社会精英的标准，并且集中体现于精英自身的身份。这与社会运转的方式是不相符的，因为个体的资源动员能力是广泛嵌入社会关系中的（Granovetter，1973；Bian，1997）。因此，那些越具有庞大社会关系的人、越能够通过社会关系支配和调用资源的人，做出参与引领的可能性将越大，反之则选择沉默的可能性越大（冯仕政，2007）。同时，如前所述，当前我国基层社会治理是一个重新弥合国家与社会分化的过程。因此，精英的认定与这一"二重性"是紧密相关的。精英及其社会关系在"国家－社会"中的位置，可以作为分析精英群体的一个重要方式。笔者将目前在党政机关或国有企事业单位工作的精英作为"国家"的一极，将曾经或熟人在党政机关或国有企事业单位工作以及在准公共组织（如村委会、居委会等）工作的精英作为中间群体，将没有任何党政机关或国有企事业单位工作经历或相关熟人以及不在准公共组织中工作的精英作为"社会"的一极，对 41 名精英进行分类（见表 2）。分类后可以发现，虽然精英在"国家"与"社会"之间仍有分化，但大部分精英①（56.1%）处于国家和社会的中间。他们不仅个人能力和素质出众，拥有良好的个人特质（阅历丰富、能说会道等），同时也具有广泛、可动员的社会关系网络和资源网络，但他们中的更多人既非强势群体也非弱势群体。此外，相比处于"国家"一端的精英（12.2%），处于"社会"一端的精英（31.7%）也更容易显现，这或许意味着，体制构成的牵制比体制带来的资源对精英形成所产生的影响更大。

表 2　基层社会治理中的精英分类

单位：名，%

精英类型	国家	中间	社会
数量	5	23	13
占比	12.2	56.1	31.7

3. 精英的生产：一个内外兼修的过程

传统精英理论认为，精英首先是一种位置及资源占有，而精英在公共事务中的行为和表现只是精英身份和角色作用的外在表现。但本研究中的案例显示，这可能是一个相反的过程。在 35 个个案中，有 28 个个案中的精英是在参与公共事务中逐渐形成起来的，他们通过发动、组织、协调社会成员，并且投入个人资金与时间，承受着行为风险（失去工作、被拘留）而逐步确立起在社会成员中的主导地位。虽然其他个案是在公共事务发生后，由社会成员寻求他们作为领导者，但许多看似事先确立的精英地位也主要是他们在先前的公共事务参与中所建立的。

精英生产作为一个过程，同时贯穿着精英生产的两个维度，即内在促发和外在塑造。这与已有研究将其作为某一方面作用的结果不同。这两者相互作用，实现对精英的内外兼修，一方面精英的认知和情绪体验使他们首先采取行动，进入了公众视野；另一方面精英在社会结构中所处的位置，提高了

---

① 由于文献中对精英的描述并不全面，或许处于"社会"一端的精英中，仍有一部分人可能因社会关系而属于中间群体。

他们在社会事务中的领导力，使他们在芸芸众生中脱颖而出。精英的内外兼修过程是复杂的，但其集中回应了精英生产中的三个问题。

精英是主动出现的还被动出现的？所谓主动出现，即精英的出现是自发的，是由内在的认知和内在情绪体验所决定的。所谓被动出现，即精英的出现不是自发的，很大程度上是受到公共事务相关当事人的推举、邀请的影响。这种推举和邀请意味着精英身份可能外在于公共事务而形成。从本研究中发现，在有相关信息的 28 人次精英中，只有 4 人次精英是受邀请出面在公共事务中领导参与治理，其余 24 人次精英都是主动、自发采取行为（见表 3）。同时，按照前述理性与感性的区别，精英在公共事务中的行动动因与理性认知（对公共事务中的利害关系有更清晰的认知）和感性表达（在对公共事务了解的基础上产生的一种情绪体验）都有较为紧密的关系。一些精英发现公共利益受到了侵犯或潜在侵犯、公共事务存在可改善的空间和可能，另一些精英对公共事务的现状感觉"不满""不公平""愤怒""同情"，对自己的处境感觉"窝囊""良心不安"。这意味着，个体离公共事务的真相越近，其采取行为的可能性越大；公共事务中存在的问题越大、不公平感越强，个体采取行为的可能性也越大。

表 3   精英产生的被动性与主动性分类表

单位：人次，%

类别	无信息	自发行为		被动行为
		理性	感性	
数量	14	9	15	4
有效占比	0	32.1	53.6	14.3

精英是个体利益塑造的还是公共利益塑造的？精英的行为是于公还是于私，这是在理性命题下的一个分歧，哪怕精英前期行为是由感性引起的，但最终还是会面临其行为目标问题。在公共事务中，个体利益是内嵌于公共利益中的，因此精英追求个体利益与追求公共利益是同步的，很难做出区分。按照集体行动理论（奥尔森，1995），理性个体在公共事务中往往会采取

"搭便车行为"，会出现个体放弃公共利益中的个体利益现象。依此，精英在公共事务中的积极行为，已经具备了追求公共利益的特征。本文根据案例中精英的特点，提升了追求公共利益的衡量标准，即个体在公共事务中做出了相比其他个体更多的投入（组织上访、诉讼、向管理部门反映情况、建立组织、获取信息、管理集体行为、募集资金、寻求外部支持、进行自主学习等）、承担了更多行为风险（被拘留、失去工作等），则认为这些精英是出于公心，否则则认为是出于私心（见表4）。对42人次精英进行分析后发现，他们都在公共事务中做出了相较于一般个体更多的投入。这表明精英普遍在公共事务中付出更多、牺牲更大。正是精英在公共事务中的额外付出，为他们在群体中赢得了尊重和认同。因此，精英在公共事务中的行为不仅是其精英身份的表现，更重要的是伴随着在公共事务中成长起来的精英，他们的行为也为建立相应的领导地位和权威提供了支撑。

表4　精英产生的个体诉求与公共诉求分类

单位：人次，%

类别	无信息	个体诉求	公共诉求
数量	1	0	41
有效占比	0	0	100

精英是结构生产的还是无结构生产的？精英的结构生产由正式权力所赋予，借助这种权力所带来的身份、资源，精英提升了他们在组织、领导社会成员中的行动合法性和行动成效。相反，无结构生产缺乏这种正式权力所带来的行动便利和优势，他们的出现因此更受努力程度、能力等个体特质的影响，变得更加偶然和神秘化。事实上，前面对精英的认定中已内嵌了这一问题。精英作为一个处于"国家—社会"之间的中间群体，意味着他们离国家正式权力赋予具有一定的距离，但同时又不是完全脱离。然而，正式权力获得与作为社会成员的领袖并不是简单的线性关系，两者之间存在一个悖论：精英要在基层社会治理中发挥作用，必须具有相应的资源（尤其是政治资源）和合法性。这就意味着精英需要与国家建立某种内在联系。但与

此同时，一旦精英与国家建立紧密的关系，又会削弱精英对社会的动员能力，或在社会中建立某种权威，成为一项有效的治理途径。造成这一悖论的一个重要背景，即在快速发展中，基层政府出现了对社会的脱离（从党建的角度来看，也即党员干部对人民群众的脱离），双方出现了相互不信任，且隔阂较难修复。这使基层社会治理始终处于对抗的张力中，总体上还没有全面迈入共治的局面。正是囿于这一悖论，精英的生产处于被结构与无结构塑造的一个平衡点上（吴长青，2013）——半结构生产：一方面与国家保持一定距离，以便于与社会成员建立某种同盟感，也避免从国家内部带来制约精英行动的压力；另一方面又与国家保持一定联系，以便于获取行动的资源、信息和合法性，提升行动的成效。

精英的半结构生产也符合"结构洞"理论（伯特，2008）。该理论认为，一些个体在社会结构中占据着一个联络各方的结构节点，因此填补了那些没有直接联系的主体之间相互连接的可能。从社会网络上看，这些互不发生直接联系的关系间断，就像是网络结构中的洞穴。正由于一些个体占据着"结构洞"位置，所以为他们获取资源、领导社会成员提供了契机和条件。由此也对为什么大部分精英处于"中间群体"给出了一个解释，形成了一个区别于弱者论（或底层论）和强者论的不同观点。王国勤（2011）在对林镇的三个群体性事件研究中就发现，精英的生产与他们在社会网络关系中所处的位置紧密相关，一般在事件中对抗双方中占据着"结构洞"位置的个体更容易成为精英。

精英生产的内外兼修过程，展示了复杂的精英生产方式。但在各种因素交替作用下，也逐渐显现精英生产的内在规律，其并非一个偶然的现象。总体而言，那些接受公共事务相关信息更便捷、更乐于投身公共事务且处于国家边缘位置的个体，更有可能发展成为精英群体。

4. 精英与基层社会治理

精英存在的价值在于能积极、持续、稳定治理基层公共事务，推进基层社会有序发展。这一目标对于在公共事件中浮现出来的精英提出了一个难题，即如何使随事件产生的精英，不会随事件解决而消失？或者换言之，如何使这些精英嵌入基层社会治理的框架中？尽管精英的生产具有一定的规律性，但当前大部分精英都会随具体公共事务的解决而消退。这也造成研究者们很少将这些个体作为精英看待，而仅仅是某种"积极分子"和"草根行动者"。事实上，精英在公共事务中出现时的身份是模糊的，或者是"无身份"的。要保持他们精英身份和作用的持续性，需要将他们纳入现有基层社会治理的框架中。但这又关系到另一个更为敏感的问题，即当前基层社会治理框架都是在党委政府主导和授意下形成的，而在各类事件中出现的精英往往被基层政府视为"麻烦制造者"，尤其是很多事件都带有某种"非法性"（于建嵘，2009），这将进一步阻碍他们成为基层社会治理框架中的组成部分。

为评估不同性质事件中"精英"可能被接纳的程度，笔者将 35 个案例区分为维权抗议事件和常规参与事件①。维权抗议事件主要针对具体事务，且出现了一方利益受损的情况，因此，此类事件的针对性和对抗性更强，其间产生的精英被接受的可能性更低。而常规参与事件主要谋求长期管理公共事务的平台，且利益受损尚未实质发生，因此，其更接近当前基层社会治理的需要，其间产生的精英也更有可能被接纳。根据对个案的整理分类（见表5）可以发现，在常规参与事件中，"国家"端精英比例提升，且都是主动参与；而在维权抗议事件中，"中间"部分精英比例提高，且出现了被动参与。这意味着以下几点。其一，"国家"端精英进入基层社会治理框架的可能性更大。从目前基层社会治理的架构看，社会成员参与的途径或组织平台主要集中在两委（居委会和村委会）、业委会、社区"三会"（评议会、协调会、听证会）②、社会组织等。这些组织或平台，一部分处于行政化下，另一些则作用发挥不一。因此，需要一些能组织、代表社会成员，并连接"国家"（政府）的精英，来发挥他们在公共事务治理中的有效作用。而在常规参与事件中出现的"国家"端精英和部分"中间"精英更符合这一需

---

① 维权抗议事件和常规参与事件是以利益侵犯是否已实质性发生作为依据，其中维权抗议事件是利益侵犯已实质性发生，常规参与事件则未发生。一旦利益侵犯发生，当事人容易采取更为激进和持续的行为，容易引发矛盾，从而被政府视为一种"麻烦"。
② 《关于建立评议会、协调会、听证会制度的指导意见》，《中国民政》2001 年第 11 期。

要。一方面，他们在现有公共事务管理中逐步积累起了社会权威，得到社会成员认同；另一方面，他们在常规参与事件中的行为并未给"国家"带去太多麻烦，且精英本身的"国家"属性也能帮助他们进入党委政府主导的基层社会治理框架。事实上，这些精英中很多与业委会、社会组织相联系，并进一步向居委会、村委会这一自治平台拓展（比如参加居委会、村委会竞选），甚至谋求建立新的组织载体（比如建立业联协会）。尽管他们的行为指向和进度不一，但显露出谋求嵌入制度化治理框架的意向。因此，促进精英与基层社会治理之间的良性发展，一方面要以更积极的态度接纳这些在常规参与事件中成长起来的精英以及其对治理组织的谋求，总体而言，他们内含的建设性和公共性取向，与基层社会治理的总体目标是相契合的；另一方面需要更主动地将精英的纳入与基层自治组织和治理框架的变革相结合，推进社会力量的生长。

其二，维权抗议事件中形成的精英进入基层社会治理框架依然具有较大难度。尽管维权抗议事件中的精英更依赖于与国家存在某种联系的人，但这也意味着这些精英需要与国家保持一定距离，这削弱了他们与基层党委政府连接的可能性。与此同时，仅在维权抗议事件中出现了"被动"型精英，且他们也集中于"中间"部分，这或许因社会成员对"中间"型精英的持续认同度更高，也或许因"中间"型精英更容易反复介入公共事务中。但无论因何，仅从此文中的案例来看，处于"中间"位置的精英更容易在事件以外维持其在社会成员中的精英地位。这就对基层社会治理提出了一个挑战，基层政府如何才能把这些他们视为"麻烦"的人物，吸纳到治理的常规框架中？目前这依然是一个待破解的课题。

表5　不同类型事件中精英的特点

单位：人次，%

		常规参与事件	维权抗议事件
精英类型	国家	4(28.6)	1(3.6)
	中间	5(35.7)	18(64.3)
	社会	5(35.7)	9(32.1)

		常规参与事件	维权抗议事件
精英自发性	主动	8(100)	16(80.0)
	被动	0(0)	4(20.0)
精英诉求	个体诉求	0(0)	0(0)
	公共诉求	13(100)	29(100)

四　小结

改革开放后，基层的经济社会结构已发生了巨大的变化。在这些变化中，一个突出的特征是社会"个体化"（阎云翔，2012），个体之间的连接往往是在公共利益受到侵犯后才出现的，集中于农民抗争、业主抗争和环境抗争等社会事件中。因此，日常社会多呈现为碎片化和原子化，一个在基层社会中建立起广泛认同的精英群体并不存在。尽管村委会和居委会作为唯一代表基层社会的自治性组织，为居民推选出领袖人物提供了机会，但国家对自治组织的介入始终无法使基层干部轻易获取社会内生的权威（狄金华、钟涨宝，2014a）。这大大制约了基层社会的治理进程。然而，要使基层社会走出"利益受损——抗争"式的应激性治理之路，建立起基层社会常态性治理模式，还需要能有效应对基层社会的日常"参与冷漠"（程玮，2010）。

本文论述的精英生产的理论预设恰在于精英在基层社会治理中的撬动作用，或领头雁作用。这种理论预设具有强调人治的嫌疑，与现代社会强调规则治理的总体趋势似有不符。甚或，精英主导基层社会治理最终会走向规则治理（狄金华、钟涨宝，2014b）。但事实证明，这本就是一个统一的发展过程，即规则治理本身也需要通过精英主导下的基层社会参与才能实现。正如庄文嘉（2011）的研究所示，业主在精英引领下进行维权，逐渐从依靠规则治理走向了重塑规则进行治理的道路。治理所依赖的规则也是在治理中产生的，否则再理想的规则也难以发挥效用。但这些都依赖于对基层社会治理中精英的准确定位与认知。对此，本文以"事件浮现"的方式，将那些在现有研究中具有公共性、建设性、内生性和权威性的精英梳理出来进行分析，并发现这些精英的出现尽管复杂但仍具有某种规律性，但要将这些精英纳入现有治理框架并推动基层治理变革，仍存在诸多挑战。此外，文章也因数据不足，仅就这一问题做了初步分析，要深化这一课题尚需进一步的研究。

参考文献

阿兰纳·伯兰德、朱健刚，2007，《公众参与与社区公共空间的生产——对绿色社区建设的个案研究》，《社会学研究》第 4 期。

埃里克·霍弗，2008，《狂热分子：码头工人哲学家的沉思录》，桂林：广西师范大学出版社。

曹志刚，2013，《城市社区综合服务中心：一种实践策略》，《社会工作》第 6 期。

查尔斯·赖特·米尔斯，2004，《权力精英》，许荣等译，南京：南京大学出版社。

陈桂香、杨进军，2004，《成都市社区参与的现状与制约因素分析》，《西南民族大学学报（人文社会科学版）》第 9 期。

陈国强，2014，《利益明晰与社区参与——两个案例的比较分析》，《二十一世纪》（香港）8 月号。

陈鹏，2016，《城市社区治理：基本模式及其治理绩效——以四个商品房社区为例》，《社会学研究》第 3 期。

陈顾、吴毅，2014，《群体性事件的情感逻辑——以 DH 事件为核心案例及其延伸分析》，《社会》第 1 期。

陈涛、谢家彪，2016，《混合型抗争——当前农民环境抗争的一个解释框架》，《社会学研究》第 3 期。

陈伟东、张大维，2009，《社区事务分类治理：体制环境与流程再造》，《社会主义研究》第 1 期。

陈文、黄卫平，2009，《城市社区业主维权：现状、成因与对策》，《中州学刊》第 3 期。

陈映芳，2006，《行动力与制度限制：都市运动中的中产阶层》，《社会学研究》第 4 期。

程玮，2010，《社区自治居民参与度调查与心理影响因素分析——以广东城市社区为例》，《湖北经济学院学报》第 3 期。

狄金华、钟涨宝，2014a，《变迁中的基层治理资源及其治理绩效——基于鄂西南河村黑地的分析》，《社会》第 1 期。

狄金华、钟涨宝，2014b，《从主体到规则的转向：中国传统农村的基层治理研究》，《社会学研究》第 5 期。

董海军，2008，《"作为武器的弱者身份"：农民维权抗争的底层政治》，《社会》第4 期。

杜赞奇，1996，《文化、权力与国家：1900～1942 年的华北农村》，南京：江苏人民出版社。

费孝通，2012，《乡土重建》，长沙：岳麓书社。

冯仕政，2007，《沉默的大多数：差序格局与环境抗争》，《中国人民大学学报》第 1 期。

耿曙、陈奕伶、陈陆辉，2008，《有限改革的政治意义：中国大陆动员式选举参与对其城市居民参与意识的影响》，《人文及社会科学集刊》第 4 期。

古斯塔夫·勒庞，2000，《乌合之众：大众心理研究》，冯克利译，北京：中央编译出版社。

郭圣莉，2010，《加入核心团队：社区选举的合意机制及其运作基础分析》，《公共行政评论》第 1 期。

桂勇，2007，《邻里政治：城市基层的权力操作策略与国家－社会的粘连模式》，《社会》第 6 期。

韩志明，2012，《公民抗争行动与治理体系的碎片化——对于闹大现象的描述与解释》，《人文杂志》第 3 期。

华尔德，1996，《共产党社会的新传统主义——中国工业中的工作环境和权力结构》，香港：牛津大学出版社。

黄俊尧，2014，《"服务下乡"的再思考——农村社区服务中心诸问题探讨》，《浙江学刊》第 3 期。

姜爱林、任志儒，2007，《网格化城市管理模式研究》，《现代城市研究》第 2 期。

卡尔·波兰尼，2013，《巨变：当代政治与经济的起源》，黄树民译，北京：社会科学文献出版社。

李辉，2008，《社会报酬与中国城市社区积极分子——上海市 S 社区楼组长群体的个案研究》，《社会》第 1 期。

李颖，2014，《社区公共服务"一站式"模式探索——以泰州市 HL 区 CD 街道为例》，《新经济》第 8 期。

李祖佩，2016，《"新代理人"：项目进村中的村治主体研究》，《社会》第 3 期。

梁伟发，2010，《建设镇街综治信访维稳中心　创新基层社会矛盾化解机制》，《求是》第 1 期。

林尚立，2003，《社区民主与治理：案例研究》，北京：社会科学文献出版社。

刘春荣，2007，《另类的邻里动员：关键群众和社区选举的实践》，载赵汀阳主编《年度学术 2007》，北京：中国人民大学出版社。

刘春荣，2010，《选举动员的框架整合——银杏居委会换届选举个案研究》，《社会》第 1 期。

刘能，2004，《怨恨解释、动员结构和理性选择——有关中国都市地区集体行动发生可能性的分析》，《开放时代》第 4 期。

卢福营、戴冰洁，2015，《减负导向的基层社会治理整治——以浙江省江山市"村（社区）工作准入制"为例》，《学习与探索》第 5 期。

罗纳德·伯特，2008，《结构洞：竞争的社会结构》，任敏等译，上海：格致出版社。

曼瑟尔·奥尔森，1995，《集体行动的逻辑》，陈郁等译，上海：上海人民出版社。

秦洪源、付建军，2013，《法团主义视角下地方政府培育社会组织的逻辑、过程和影响——以成都市 W 街道社会组织培育实践为例》，《社会主义研究》第 6 期。

裴斌，2016，《"乡贤治村"与村民自治的发展走向》，《甘肃社会科学》第 2 期。

申瑞峰，2009，《"新乡绅治理"模式的政经逻辑》，《人民论坛》第 2 期。

沈原，2008，《又一个三十年？转型社会学视野下的社会建设》，《社会》第 3 期。

宋时歌，1998，《权力转换的延迟效应——对社会主义国家向市场转变过程中的精英再生与循环的一种解释》，《社会学研究》第 3 期。

孙立平，1996，《科举制：一种精英再生产的机制》，《战略与管理》第 5 期。

王国勤，2011，《社会网络视野下的集体行动——以林镇"群体性事件"为例》，《开放时代》第 2 期。

王小章、王志强，2003，《从"社区"到"脱域的共同体"——现代性视野下的社区和社区建设》，《学术论坛》第 6 期。

王瑜、仝志辉，2012，《转型抗争：从社会转型的视角理解近阶段中国农民抗争》，《中国农业大学学报》第 4 期。

维尔弗雷多·帕累托，2003，《精英的兴衰》，刘北成译，上海：上海人民出版社。

吴长青，2013，《英雄伦理与抗争行动的持续性：以鲁西农民抗争积极分子为例》，《社会》第 5 期。

夏建中，2003，《中国公民社会的先声——以业主委员会为例》，《文史哲》第 3 期。

徐茂明，2006，《江南士绅与江南社会（1368—1911 年）》，北京：商务印书馆。

徐宇珊，2016，《服务型治理：社区服务中心参与社区治理的角色与路径》，《社会科学》第 10 期。

阎云翔，2012，《中国社会的个体化》，上海：上海译文出版社。

杨代福，2013，《我国城市社区网格化管理创新扩散现状与机理分析》，《青海社会科学》第 6 期。

姚华、王亚南，2010，《社区自治：自主性空间的缺失与居民参与的困境——以上海市 J 居委会"议行分设"的实践过程为个案》，《社会科学战线》第 8 期。

应星，2007，《"气"与中国乡村集体行动的再生产》，《开放时代》第 6 期。

应星，2009，《"气场"与群体性事件的发生机制——两个个案的比较》，《社会学研究》第 6 期。

于建嵘，2009，《当前我国群体性事件的主要类型及其基本特征》，《中国政法大学学报》第 6 期。

张紧跟、庄文嘉，2008，《非正式政治：一个草根 NGO 的行动策略——以广州业主委员会联谊会筹备委员会为例》，《社会学研究》第 2 期。

张磊，2005，《业主维权运动：产生原因及动员机制》，《社会学研究》第 6 期。

张仲礼，2008，《中国绅士研究》，上海：上海人民出版社。

郑辉、李路路，2009，《中国城市的精英代际转化与阶层再生产》，《社会学研究》第 6 期。

朱天义，2016，《精准扶贫中乡村治理精英对国家与社会的衔接研究——江西省 XS 县的实践分析》，《社会主义研究》第 5 期。

庄文嘉，2011，《跨越国家赋予的权利？——对广州市业主抗争的个案研究》，《社会》
　　第 3 期。

Bian, Yanjie. 1997. "Bringing Strong Ties Back in: Indirect Ties, Network Bridges, and Job
　　Searches in China." *American Sociological Review* 62 (3): 366 – 385.

Granovetter, Mark. 1973. "The Strength of Weak Ties." *American Journal of Sociology* 78
　　(6): 1360 – 1380.

Jasper, James M. 2011. "Emotions and Social Movements: Twenty Years of Theory and
　　Research." *Annual Review of Sociology* 37: 285 – 302.

McCarthy, John & Zald Mayer. 1977. "Resource Mobilization and Social Movement: A Partial
　　Theory." *American Journal of Sociology* 82 (6): 1212 – 1241.

Burton, Michael G. & John Higley. 1987. "Invitation to Elite Theory." Edited by G. William
　　Domhoff & Thomas R. Dye, *Power Elites in Organizations*. Newbury Park, Calif.: Sage
　　Publication.

Dahrendorf, Ralf. 1959. *Class and Class Conflict in Industrial Society*. Palo Arto: Stanford
　　University Press.

Xu, Feng. 2005. "Building Community in Postsocialist China: Towards Local Democratic
　　Governance?" Paper presented at the annual meeting of CPSA, University of Western
　　Ontario, June 2 – 4.

《社会学刊》第 2 期
第 67~98 页
© SSAP，2019

上海居民小区的空间秩序与安全：
检验"破窗理论"*

吴　菲　刘　欣**

摘　要："破窗理论"认为，社区空间的轻微失序会引发越轨乃至犯罪行为，该论断已成为西方犯罪社会学的核心理论之一，无论在政策应用方面还是学理分析方面都具有重要的地位。然而，关于中国城市社区的空间秩序与社区安全之间的关系，仍然缺乏基于经验资料的研究。本文运用上海社区研究（Shanghai Community Study，SCS）对居民小区的抽样调查资料，探讨空间秩序与社区安全之间的关系。本研究使用居民小区过去一年内发生的越轨及犯罪行为总和，作为对居民小区安全状况的测量。对于社区空间失序状况，在经典量表的基础上，结合中国的实际情况进行修订，并使用项目反应理论（Item Response Theory，IRT）模型对新量表的效度进行了评估。对资料的多元回归分析结果显示，居民小区中物理失序程度越高，过去一年内发生犯罪及越轨行为的可能性也越大。但失序并非通过提高居民失序感或损害小区凝聚力来影响犯罪率。主要由于失序感和凝聚力对于犯罪率没有显著影响。此外，虽然社区安全管理举措有助于降低社区物理失序水平，但并不能

---

　*　本文为"上海居民小区的空间结构、社会结构与居住满意度研究"的一项成果，该项目由同济大学高密度区域智能城镇化协同创新中心及上海同济城市规划设计研究院（China Intelligent Urbanization Co-Creation Center for High Density Region & Shanghai Tongji Urban Planning and Design Institute）资助。

　**　吴菲，复旦大学社会发展与公共政策学院青年副研究员；刘欣（通信作者），复旦大学社会发展与公共政策学院教授，liuxin@ fudan. edu. cn。

由此降低犯罪率。这些研究发现表明，"破窗理论"对当前中国社会具有一定适用性，但其主要的机制并未得到验证。此外，需要将物理失序和社会失序分开考察。研究发现和有关结论也为促进社区安全的政策干预、社区规划提供了参考依据。

关键词： 上海社区研究　破窗理论　社区失序　犯罪率　社区凝聚力

一　问题的提出：再访破窗理论

长久以来，社会科学家已经开始关注宏观环境与个人所居住的社区对于其生活的影响。1982 年威尔逊和科林在《大西洋月刊》上发表了题为《"破窗"——警察与邻里安全》的文章，首次系统地阐述了社区秩序与居民安全的关系。作者认为，类似若干破窗户这种轻微的社区失序状况不但会增加其中居民的恐慌感，更会向外界传递一个信息——没有人看顾这里，再多的破坏也不会受到惩罚，由此可能会演变为严重的犯罪（Wilson & Kelling，1982）。这一发现被称为"破窗理论"，该理论一经提出就引起了许多政府的重视。一些人口密集的大城市，如纽约、芝加哥、洛杉矶、巴尔的摩等都在城市安全事务中不同程度地采纳了该理论，尝试通过对小罪零容忍的方法降低犯罪率，增强民众的安全感（Kelling & Coles，1997）。与巨大的社会政策影响形成鲜明对比的是，学术界对于破窗理论究竟在经验上是否有效，仍处在激烈的争议中。争议的核心聚焦在 3 个问题：（1）社区失序与居民安全感及社区犯罪是否有关？（2）社区失序通过何种机制影响社区犯罪？（3）按照破窗理论建议实施的"秩序维持"（order-maintenance）的治安举措是否有助于降低犯罪率？显然，问题（3）是以问题（1）和（2）的成立为前提的，如果社区秩序与社区犯罪率并无显著相关，也没有对居民的安全感造成影响，那么，实施任何秩序维持的举措都失去了依据。从这个角度来讲，针对第一个问题的研究也是对破窗理论最核心的挑战。

迄今为止，关于社区失序与犯罪率之间关系的证据仍未达成共识。研究者们使用不同类型以及基于不同地区的数据的分析得出了各异的结论。有的研究提供了支持性的证据，证明社区的失序状况——无论是客观测量的指标，还是主观评判的指标——都与犯罪率有显著的相关性（Keizer et al.，2008；Skogan，1990；Xu et al.，2005），而另一些研究则得出相反的结论。例如，有些分析指出破窗理论指导下的治安策略与 20 世纪 90 年代初的犯罪率骤降之间没有显著相关（Eck & Maguire，2000；Harcourt，2001；Harcourt & Ludwig，2006；Weisburd et al.，2015）。在国内学术界，尽管已有不少述评介绍破窗理论（李本森，2010），也有一部分研究试图将破窗理论应用在犯罪防控、高校管理、医务工作流程管理等方面（沈春玲、任志芳、吕雪丽，2007；季建新，2007；同春芬、刘韦钰，2012；王秀梅，2009），但仍然缺乏使用一手数据的经验分析对破窗理论进行验证的工作。此外，对于社区安全的讨论也大多停留在政策建议和实务讨论层面（汤勤，1998；滕五晓、陈磊、万蓓蕾，2014；伍先江，2009），缺乏学理支持。本文试图通过对上海居民小区代表性样本的经验分析，对破窗理论在中国的适用性进行经验性验证，以期为我国增进社区安全、提高警务效率提供一定的学理支持。

本文使用的数据是 2016 年收集的"上海社区研究"（Shanghai Community Survey，SCS）社区部分的信息。① SCS 使用随机抽样的方法抽取了 382 个上海居民小区，收集了社区层面丰富的观察性及主观评估性的信息，是中国首个在小区层面的具有代表性的调查，为检验破窗理论提供了有利的条件。

本文的结构如下：第二节回顾、梳理了西方有关破窗理论的主要经验研

---

① "上海社区研究"（Shanghai Community Survey，SCS）第一期"上海居民小区的空间结构、社会结构与居住满意度研究"（以下简称"上海社区研究"），是由复旦大学社会转型研究中心与同济大学城市与社会研究中心合作发起的一项大型多学科调查研究项目。该项目综合运用传统的抽样调查方法和新兴的大数据技术，系统地收集了居民小区、家庭和居民层次的信息，一方面为上海研究提供权威性资料，另一方面可开展跨学科、多主题的学术和应用性研究。

究发现，并提出假设；第三节介绍 SCS 的抽样策略、社区失序及其他核心
变量的测量；第四节报告了主要的发现，包括社区失序与社区犯罪率之间的
二元关系及其相关机制的多元回归结果；第五节是结论和讨论。

二　破窗理论：回顾与争辩

自 20 世纪 80 年代初提出以来，破窗理论已经在犯罪学界和警务政策方
面产生了不可忽视的影响。威尔逊和科林结合自己在第一线的警务工作经
验，提出社区轻微失序有可能逐步发展为严重犯罪的破窗理论，并指出诸如
社区巡警这种秩序维持的警务策略有助于降低犯罪率（Wilson & Kelling，
1982）。破窗理论的提出适逢美国的犯罪率居高不下，在其提出者科林和有
关政府部门的大力推动下，纽约、芝加哥、洛杉矶和巴尔的摩等人口密集的
大城市先后采纳了基于破窗理论的警务策略，包括在街上实行截停盘查、及
时纠正轻微的越轨行为、对小罪零容忍等的"秩序维持警务"。90 年代初
期，众多美国大城市的犯罪率出现了显著性的下降，许多人将此归功于破窗
理论（Kelling & Coles，1997；Messner et al.，2007）。[1]

与其在政策界的强大影响形成鲜明对比，破窗理论在实证研究领域却始
终充满争议。该理论提出的背后并没有具有说服力的经验证据作为支撑，而
随后的经验研究亦尚未达成共识。尽管破窗理论提出已逾三十年，但它仍然
是社会学、犯罪学等领域的一个核心探讨议题（Welsh et al.，2015）。学者
们关注的议题可以归为几类：（1）社区失序与社区犯罪率之间是否有显著
关联？（2）社区失序影响犯罪率的机制是什么？（3）秩序维持警务是否有
助于降低犯罪率？最后一个问题涉及政策执行，而前两个议题则涉及破窗理
论能否成立。

---

[1]　与此观点相左，另有学者认为 90 年代初的犯罪率下降是由其他因素造成的，例如经济繁
荣、吸毒模式的质变、计算机化稽查设备普及、人口结构变化等（Corman & Mocan，2005；
Harcourt，2001；Levitt，2004）。

（一）轻微失序是严重犯罪的序曲？

关于社区失序和社区犯罪率之间的关系的研究仍充满了争议。支持的一方认为社区失序与犯罪率之间有显著相关（Xu et al.，2005；Sousa & Kelling，2006）。由于数据来源不同，所涉及的犯罪种类各异。例如，Skogan 使用了来自 40 个社区的抢劫遇害人数据，发现了社会经济指标与社区犯罪率之间的关系很大一部分可以通过社会失序来解释（Skogan，1990）。Markowitz 等人基于英国犯罪调查的分析显示社区层面的失序状况越严重，越可能发生抢劫（Markowitz et al.，2001）。Cohen 等（2000）考察了社区失序程度与淋病发病平均水平之间的关系，发现社区失序指标对于淋病发病的解释力强于社区的贫困指标、失业指标和低教育水平指标。除了基于观察性数据的多元分析外，支持一方的证据还来自实验发现。例如 Keizer 等人对于 6 个田野实验的分析显示，诸如乱扔垃圾、涂鸦等常见物理失序，不但会引发其他人进行同类型的越轨，还可能引发其他类型的越轨行为，换言之，某一类型的失序行为会引发其他类型的失序行为，甚至是更严重的犯罪行为（Keizer et al.，2008）。

反对的一方则从不同角度对破窗理论提出了挑战。（1）社区失序与犯罪率之间并没有显著的相关。经过几十年的研究，仍有不少学者对于破窗理论在经验层面上的有效性持否定态度。例如，Harcourt 在其名为《秩序的幻象》的著作中重新分析了已有研究所使用的数据，重复了相关分析，发现在 5 项分析中，有 4 项并未显示社区失序和犯罪率之间有显著的相关。此外，作者还特别提出许多并未实行秩序维持警务策略的城市也在 90 年代初经历了犯罪率的下降，因而，社区失序并非导致犯罪的关键因素（Harcourt，2001）。Weisburd 和同事在 2015 年的一个研究述评中，通过对所筛选的 6 个有效研究进行元分析，指出基于破窗理论的政策对于提高居民安全感没有显著影响（Weisburd et al.，2015）。除了相关分析外，近期一些研究使用大型社会实验数据（如 "Moving to Opportunity" 项目）的分析显示将人们从高水平失序的社区搬离出来，无助于降低他们自身犯罪的可能性（Harcourt & Ludwig，2006）。（2）其他因素而非社区失序造成了社区犯罪率的上升。例如，Taylor 通过分析长期追踪数据，发现只有微弱的证据显示轻微失序状况和严重的犯罪间有显著关联，而且这种关系因犯罪类型的不同而有所差异。作者提出，其他变量，如社区的经济水平，是比失序更好的犯罪预测因素（Taylor，2001）。Sampson 和 Raudenbush（1999）基于社区层面的观察数据的分析显示，在控制社区的贫困率、稳定度、种族构成以及集体效能感后，社区失序和除抢劫外的众多严重犯罪之间的相关变得不显著。作者因此认为，以信任、凝聚力和居民共识为代表的集体效能感才是同时影响社区秩序和安全的关键要素。

我国对于社区安全及犯罪的研究仍停留在实务和理论层面，主要探讨如何动员基层力量防控社区犯罪（唐忠新，2004），社区如何发挥功能以帮助降低未成年人的犯罪率（郭晓红，2014；贾宇，2011；席小华，2004），等等，而鲜有对于社区秩序和社区安全之间关系的经验性考察。因此，在中国的小区中，社区失序是否与犯罪有关系仍然是一个有待检验的经验问题。我们提出以下假设。

假设 1a：社区失序水平越高，社区犯罪率越高。

假设 1b：社区失序水平与社区犯罪率之间没有显著相关。

（二）社区失序如何影响犯罪？

破窗理论在其提出伊始，就提出了几种作用机制，解释了为何客观的失序情况会最终引发严重的犯罪。图 1 以路径图的方式阐明了这几种机制。首先，客观社区失序状况会影响其中的居民失序认知以及对犯罪的恐惧心理，出于对自身的保护，人们开始减少出门，有能力的人甚至选择搬离社区，社会控制的缺乏使得犯罪率上升。其次，客观社区失序会降低社区凝聚力，使得大家对公共事务不管不问，只在乎跟自己利益直接相关的事务。最后，失序状况像是一种信号，会对外人特别是潜在的罪犯宣称——这个社区没人看顾，即使犯罪也不会受到惩罚，于是各种犯罪开始蔓延。因而，只要采取修复及维护社区秩序的警务策略，居民和潜在罪犯的失序认知就会降低，社区凝聚力被重建，犯罪率从而显著降低（Wilson & Kelling，1982）。

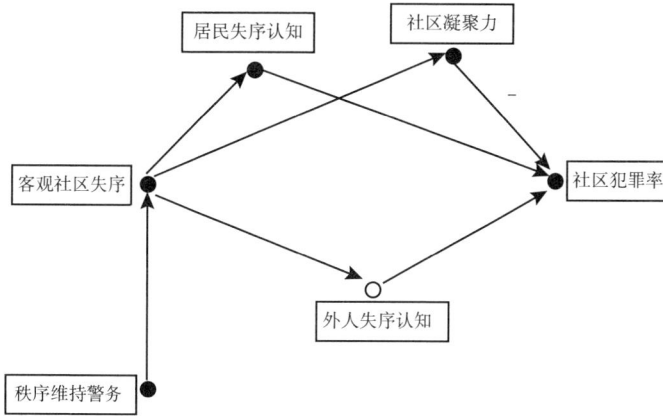

图 1　社区失序影响犯罪率的路径

注：本图为有向非循环路径图（Directed Acyclic Graph；Pearl，2000），实心点代表可观测的变量，空心点代表在本文中未直接观测的变量。带箭头的实线线条代表因果关系，注明的正负号代表因果关系的性质。本图总结了本文的主要分析过程。

尽管以上论述具有逻辑自洽性，但对其的经验检验结论仍未达成一致。首先，就居民失序认知而言，虽然有研究显示社区失序的确会增加居民的恐惧感（Perkins & Taylor，2002），社区失序对于居民恐惧感的影响显著超过了诸如社会融合度等因素（Franklin et al.，2008），但仍有不少研究证实客观社区失序与居民的主观失序之间并非显著相关（Hinkle & Yang，2014），而社区的其他特征如种族构成、社会劣势聚集等因素反而更直接地影响了居民对于所在小区失序水平的判断（Sampson，2009；Sampson & Raudenbush，2004）。有的学者甚至提出，社会失序的概念只是一种社会建构，而非一种对所有人有统一效果的客观条件（Harcourt，2001；Link et al.，2017）。此外，有研究指出失序和犯罪率之间的关系可能是虚假的，其他因素如集体效能感（collective efficacy）和结构性的限制条件（如资源弱势和土地混用）会同时影响失序和犯罪。对来自访谈和系统观察的多类数据进行的分析显示，在加入集体效能感和结构性因素后，失序和多种类型的犯罪之间的相关显著地降低（Sampson & Raudenbush，1999）。其次，就面对外人的失序信号机制而言，学者们采用了基于理性选择理论的框架，认为社区失序代表了一种惩罚力度的信号，这种信号会对不同程度的犯罪行为有促发作用。Keuschnigg 和 Wolbring（2015）基于 3 个田野实验的分析发现，乱扔垃圾、违规穿行马路等社区失序会引发同样的越轨行为，而这种信号作用在社会资本高的社区更为显著。

本文的数据包含了社区居民的失序感知以及以社区凝聚力为代表的集体效能感，而未能测量失序对外人的信号强弱。因而，我们主要检验两类机制，如假设 2 和假设 3 所述。

假设 2：社区失序通过提高居民失序感而增加犯罪率。

假设 3：社区失序通过降低社区凝聚力而增加犯罪率。

（三）秩序维持型警务能否降低犯罪？

破窗理论提出时，就指向了警务策略的改革，认为一种旨在维护社区秩序的警务能更加有效地降低犯罪率（Wilson & Kelling，1982）。之后，随着若干个大城市在 90 年代初将该理论付诸实践，加上同时代美国犯罪率的显著下降，对于破窗理论的赞誉不绝于耳（Greene，1999）。然而，这种赞美同时也伴随着对秩序维持型警务能否降低犯罪的质疑声。诸多学者收集美国各大城市的警务实施信息以及犯罪率资料，验证了以破窗理论为指导的警务策略与犯罪率之间的相关性。有的研究提供了支持性的证据，例如，Corman 和 Mocan（1999）基于纽约市 1974～1999 年犯罪率月度数据的分析发现，加强抓捕和增加警力都与诸如抢劫、偷窃、入室盗窃等犯罪率有显著的负向相关。但更多的研究则提出了对于以"零容忍"为代表的秩序维持型警务的质疑，学者们的批判主要包括以下两点。（1）警务施行过程中的种族不平等及其后果。例如，有学者指出破窗理论在执行时，被简化成一种二元论，将人群简单划分为遵纪守法者和打破规范者，黑人和低社会地位的人更可能成为后者，变为严打的对象，警务的目标从维持社区秩序转变为对穷人和少数族裔的管辖（Fagan & Davies，2000；Harcourt，2001）。（2）秩序维持型警务实际上与破窗理论的核心论点并不相符。例如，Weisburd 等人对已有的评估破窗理论的 6 个研究进行了元分析，结果发现针对降低失序水平的警务策略对犯罪恐惧没有显著的影响（Weisburd et al.，2015）。Cerdá 等人通过对纽约市 1990～1999 年的数据进行分析发现，虽然小罪零容忍警务能显著地降低凶杀率，但并没有证据显示这种警务措施是通过提高社会秩序来降低犯罪率的（Cerdá et al.，2009）。

我国自 20 世纪 80 年代开始实施以"严打"为主的刑事政策，该政策在集中力量打击刑事犯罪和维护社会稳定等方面发挥了积极的作用。尽管目前严打仍然是打击和防控犯罪的主导刑事政策，但社会日益复杂的治安状况提出了进一步加强社区治安的要求（李本森，2010）。社区在我国降低犯罪率方面扮演着重要的作用，国内学者已经提出对轻微犯罪实行帮助和监督的社区矫正策略（康树华，2003；刘强，2005；吴宗宪，2004）和警察与社区居民密切合作的社区警务策略（熊一新，1999；吴开清，2005）。但除了少数例子以外（如陈屹立、张卫国，2010），鲜有研究对警务策略与犯罪率之间的关系进行经验性的检验，更未见在社区层面使用实证数据来检验社区警务与社区犯罪率关系的研究。基于已有研究，我们提出以下假设。

假设 4：社区安全管理通过降低社区失序程度来降低犯罪率。

三　样本、测量及分析策略

（一）样本

本文所用的资料，来自"上海居民小区的空间结构、社会结构与居住满意度研究"（简称"上海社区研究"，Shanghai Community Survey，SCS）。该项目第一期由复旦大学社会转型研究中心与同济大学城市与社会研究中心合作发起，项目负责人为复旦大学刘欣教授，学术咨询委员会主任为同济大学周俭教授。项目综合运用传统的抽样调查方法和新兴的大数据技术，系统收集居民小区、家庭和居民层次的信息。居民小区层次的调查采用了四种方式收集资料，包括到居民小区现场观察并填写观察问卷，绘制居民小区地图，居民小区知情人（居委会成员、物业管理人员、保安、居民代表）参加座谈会并填写访谈问卷，以及从网络数据抓取居民小区及周边社区有关信息；于 2016 年 7 月至 2017 年 7 月完成。对居民小区的抽样，以街（镇）、居委会 GIS 和人口作为辅助信息，以多阶段 PPS 方式抽取了除崇明县以外各区的 30 个街镇 120 个居委会，其中，每个街镇抽取 4 个居委会，每个居委会的居民小区全部入样。最终成功调查了 119 个居委会的 382 个居民小区。本文使用的因变量——犯罪总数的测量来自访谈问卷，使用的主要自变量——社区失序的测量来自观察问卷。

（二）测量

1. 因变量：社区安全

在社区访谈问卷中，我们向知情人了解了过去一年中该居民小区是否发生了所列的 18 项犯罪/越轨事件，答案为二分变量，"有"或"无"。我们以对所有回答进行加总得到的"过去一年犯罪发生总和"作为本文的因变量。表 1 列出了这些犯罪事件的分布，我们发现，上海居民小区中，最为频繁的犯罪/越轨现象是邻里矛盾/纠纷和非机动车盗窃，其占比均超过 50%，群租和入室盗窃紧随其后，在超过 30% 的小区中出现。接下来较为常见的分别是无照小商贩和火灾（分别为 17.6% 和 8.5%）。较为典型的犯罪行为如吸毒/贩毒、酗酒闹事、聚众赌博、打架斗殴和卖淫/嫖娼发生的比例较低，在 2% 到 7% 之间，那些常在西方社会出现的犯罪行为如帮派、抢劫等在上海居民小区很少出现，甚至一例都没有。

表 1 上海居民小区的犯罪/越轨情况分布（SCS2016，$N = 376$）

单位：%

犯罪/越轨项目	占比
1. 邻里矛盾/纠纷	60.9
2. 非机动车盗窃	55.6
3. 群租	31.6
4. 入室盗窃	31.1

续表

犯罪/越轨项目	占比
5. 无照小商贩	17.6
6. 火灾	8.5
7. 发现吸毒/贩毒者	6.9
8. 酗酒闹事	5.6
9. 聚众赌博	4.0
10. 打架斗殴	3.7
11. 造成人身伤害的交通事故	3.2
12. 发现卖淫/嫖娼者	2.4
13. 其他,请注明＿＿＿＿	1.1
14. 邪教活动	0.8
15. 非法传销	0.5
16. 不良帮派团伙(成人)	0.5
17. 不良少年团伙	0.3
18. 抢劫	0.0

2. 主要解释变量：社区失序

"破窗"实际上是社区失序的代名词,失序是一种信号,向外界宣称某个社区是不受保护的,犯罪分子可以在那里为所欲为而不必担心要付出什么代价。对社区失序的测量经历了不断的进化,从最初的主观评价、单一维度的测量,到多角度、多维度、多来源的客观失序测量,所涉及的社区范围也越来越细致精准。早期考察社区失序的研究往往基于问卷中的主观评价。然而,主观判定的失序和对犯罪的恐惧之间的相关很可能来自同一个研究方法带来的共同方差(Raudenbush & Sampson,1999),或来自第三变量的混淆效应。

Sampson 和 Raudenbush(1999)的研究是社区失序从主观测量转向客观测量的一个关键点,该研究使用了系统性的社会观察法①,借用汽车上的摄影机来记录芝加哥超过 2 万个街区面的失序状况,这些摄影记录随

①　系统性的社会观察法(Systematic Social Observation,SSO)是芝加哥学派提出的一项研究方法,该方法认为对于社会的根本性认识应该来自对社会现象的直接观察。特别在研究公共区域时,仅生成若干抽象的变量是远远不够的,还需要对那里的景观、声音甚至在街上行走的感觉进行系统的记录(Sampson & Raudenbush,1999)。

后由独立的评分员计分。另外一些研究者则通过对一个街区的不同时段拍照片,然后由独立的评分人来评分。观察性的失序指标有独特的好处,可以将社区失序测量与犯罪区分开,因而被鼓励使用 (Weisburd et al., 2015)。①

本研究在 Sampson 和 Raudenbush (1999) 对社区失序测量的基础上,结合我国居民的日常生活状况,设计了一个社区失序量表,分为物理失序和社会失序两部分。② 对于所有项目的回答为二分变量:"有"或"无"。通过观察员实地走访记录来收集居民小区现场的失序状况。表 2 展示了Sampson 和 Raudenbush (1999) 的量表与本文所使用的量表的对比。首先,Sampson 和 Raudenbush (1999) 量表中的一些仅出现在美国社区的现象没有列入我们的量表,例如各种细分类型的涂鸦、人行道上的避孕套及针头/注射器、废弃的汽车、有黑帮特征的团伙、公共场合醉酒、贩卖毒品和在街上卖淫;③ 其次,新的量表纳入了上海居民小区一些常见的状况,如乱贴小广告、随意停放非机动车、随地吐痰、宠物粪便不收拾、违章搭建、公共场所晾衣服、居改非、燃放烟花爆竹以及焚烧纸钱等;最后,对 Sampson 和Raudenbush (1999) 原始的一些项目进行了语句上的重组,如从"街上有空啤酒罐"改为"随便丢弃的酒瓶/啤酒罐",从各类涂鸦改为"围墙墙面/居民建筑物墙面涂鸦"等。

从物理失序来看,新量表所测量的失序现象显然比 Sampson 和 Raudenbush (1999) 的测量更加普遍。其中,乱扔垃圾、墙面贴小广告、随意丢饮料瓶等现象最为常见,均超过三成,与美国社区同类行为发生的比例相近;涂鸦

---

① 然而,也有近期的研究显示,居民认知到的社区失序与研究者观察到的客观社区失序之间并没有明确的相关,因而有学者指出社区失序可能并非一种具体的现象,而是一种社会建构 (Hinkle & Yang, 2014)。

② 物理失序指的是看得见的物体上的混乱衰败状态,例如地上的垃圾、空酒瓶、用过的针头、废弃的建筑、墙面的涂鸦等。社会失序则指的是人们违反规范的情形,例如醉酒、尖叫、涂鸦、骚扰、吸毒等。

③ 本文删除这些项目还基于另一种考虑,某些测量譬如贩毒和卖淫本身就是一种犯罪行为,我们认为不应该将其纳入对于社会失序的测量中,特别当我们要用综合测量的社会失序来预测犯罪时。

情况虽更少见（15% ~17%），但比例也和美国社区在两类常见的涂鸦上相近（11% ~15%）。整体而言，上海居民小区中，最常见的物理失序现象还是乱扔垃圾和随意贴小广告。

就社会失序而言，新量表所测量的失序现象同样比 Sampson 和 Raudenbush（1999）的测量更为普遍。其中，非机动车随意停放、乱丢垃圾、公共场所晾衣服的现象最为普遍，均超过半数；而居改非、违章搭建、随地吐痰、宠物粪便不收拾的现象也在超过两成的小区出现；相比之下，燃放烟花爆竹与焚烧纸钱只在1%的小区中被观察到，这也许一方面与社会管制有关，另一方面与这两个事件的时限性有关。燃放烟花爆竹通常只在春节等节假日可能发生，近几年已受到严格管制。而焚烧纸钱也只在清明或冬至等特定节气才有可能发生。Sampson 和 Raudenbush（1999）在西方社会所测量的社会失序行为在上海的居民小区都非常罕见，最常见的"成人闲逛或聚集"所占的比例还不到6%。此外，Sampson 和 Raudenbush（1999）量表中的一些项目本身就是犯罪行为，如贩卖毒品、在街上卖淫等，而本研究所使用的新量表则更纯粹地测量了社区失序现象。

表2　社区失序测量：与 Sampson & Raudenbush（1999）比较

单位：%

	Sampson & Raudenbush(1999)		本研究	
	项目(1 = 有,0 = 无)	占比	项目(1 = 有,0 = 无)	占比
物理失序	1. 街上/街沟里的烟头	71.1	1. 随便丢弃的酒瓶/啤酒罐	16.8
	2. 街上或人行道上的垃圾及废弃物	50.5	2. 随便丢弃的饮料易拉罐/杯/盒子	30.6
	3. 街上有空啤酒罐	25.0	3. 围墙墙面涂鸦	15.4
	4. 签名涂鸦	14.9	4. 居民建筑物墙面涂鸦	16.5
	5. 绘画涂鸦	11.4	5. 居民建筑楼栋大门口墙面上有小广告	46.3
	6. 黑帮涂鸦	6.4	6. 围墙上有小广告	32.5
	7. 含有政治信息的涂鸦	0.1	7. 垃圾箱附近有乱丢的杂物	55.5
	8. 人行道上的避孕套	0.9		
	9. 人行道上的针头/注射器	0.7		
	10. 废弃的汽车	3.4		

续表

	Sampson & Raudenbush(1999)		本研究	
	项目(1 = 有,0 = 无)	占比	项目(1 = 有,0 = 无)	占比
社会失序	1. 成人闲逛或聚集	5.7	1. 乱丢垃圾	59.7
	2. 在公共场合喝酒	0.2	2. 草地上有人为走出的小道	13.9
	3. 有黑帮特征的团伙	0.1	3. 自行车、助动车随意停放	68.1
	4. 公共场合醉酒	0.1	4. 随地吐痰	24.1
	5. 成人怀有敌意地争吵或打斗	0.1	5. 宠物粪便不收拾	23.6
	6. 贩卖毒品	0.1	6. 违章搭建	30.4
	7. 在街上卖淫	0.1	7. 绿化带停车	14.9
			8. 公共场所晾衣服	56.8
			9. 居住房改为非居住房	35.1
			10. 燃放烟花爆竹	1.0
			11. 焚烧纸钱	1.0

注：Sampson 和 Raudenbush（1999）的占比根据第 617 ~ 618 页的频率计算而得，观察样本为 23816 个街区面（face blocks）。本研究的占比根据观察问卷收集到的资料汇总计算而得，观察样本为 382 个居民小区。

为了进一步评估各项目测量的效度，筛选出区分度较高的项目，我们对原始的 10 个物理失序指标和 7 个社会失序指标进行了基于项目反应理论（Item Response Theory，IRT）的分析，并在筛选的基础上生成了两个潜变量，分别代表物理失序和社会失序。因为所有指标的回答都是二分变量，所以我们分别采用了 1 参数 Logistic 模型（One-Parameter Logistic Models，1PL）和 2 参数 Logistic 模型（Two-Parameter Logistic Models，2PL）来进行估计。[①] IRT 的基本模型认为一个人对某个项目回答"是"的可能性取决于这个人的

---

① 对于物理失序和社会失序，我们都分别对 1 参数 Logistic 模型（1PL）和 2 参数 Logistic 模型（2PL）进行了似然比检验，结果显示，对物理失序测量而言，1PL 与 2PL 拟合度没有统计上的显著差异（1PL 和 2PL 的 AIC 分别为 2541.73 和 2546.095；BIC 分别为 2573.294 和 2601.331），因此选择 1PL。对社会失序的测量而言，2PL 比 1PL 有更好的拟合度（1PL 和 2PL 的 AIC 分别为 3836.339 和 3771.809；BIC 分别为 3883.684 和 3858.609），因此选择 2PL。

能力和项目的特征。2PL 模型中，对于项目的两个特征进行了检验：难度 b_i（difficulty）和区分度 a_i（discrimination）；1PL 模型中，区分度被限定为一个常数。在我们的测量中，"个人能力"这个维度可被看作社区失序程度，是我们想要测量的潜在特征（latent trait），难度可以被看作某种失序指标在各小区出现的可能性。

　　图 2 展示了物理失序的项目信息函数图（Item Information Function，IIF）。IIF 描述了某一项目在所测量的潜在特征的不同水平上的测量精度。每一个项目所对应的曲线顶点所对应的信息水平（Y 轴）代表区分度，曲线的形状越是高且细长，代表该项目对某一潜在特征水平上的测量精度越高；每一条曲线顶点所对应的潜在特征水平（X 轴）代表难度，即对该项目回答"是"的可能性。如图所示，在区分度一致的前提下，7 个项目更加适用于不同水平物理失序的测量，具体为：垃圾箱附近有乱丢的杂物和楼栋大门上有小广告（中等偏低水平的物理失序），随意丢弃的易拉罐和围墙上有小广告（中等水平的物理失序），随意丢弃的酒瓶、围墙墙面涂鸦以及建筑物墙面涂鸦（中等偏高水平的物理失序）。需要注意的是，尽管所 7 个项目的区分度都较高，但我们的量表缺乏在失序水平两级能够准确区分的项目，这也是我们测量的一个不足。基于对以上 7 个项目的 1PL 分析，我们生成了一个潜在特征变量：物理失序指数。

　　图 3 展示了社会失序的 IIF。如图所示，在 11 个社会失序项目中，4 个项目有着较高的区分度，并适用于不同失序水平的测量，分别是乱丢垃圾（低水平失序），宠物粪便乱抛和随地吐痰（中等水平失序），燃放烟花爆竹（高水平失序）。此外，3 个项目有着中等的区分度，并适用于不同水平的测量，分别是非机动车随意停放（低水平失序），违章搭建（中等水平失序），焚烧纸钱（高水平失序）。除了以上的 7 个项目外，有 3 个项目在所有潜在特征水平上的区分度都十分低，分别是草地乱穿行、公共场所晾衣和居改非，因而在接下来的分析中删除了这 3 个项目。绿化带停车的区分度虽然较以上 3 个项目高一些，但其"有效波段"基本上与焚烧纸钱这个项目重合，显得冗余，因而也予以删除。根据 IRT 分析，我们最终筛选了 7 个指标进入

社会失序测量的构建。基于对筛选出来的 7 个项目的 2PL 分析，我们生成了一个潜在特征变量：社会失序指数。为了在下文模型中和其他变量有可比性，我们对该指数进行了标准化处理。表 4 左半部分列出了最终进入两类社区失序指标构建的项目。

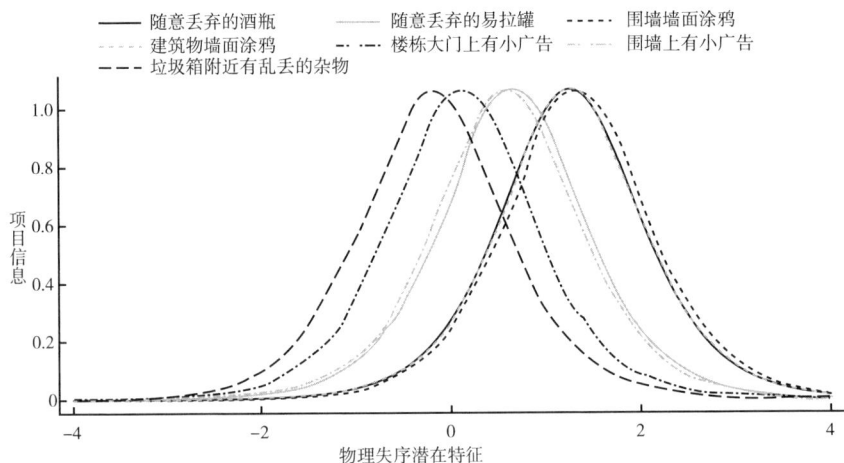

图 2 物理失序的 IRT 分析结果

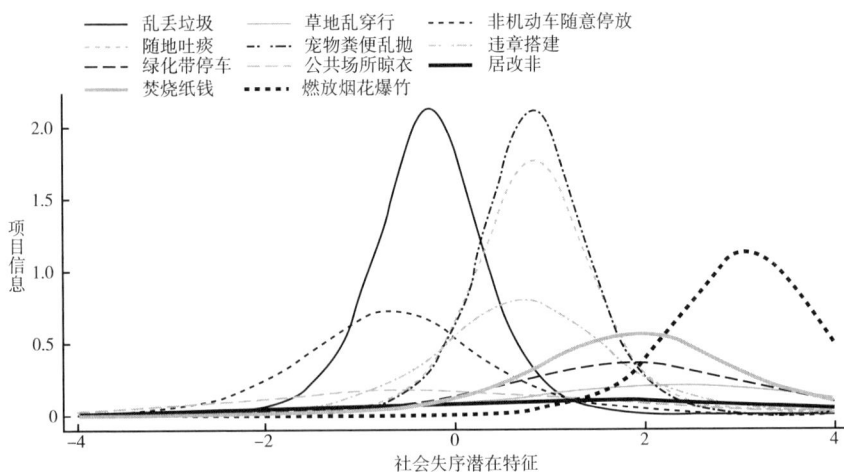

图 3 社会失序的 IRT 分析结果

3. 主要机制

居民失序感。在破窗理论中，居民对于失序的感知以及对于犯罪的恐惧感是一个重要的机制。尽管本研究暂时还无法收集个人层面的感受，我们通过访谈知情人获得了一个社区失序感的近似测量："您认为，小孩子最小要多少岁才放心不在大人的看管之下在小区玩耍？"该测量比较接近已有相关研究中对社区风险认知的主要题目：你一个人在小区里走夜路感到是否安全？（Hinkle，2014）

集体效能感，指一种社会凝聚力，代表了小区居民愿意为社区公共事务以及其他邻居负责的倾向（Sampson et al.，1997）。我们通过 8 个项目合成为一个因子来测量集体效能感，具体的因子分析结果展示在表 3 中，该测量的效度较高，Cronbach's Alpha 值达到 0.82。合成的指标得分越高，代表小区的凝聚力越高。

表 3　集体效能感的因子分析（$N = 373$）

测量项目	因子载荷
1. 这个小区的邻居总是互相帮助	0.66
2. 这个小区里有安全的可以让孩子玩耍的地方	0.64
3. 这个小区里的家长经常交流	0.58
4. 住在这个小区里的大部分人是可以信任的	0.55
5. 这是一个紧密团结的小区	0.52
6. 这个小区里的孩子经常一起玩耍	0.52
7. 这个小区里的孩子关系很亲密	0.51
8. 这个小区里的邻居会照应彼此的小孩	0.45
Eigenvalue	3.24
Cronbach's Alpha	0.82

4. 社区安全管理

我们将社区警务策略也编制进了观察问卷，若干个哑变量回答的项目记录了居民小区在促进安全、减少失序方面所采取的 11 种措施。与两种社区失范指标建构的程序一样，我们对这 11 个项目进行了 IRT 分析，基于 2PL 模型生成的 IIF 如图 4 所示。根据该图中的信息，我们发现 2 个项目具有非常高的区分度，特别对于中等偏高水平的社区安全管理潜在特征而言，这两个项目分别是有消防疏散通道和采取了人车分离措施。除此之外，有 4 个项目具有中等的区分度，而且针对不同水平的潜在特征，分别为装有监控摄像头（低水平社区安全管理），有保安巡逻，有机动车减速带和有居民治安联防队（中等水平社区安全管理）。最后，5 个项目的区分度较低，而且在其微弱的区分度有效的波段也与其他区分度更高的项目有所重合，这些项目包括：小区大门有门禁、居民楼有门禁、围墙有防盗电网、小区有联网防盗报警系统、小区有灭火设施。根据 IIF 所展示的结果，我们将这 5 个项目删除。基于对所保留的 6 个项目进行的 2PL 模型，我们生成了一个潜在变量：社区安全管理。表 4 右半部分列出了最终进入社区安全管理指标构建的项目。

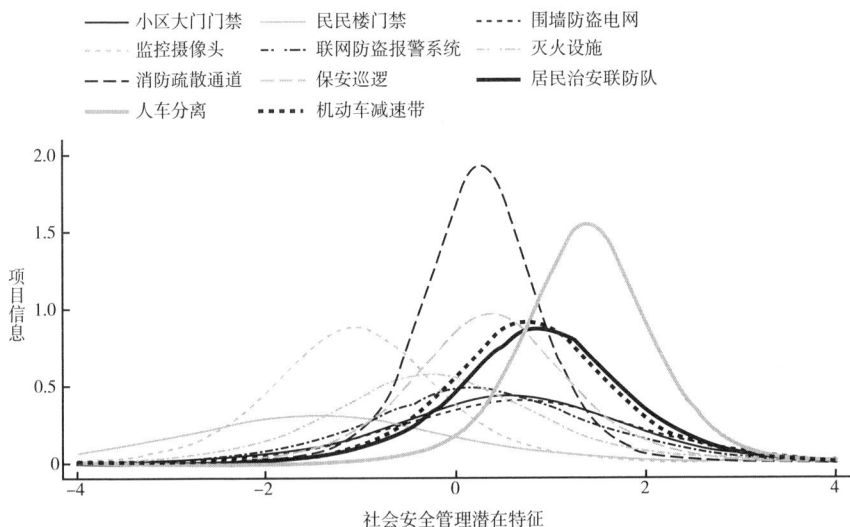

图 4　社区安全管理的 IRT 分析结果

表4　筛选后的社区失序及社区安全管理项目

社区失序项目		社区安全管理项目
物理失序	社会失序	
1. 垃圾箱附近有乱丢的杂物	1. 乱丢垃圾	1. 有消防疏散通道
2. 楼栋大门上有小广告	2. 宠物粪便乱抛	2. 采取了人车分离措施
3. 随意丢弃的易拉罐	3. 随地吐痰	3. 装有监控摄像头
4. 围墙上有小广告	4. 燃放烟花爆竹	4. 有保安巡逻
5. 随意丢弃的酒瓶	5. 非机动车随意停放	5. 有机动车减速带
6. 围墙墙面涂鸦	6. 违章搭建	6. 有居民治安联防队
7. 建筑物墙面涂鸦	7. 焚烧纸钱	

5. 控制变量

结合已有的研究，我们将一些相关的社区特征纳入模型中，所涉及的控制变量包括社区所处地段、社区类型、2015 年房价（取对数，元/平方米）、总户数、失业率等。

表5 是对所有分析涉及的变量的单变量统计，如表所示，上海居民小区在 2015 年一年的犯罪/越轨行为出现的总数平均值为 2.74，说明整体上处于比较安全的水平，两种失序指标因为进行过标准化，基本满足正态分布。各小区居民认为儿童能在小区安全玩耍的最低年龄平均为 9.14 岁。就地理位置而言，进入分析的居民小区中，有超过四成在内环以内，约 1/4 在中内环之间，9.82% 处于中外环之间，不到 1/4 位于外环以外。就小区类型而言，有超过四成为 1985 年后新建的商品房小区，约 16% 为 1949 年前建造的小区，约 9% 为 1949～1985 年建造的工人新村及单位小区，另有超过 30% 的公租房、拆迁安置等其他类型小区。所有小区的平均户数为约 577 户，平均失业率为 7.70%，2015 年全市房价平均为每平方米 48363.46 元。

表5　单变量统计分布（SCS2016，N = 336）

变量	均值/百分比	标准误
过去一年社区犯罪总数	2.74	2.23
物理失序指标	−0.02	0.83
社会失序指标	0.02	0.86
儿童安全玩耍最低年龄(岁)	9.14	2.50

续表

变量	均值/百分比	标准误
社区集体效能感	0.01	0.91
社区特征		
小区地段		
内环以内	40.77	
中内环之间	25.89	
中外环之间	9.82	
外环以外	23.51	
小区类型		
1949 年前建造的小区	15.77	
1949～1985 年建造的工人新村及单位小区	8.63	
1985 年后新建的商品房小区	43.45	
其他类型小区	32.14	
小区总户数	577.04	723.36
小区失业率(%)	7.70	21.81
小区房价(元/平方米)	48363.46	23613.76
小区安全管理因子	0.06	0.84

接下来，本文的分析将分为两步：首先，我们以列联表的方式，对于社区失序和犯罪率及安全感之间的相关性进行二元展示，以获得初步的印象；其次，通过多元回归分析，探索社区失序因子、社区安全管理因子、犯罪总和以及社区安全感之间的关系，目标是探明不同的中介变量对于失序－犯罪关系的解释力。

四　结果

(一) 相关吗？——社区失序与社区安全：二元结果

社区失序程度与社区的犯罪率及潜在机制有无相关？我们首先进行了二元分析，将所有居民小区按照所测量的物理失序/社会失序程度分为三组，分别代表高、中、低水平的失序，然后观察这三组居民小区在犯罪总数、儿童安全玩耍最低年龄、小区的集体效能感以及社区安全管理水平上的差异，结果如表 6 所示。首先，最清晰的模式是，失序水平越高，小区犯罪及越轨行为就越频繁。就物理失序而言，高失序小区 2015 年一年平均的犯罪总数比低失序小区多 72%〔(3.69 - 2.14) /2.14〕，比中等失序小区多 22%〔(3.69 - 3.02) /3.02〕。而不同社会失序水平在犯罪频率上的差异更加显著：高失序小区的犯罪总数比低失序小区多95%，比中等失序小区多41%。进一步的检验显示，上述差异在统计上显著。当我们转向主观评判的安全感测量时，整体的分布就不再这样清晰：无论是代表社区安全感的儿童安全玩耍最低年龄，还是集体效能感，在不同失序水平的小区之间都没有显著的差异。然而，我们发现不同失序水平的小区在社区安全管理水平上有着显著的差异，物理失序水平越高的小区，社区安全管理水平也越低。当然，我们的数据是横截面数据，只能提供相关性的证据，还未能确认因果方向。至此，我们的二元分析提供了初步的证据，说明了社区失序与社区安全存在一定的相关性。接下来，我们对这两个变量间的关系进行更进一步的多元分析。

表6 社区失序与社区安全：结果与机制的二元分布

均值	小区物理失序水平				小区社会失序水平			
	低 （N=168）	中 （N=87）	高 （N=81）	p	低 （N=110）	中 （N=124）	高 （N=102）	p
犯罪总数	2.14 （1.80）	3.02 （2.23）	3.69 （2.65）	0.000	1.92 （1.80）	2.66 （2.11）	3.74 （2.42）	0.000
儿童安全玩耍最低年龄	9.03 （2.47）	9.41 （2.23）	9.08 （2.81）	0.524	8.82 （2.08）	9.28 （2.53）	9.28 （2.80）	0.332
集体效能感	0.05 （0.96）	0.02 （0.87）	-0.10 （0.84）	0.476	0.02 （0.93）	-0.03 （0.98）	0.04 （0.80）	0.817
社区安全管理	0.22 （1.00）	0.03 （0.91）	-0.19 （1.00）	0.008	0.14 （0.92）	-0.24 （0.91）	0.38 （1.05）	0.000

注：对于儿童安全玩耍最低年龄，在物理失序分组下，三组的样本量分别为154、81、77；在社会失序分组下，三组样本量分别为97、116、99。

p值代表的是对于组间差异的F检验结果。

（二）为什么？——社区失序与犯罪的关系及机制：多元回归结果

轻微的社区失序为何会演化为严重的犯罪？已有研究提出的几个机制包括居民对犯罪的恐惧感/社区失序的感知和社区的集体效能感/凝聚力。如本文的图1所示，失序→失序感→犯罪，失序→集体效能感下降→犯罪两条路径都首先假设失序会影响社区失序感及社区凝聚力。表 7 对这个假设进行了检验，具体考察了在控制相关社区特征变量后，两类失序指标对我们测量的社区失序感及社区凝聚力的影响。模型 1 至模型 3 展示了失序对小区中儿童单独玩耍最低年龄的影响，我们发现无论是总效应还是净效应，都只有社会失序与恐惧感相关，社区失序程度越高，人们越不放心让低于一定年龄的儿童独自在小区里玩耍，即他们的恐惧感越强烈。然而，物理上的失序和人们的这种担心没有显著相关。模型 4 至模型 6 展示了失序指标对于社区凝聚力的影响，无论是总效应还是净效应，只有物理失序与社区凝聚力相关，物理失序程度越高，人们越可能感觉小区是一个集体，愿意为小区的公共利益及其他居民付出。相反，社会失序和社区凝聚力没有显著相关。总之，我们的分析显示，失序在一定程度上会增加居民的恐惧感，降低小区居民的凝聚力，然而上述关系对于物理失序和社会失序完全不同。这种异质性是以往将两类失序合并为同一个失序指标的研究所没有发现的（例如，Sampson & Raudenbush，1999）。

表 7　社区失序对可能的中介变量影响的 OLS 估计

	社区失序感			社区凝聚力		
	模型 1	模型 2	模型 3	模型 4	模型 5	模型 6
物理失序因子	0.160 (0.182)		-0.112 (0.213)	-0.188** (0.064)		-0.186* (0.075)
社会失序因子		0.484* (0.192)	0.547* (0.227)		-0.104 (0.068)	-0.005 (0.079)
Ln(小区总户数)	-0.176 (0.139)	-0.271 (0.143)	-0.270 (0.143)	0.140** (0.047)	0.138** (0.050)	0.141** (0.050)
失业率	-0.005 (0.007)	-0.003 (0.007)	-0.003 (0.007)	0.004* (0.002)	0.004 (0.002)	0.004 (0.002)
Ln(房价)	-0.159 (0.296)	-0.068 (0.295)	-0.073 (0.296)	-0.107 (0.102)	-0.093 (0.104)	-0.108 (0.103)
小区地段(1 = 内环以内)						
中内环之间	0.840* (0.404)	0.917* (0.401)	0.931* (0.403)	0.049 (0.136)	0.026 (0.138)	0.048 (0.137)
中外环之间	0.422 (0.534)	0.450 (0.529)	0.446 (0.530)	0.168 (0.184)	0.179 (0.185)	0.168 (0.184)
外环以外	0.312 (0.472)	0.312 (0.467)	0.323 (0.468)	0.073 (0.160)	0.059 (0.161)	0.074 (0.160)

续表

	社区失序感			社区凝聚力		
	模型 1	模型 2	模型 3	模型 4	模型 5	模型 6
小区类型(1 = 1949 年前建造的小区)						
1949~1985 年建造的工人新村及单位小区	0.799	0.665	0.655	−0.541*	−0.513*	−0.539*
	(0.619)	(0.616)	(0.617)	(0.217)	(0.220)	(0.218)
1985 年后新建的商品房小区	1.339**	1.533**	1.508**	−0.644***	−0.589***	−0.646***
	(0.476)	(0.474)	(0.477)	(0.166)	(0.168)	(0.168)
其他类型小区	0.918	0.903	0.906	−0.422*	−0.423*	−0.422*
	(0.510)	(0.506)	(0.506)	(0.176)	(0.178)	(0.177)
常数	10.652**	10.093**	10.135**	0.730	0.579	0.733
	(3.387)	(3.362)	(3.367)	(1.166)	(1.177)	(1.169)
样本量	310	310	310	334	334	334
R^2	0.072	0.089	0.090	0.086	0.068	0.086

注：括号里是标准误，$^*p<0.05$，$^{**}p<0.01$，$^{***}p<0.001$。

接下来，我们转向所关心的因变量——小区犯罪总数，以考察两类失序对社区犯罪的总效应，及其是否能被恐惧感和社区凝聚力所解释。表 8 展示了分析结果，首先看物理失序，如模型 1 所示，和破窗理论假设的一致，物理失序对犯罪总数有显著的正向效应。此外，小区总户数越多，犯罪事件也越多，与 1949 年前建造的小区相比，1949~1985 年建造的工人新村及单位小区犯罪事件发生的可能性显著更大。模型 2 至模型 4 加入了可能的中介变量，我们发现无论是社区失序感还是社区凝聚力本身都与犯罪总数没有显著相关，在它们加入模型后，物理失序的系数也没有显著的变化。模型 5 至模型 8 检验了社会失序与犯罪总数的相关，结果发现不但社会失序本身对社区犯罪没有显著影响，两个可能的中介变量也同样与犯罪事件总数之间没有显著相关。总之，我们的分析显示，尽管物理失序和更严重的社区犯罪之间有显著的正向相关，但另一个维度的失序——社会失序——与犯罪事件总数之间没有显著的关系，假设 1a 得到了部分验证。此外，已有理论提出的社区失序感和社区凝聚力均无法解释物理失序和犯罪之间的关系。假设 2 和假设 3 均未得到支持。结合表 7 的发现，我们可知中介效应的未能证实主要是由于社区失序感和社区凝聚力与社区犯罪之间的关系不显著。

表 8　社区失序对社区犯罪总数影响的 OLS 估计：总效应和机制

	模型 1	模型 2	模型 3	模型 4	模型 5	模型 6	模型 7	模型 8
物理失序因子	0.388**	0.417**	0.383**	0.423**				
	(0.141)	(0.145)	(0.143)	(0.147)				
社会失序因子					0.402**	0.449**	0.397**	0.448**
					(0.148)	(0.155)	(0.149)	(0.156)
Ln(小区总户数)	0.781***	0.831***	0.785***	0.828***	0.736***	0.782***	0.743***	0.782***
	(0.103)	(0.111)	(0.105)	(0.112)	(0.108)	(0.115)	(0.110)	(0.116)
失业率	−0.004	−0.003	−0.004	−0.004	−0.003	−0.002	−0.003	−0.002
	(0.005)	(0.005)	(0.005)	(0.005)	(0.005)	(0.005)	(0.005)	(0.005)
Ln(房价)	0.377	0.395	0.374	0.400	0.391	0.428	0.386	0.428
	(0.224)	(0.235)	(0.224)	(0.236)	(0.224)	(0.236)	(0.225)	(0.237)
小区地段（1 = 内环以内）								
中内环之间	0.014	−0.046	0.015	−0.048	0.080	0.047	0.082	0.047
	(0.298)	(0.323)	(0.299)	(0.323)	(0.299)	(0.324)	(0.299)	(0.324)
中外环之间	−0.409	−0.464	−0.404	−0.471	−0.425	−0.454	−0.416	−0.453
	(0.401)	(0.424)	(0.402)	(0.426)	(0.401)	(0.424)	(0.402)	(0.426)
外环以外	0.548	0.508	0.550	0.508	0.557	0.546	0.560	0.546
	(0.350)	(0.374)	(0.351)	(0.375)	(0.350)	(0.374)	(0.350)	(0.374)
小区类型（1 = 1949 年前建造的小区）								
1949 ~ 1985 年建造的工人新村及单位小区	1.664***	1.548**	1.650***	1.562**	1.555**	1.455**	1.529**	1.455**
	(0.474)	(0.492)	(0.479)	(0.498)	(0.476)	(0.494)	(0.481)	(0.499)

续表

	模型 1	模型 2	模型 3	模型 4	模型 5	模型 6	模型 7	模型 8
1985 年后新建的商品小区	0.187 (0.363)	0.174 (0.382)	0.170 (0.372)	0.190 (0.390)	0.188 (0.364)	0.220 (0.386)	0.158 (0.371)	0.220 (0.393)
其他类型小区	0.430 (0.386)	0.427 (0.407)	0.419 (0.390)	0.439 (0.411)	0.437 (0.386)	0.437 (0.407)	0.415 (0.390)	0.437 (0.411)
社区失序感		-0.000 (0.046)		0.001 (0.046)		-0.013 (0.046)		-0.013 (0.047)
社区凝聚力			-0.026 (0.122)	0.029 (0.132)			-0.051 (0.121)	-0.001 (0.131)
常数	-6.221* (2.550)	-6.680* (2.729)	-6.202* (2.555)	-6.727* (2.742)	-6.149* (2.549)	-6.723* (2.730)	-6.120* (2.553)	-6.721* (2.742)
样本量	334	310	334	310	334	310	334	310
R^2	0.298	0.308	0.299	0.308	0.298	0.308	0.298	0.308

注：括号里是标准误，$* p<0.05$, $** p<0.01$, $*** p<0.001$。

（三）怎么办？——社区安全管理与社区失序和犯罪

破窗理论提出伊始，作者就倡导一种以"秩序维持"为核心的警务策略，大量的实际应用也显示这种"将违反社区秩序的行为消灭在萌芽状态"的安全管理措施有助于降低犯罪率。SCS 收集了每个居民小区的安全管理举措，我们检验这些举措是否有助于降低社区失序状况，并继而降低犯罪率。表 9 的模型 1 显示社区安全管理因子水平越高，物理失序程度越低；相反，根据模型 2，社区安全管理因子与社会失序因子没有显著关系。模型 3 至模型 5 显示社区的安全管理措施对社区犯罪没有显著影响。这与已有研究中小罪零容忍的警务策略和降低犯罪率有关但并非通过社区失序的中介作用发生影响的发现不同（Cerdá et al.，2009），我们认为这主要是由于本文涉及的社区安全管理措施和美国的秩序维持警务措施有很大差异，前者着重于维持社区秩序，执行的主体是居委会或居民组织，针对的是可能发生的威胁安全的情况，如撞车等；后者的执行主体是警务人员，采取的措施针对潜在会破坏秩序的人群，如截停盘查等。尽管如此，我们的指标体系中也包含两种安全管理措施，是被经典的破窗理论的提出者举荐的——治安联防队和保安巡逻，他们认为居民自组织的安全维护措施足以维持社区里的非正式规范，居民之间的守望互助对整个社区的安全有举足轻重的作用（Kelling & Coles，1997；Wilson & Kelling，1982）。总之，根据我们的多元分析，尽管社区安全举措对于降低居民小区的物理失序水平有显著的影响，但这些举措对于降低社区犯罪没有作用，我们的假设 4 并未得到支持。

表 9　社区安全管理、社区失序与社区犯罪率的 OLS 估计

	模型 1	模型 2	模型 3	模型 4	模型 5
	物理失序	社会失序	犯罪总数		
社区安全管理因子	− 0. 184 **	0. 099	− 0. 057	0. 014	− 0. 098
	(0. 056)	(0. 054)	(0. 146)	(0. 147)	(0. 145)
物理失序因子				0. 390 **	
				(0. 144)	

续表

	模型 1	模型 2	模型 3	模型 4	模型 5
	物理失序	社会失序	犯罪总数		
社会失序因子					0.413 **
					(0.149)
Ln(小区总户数)	0.201 ***	0.234 ***	0.856 ***	0.777 ***	0.759 ***
	(0.042)	(0.040)	(0.109)	(0.112)	(0.113)
失业率	-0.002	-0.004 *	-0.005	-0.004	-0.003
	(0.002)	(0.002)	(0.005)	(0.005)	(0.005)
Ln(房价)	-0.206 *	-0.229 **	0.297	0.378	0.392
	(0.086)	(0.083)	(0.224)	(0.224)	(0.225)
小区地段(1 = 内环以内)					
中内环之间	0.066	-0.109	0.039	0.013	0.084
	(0.116)	(0.111)	(0.302)	(0.299)	(0.299)
中外环之间	-0.077	-0.037	-0.439	-0.409	-0.424
	(0.156)	(0.150)	(0.406)	(0.402)	(0.402)
外环以外	0.138	0.115	0.602	0.548	0.554
	(0.136)	(0.131)	(0.353)	(0.350)	(0.350)
小区类型(1 = 1949 年前建造的小区)					
1949~1985 年建造的工人新村及单位小区	0.037	0.274	1.677 ***	1.663 ***	1.564 **
	(0.184)	(0.177)	(0.480)	(0.475)	(0.477)
1985 年后新建的商品房小区	-0.501 ***	-0.689 ***	-0.018	0.178	0.267
	(0.143)	(0.137)	(0.372)	(0.375)	(0.382)
其他类型小区	0.014	-0.034	0.434	0.429	0.448
	(0.150)	(0.144)	(0.391)	(0.387)	(0.387)
常数项	1.208	1.450	-5.729 *	-6.200 *	-6.327 *
	(0.991)	(0.953)	(2.581)	(2.562)	(2.564)
样本量	334	334	334	334	334
R^2	0.258	0.355	0.282	0.298	0.299

注：括号里是标准误，* $p < 0.05$，** $p < 0.01$，*** $p < 0.001$。

五　结论与讨论

本文使用上海的大型社区调查 SCS 数据，重访了犯罪社会学中的经典理论：破窗理论。根据已有研究，结合中国居民小区日常生活，本文首先设计了本土化的社区失序量表，并采用 IRT 模型系统性地评估了该量表的效度，筛选出在不同水平上具有区分度的项目，形成物理失序和社会失序两类社区失序的测量。利用 SCS 所收集的居民小区层面丰富的信息，本文得以在控制小区关键特征（如房价、地段、类型等）的前提下，考察社区失序对社区犯罪的影响，以及该影响的中介效应。我们的分析得出几个主要结论：在小区关键特征控制后，（1）社区失序，包括物理失序和社会失序都与社区过去一年的犯罪/越轨事件总数有显著的正相关，居民小区越失序，越可能发生犯罪/越轨事件；（2）社区失序与犯罪之间的正相关不能被社区失序感以及社区凝聚力所解释，这主要是由于后两个因素与犯罪率之间没有显著相关；（3）社区安全措施有助于降低小区的失序水平，特别是物理失序水平，但无助于降低小区犯罪发生的可能性。

以上发现在中国的情境下部分地证实了破窗理论，也对其具体的机制在经验层面的有效性提出了质疑。但由于本文相关变量测量，特别是居民失序感和社区安全管理措施的测量，与已有研究中的概念尚有一定差别，所以也不排除上述不一致的发现是由测量不准确引起的。这与破窗理论提出逾 40 年来，大量经验研究所遇到的困难是一样的，即对于关键变量如社区失序、集体效能感、社区失序感、对于犯罪的恐惧感等的具体测量方案难以取得一致（Welsh，2015）。除了测量难题外，我们也认为本文的发现在一定程度上揭示了中西方在社区安全事务上的差异。例如，在我国，维持安全的执行主体——社区民警和居委会的目标事务有明显的区别，民警更多关注违反法律的犯罪行为，而居委会则负责维护社区日常秩序，不大可能出现西方使用警力维持社区秩序的情况。此外，在中国居民小区中出现的种种典型的"失序"现象，也更多地被看作"不文明"行为，常被归结为居民素质差，而非破窗理论所强调的"无人看管的信号"。这些差异都是接下来探讨我国的小区秩序和安全的相关议题时需要特别注意的。

作为破窗理论在中国适用性的首个经验性研究，本文也有诸多不足，有待进一步研究改进。

首先，横截面数据的特性限制了我们进行因果方向判断的能力。虽然破窗理论假定人们对于社区失序的看法会影响其安全感，但相反的因果关系也同样有可能。Link 及同事使用巴尔的摩的长期追踪数据，发现居民对社区失序的感受会显著影响滞后测量的社区安全感，而且二者的关系随着社区的特征而呈现异质性（Link et al.，2017）。本文提供了有关相关性的初步结果，具体地区分因果方向还需要未来 SCS 的跟踪数据的支持。

其次，尽管花费了极大的精力，我们获得的社区观察数据仍然只是静态的，并且只能涉及有限的方面。近些年，随着社会治理的智能化趋势，社会科学家可以高效地获得大规模和即时的数据，这为实时测量社区失序水平和犯罪状况提供了难得的机会。O'Brien 等人通过对波士顿的警务热线应答的大数据分析，展示了如何将这种新型数据与客观失序数据结合起来，为传统的破窗理论的检验提供更便捷、低成本的证据（O'Brien et al.，2015）。未来的研究显然可以从这种全新的数据收集方法中大获裨益。而且，基于谷歌街景等的新技术也使得过去客观化测量的尝试变得更加轻松（Odgers et al.，2012）。

最后，破窗理论关注的是社区的失序会如何威胁社区的安全，近期的研究指出仅仅研究这些负面的影响并不够，应该探索如何能够帮助社区变得更加安全和宜居。学者提出的建议包括透过"忙碌街区"机制创造出赋权社区（Aiyer et al.，2015）。如同其提出者 Kelling 和 Wilson 所言，好的医生善于促进健康，而非仅仅医治疾病，对于社区安全也是如此。探讨如何维护和巩固社区既有的非正式规范，增进社区凝聚力以及强化居民守望相助的意愿，也许要比安装摄像头防止潜在罪犯更有效。

参考文献

陈屹立、张卫国，2010，《惩罚对犯罪的威慑效应：基于中国数据的实证研究》，《南方经济》第 8 期。

郭晓红，2014，《未成年犯罪人社区矫正的路径选择——以社会控制理论为视角》，《法学杂志》第 7 期。

季建新，2007，《浅谈破窗理论给社区警务工作的几点启示》，《公安学刊》第 6 期。

贾宇，2011，《未成年人犯罪社区矫正制度研究》，《人民检察》第 5 期。

康树华，2003，《社区矫正的历史、现状与重大理论价值》，《法学杂志》第 5 期。

李本森，2010，《破窗理论与美国的犯罪控制》，《中国社会科学》第 5 期。

刘强，2004，《中外社区矫正之区别及思考》，《中国司法》第 4 期。

沈春玲、任志芳、吕雪丽，2007，《破窗理论在临床用药护理安全管理中的应用》，《护理学杂志》第 21 期。

汤勤，1998，《社区文化：影响社区安全的深层因素》，《社会》第 5 期。

唐忠新，2004，《中国城市犯罪防控社区化初探》，《天津社会科学》第 3 期。

滕五晓、陈磊、万蓓蕾，2014，《社区安全治理模式研究——基于上海社区风险评估实践的探索》，《马克思主义与现实》第 6 期。

同春芬、刘韦钰，2012，《破窗理论研究述评》，《知识经济》第 23 期。

王秀梅，2009，《论贿赂犯罪的破窗理论与零容忍惩治对策》，《中国检察官》第 9 期。

吴开清，2005，《国外关于情报信息主导警务工作的研究概况》，《公安研究》第 7 期。

吴宗宪，2004，《关于社区矫正若干问题思考》，《中国司法》第 7 期。

伍先江，2009，《城市社区安全评估指标体系的构建——以北京市为例》，《中国人民公安大学学报（社会科学版）》第 6 期。

席小华，2004，《国外社区预防和矫正少年犯罪的实践与启迪》，《中国青年研究》第 11 期。

熊一新，1999，《中外社区警务之比较》，《中国人民公安大学学报（社会科学版）》第 1 期。

Aiyer, S. M., Zimmerman, M. A., Morrel-Samuels, S., Reischl, T. M., & J. H. E. Behavior. 2015. "From Broken Windows to Busy Streets: A Community Empowerment Perspective." *Health Education & Behavior* 42 (2): 137 – 147.

Cerdá, M., Tracy, M., Messner, S. F., Vlahov, D., Tardiff, K., & Galea, S. J. E. 2009. "Misdemeanor Policing, Physical Disorder, and Gun – related Homicide: A Spatial Analytic Test of 'Broken-windows' Theory." *Epidemiology*: 533 – 541.

Cohen, D., Spear, S., Scribner, R., Kissinger, P., Mason, K., & Wildgen, J. 2000. "'Broken Windows' and the Risk of Gonorrhea." *American Journal of Public Health* 90 (2): 230 – 236.

Corman, H. & Mocan, N. 2005. "Carrots, Sticks, and Broken Windows." *Journal of Law and Economics* 48 (1): 235 – 266.

Corman, H. & Mocan, H. N. 2000. A Time-series Analysis of Crime, Deterrence, and Drug Abuse in New York City. *American Economic Review* 90 (3): 584 – 604.

Eck, J. E. & Maguire, E. R. 2000. "Have Changes in Policing Reduced Violent Crime? An Assessment of the Evidence." pp. 207 – 265 in *The Crime Drop in America*, edited by A. Blumstein and J. Wallman. New York: Cambridge University Press.

Fagan, J. & Davies, G. 2000. "Street Stops and Broken Windows: Terry, Race, and Disorder in New York City." *Fordham Urban Law Journal* 28 (2): 457.

Franklin, T. W. , Franklin, C. A. , & Fearn, N. E. 2008. "A Multilevel Analysis of the Vulnerability, Disorder, and Social Integration Models of Fear of Crime." *Social Justice Research* 21 (2): 204 – 227.

Greene, J. A. 1999. "Zero Tolerance: A Case Study of Police Policies and Practices in New York City." *Crime Delinquency* 45 (2): 171 – 187.

Harcourt, B. E. & Ludwig, J. 2006. "Broken Windows: New Evidence from New York City and A Five-city Social Experiment." *University of Chicago Law Review* 73: 271 – 320.

Harcourt, B. E. 2001. *Illusion of Order: The False Promise of Broken Windows Policing*. Harvard University Press.

Hinkle, J. C. & Yang, S. – M. 2014. "A New Look into Broken Windows: What Shapes Individuals' Perceptions of Social Disorder?" *Social Psychology Quarterly* 42 (1): 26 – 35.

Keizer, K. , Lindenberg, S. , & Steg, L. J. S. 2008. "The Spreading of Disorder." *Science* 322 (5908): 1681 – 1685.

Kelling, G. L. & Coles, C. M. 1997. *Fixing Broken Windows: Restoring Order and Reducing Crime in Our Communities*. Simon and Schuster.

Keuschnigg, M. & Wolbring, T. J. R. 2015. "Disorder, Social Capital, and Norm Violation: Three Field Experiments on the Broken Windows Thesis." *Rationality and Society* 27 (1): 96 – 126.

Levitt, S. D. 2004. "Understanding Why Crime Fell in the 1990s: Four Factors That Explain the Decline and Six That Do Not." *Journal of Economic Perspectives* 18 (1): 163 – 190.

Link, N. W. , Kelly, J. M. , Pitts, J. R. , Waltman-Spreha, K. , & Taylor, R. B. J. C. 2017. "Reversing Broken Windows: Evidence of Lagged, Multilevel Impacts of Risk Perceptions on Perceptions of Incivility." *Crime & Delinquency* 63 (6): 659 – 682.

Markowitz, F. E. , Bellair, P. E. , Liska, A. E. , & Liu, J. 2001. "Extending Social Disorganization Theory: Modeling the Relationships Between Cohesion, Disorder, and Fear." *Criminology* 39 (2): 293 – 319.

Messner, S. F. , Galea, S. , Tardiff, K. J. , Tracy, M. , Bucciarelli, A. , Piper, T. M. , & Vlahov, D. J. C. 2007. "Policing, Drugs, and the Homicide Decline in New York City in the 1990s." *Crimiology* 45 (2): 385 – 414.

Odgers, C. L. , Caspi, A. , Bates, C. J. , Sampson, R. J. , Moffitt, T. E. , & Psychiatry. 2012. "Systematic Social Observation of Children's Neighborhoods Using Google Street View: A Reliable and Cost-effective Method." *Journal of Child Psychology and Psychiatry* 53 (10): 1009 – 1017.

O'Brien, D. T. , Sampson, R. J. , & Winship, C. J. S. M. 2015. "Ecometrics in the Age of Big Data: Measuring and Assessing 'Broken Windows' Using Large-scale Administrative Records." *Sociological Methodology* 45 (1): 101 – 147.

Pearl, J. 2000. *Causality: Models, Reasoning, and Inference* (2nd ed.) Cambridge University Press.

Perkins, D. D. & Taylor, R. B. 2002. "Ecological Assessments of Community Disorder: Their

Relationship to Fear of Crime and Theoretical Implications. " pp. 127 – 170 in *Ecological Research to Promote Social Change*. Springer.

Raudenbush, S. W. & Sampson, R. J. 1999. "Ecometrics: Toward a Science of Assessing Ecological Settings, with Application to the Systematic Social Observation of Neighborhoods. " *Sociological Methodology* 29 (1): 1 – 41.

Sampson, R. J. & Raudenbush, S. W. 1999. "Systematic Social Observation of Public Spaces: A New Look at Disorder in Urban Neighborhoods. " *American Journal of Sociology* 105 (3): 603 – 651.

Sampson, R. J. & Raudenbush, S. W. 2004. "Seeing Disorder: Neighborhood Stigma and the Social Construction of 'Broken Windows'. " *Social Psychology Quarterly* 67 (4): 319 – 342.

Sampson, R. J. , Raudenbush, S. W. , & Earls, F. J. S. 1997. "Neighborhoods and Violent Crime: A Multilevel Study of Collective Efficacy. " *Science* 277 (5328): 918 – 924.

Sampson, R. J. 2009. "Disparity and Diversity in the Contemporary City: Social (dis) order Revisited. " *The British Journal of Sociology* 60 (1): 1 – 31.

Skogan, W. G. 1990. *Disorder and Decline: Crime and Spiral of Decay in American Neighborhoods*. New York: Free Press.

Sousa, W. H. & Kelling, G. L. 2006. "Of 'Broken Windows,' Criminology, and Criminal Justice. " *Police Innovation: Contrasting Perspectives*: 77 – 97.

Taylor, R. B. 2001. *Breaking Away From Broken Windows: Baltimore Neighborhoods and the Nationwide Fight Against Crime, Grime, Fear, and Decline*.

Weisburd, D. , Hinkle, J. C. , Braga, A. A. , & Wooditch, A. 2015. "Understanding the Mechanisms Underlying Broken Windows Policing: The Need for Evaluation Evidence. " *Journal of Research in Crime and Delinquency* 52 (4): 589 – 608.

Welsh, B. C. , Braga, A. A. , and Gerben J. N. Bruinsma. 2015. "Reimagining Broken Windows: From Theory to Policy. " *Journal of Research in Crime and Delinquency* 52 (4): 447 – 463.

Wilson, J. Q. & Kelling, G. L. 1982. "Broken Windows: The Police and Neighborhood Safety. " *Atlantic Monthly*: 249.

Xu, Y. , Fiedler, M. L. , & Flaming, K. H. 2005. "Discovering the Impact of Community Policing: The Broken Windows Thesis, Collective Efficacy, and Citizens' Judgment. " *Journal of Research in Crime & Delinquency* 42 (2): 147 – 186.

《社会学刊》第2期

第99～116页

© SSAP, 2019

原居安老、社区老龄化与社会资本：
基于上海社区研究的分析[*]

胡安宁　刑隽清^{**}

摘　要： 中国社会迅速的老龄化带来了巨大的养老压力。由于当前中国社会老龄人口对于机构养老缺乏普遍的接纳，大多数老人依旧采用原居安老的方式进行养老。在此背景下，本文通过分析上海社区研究的基线调查数据，在上海社区层面考察了社区老龄化水平对于本社区社会资本状况的影响。我们发现，上海社区的老龄化程度由边缘城区向中心城区逐渐递增。而社区老龄化确实会使社区的社会资本生态发生重组。但其主要动力是80岁以上老人，60岁以上老人的作用并不明显。随着80岁以上老年人口比例的增加，一方面，社区会成立更多以老年人为导向的服务或文娱组织（如老人协会、书法协会、读书会、残疾人协会）；另一方面，属于年轻人或中年人的一些娱乐组织（如运动协会、驴友会）出现的概率则相应降低。这或许反映了某种社区空间层次上的年龄张力。除此之外，80岁以上的老人比例提升，能够提高社区范围举行建设性集体活动和举行亲子活动的概率。该

＊　本文为"上海居民小区的空间结构、社会结构与居住满意度研究"的一项成果,该项目由同济大学高密度区域智能城镇化协同创新中心及上海同济城市规划设计研究院（China Intelligent Urbanization Co-Creation Center for High Density Region & Shanghai Tongji Urban Planning and Design Institute）资助,也是复旦大学文科"双　优"建设项目"社会学理论与社会结构转型研究"创新团队的一项成果。

＊＊　胡安宁,复旦大学社会发展与公共政策学院社会学系教授, huanning@ fudan. edu. cn；邢隽清,复旦大学社会发展与公共政策学院硕士研究生。

结果在一定程度上说明，老年群体，尤其是 80 岁以上老年群体的存在，能够为社区带来利他主义和志愿精神。最后，无论是 60 岁以上老人还是 80 岁以上老人，都能使邻里的交往变得更多、关系更融洽，这同样说明老年人的社交活动具有正向的外部性。

关键词： 原居安老　社区老龄化　社会资本　上海社区研究

一　引言

在过去的几十年，中国社会经历了迅速的老龄化（Zhang et al.，2012）。随着 60 岁及以上人口的迅速增加，如何保障老龄群体的生活品质，做到"老有所养"，成为当下中国社会面临的重大社会性议题（邬沧萍、王琳、苗瑞凤，2004）。在这方面，现有研究发现，中国老龄群体整体而言对于机构性养老的接受度并不是很高（Zhan et al.，2006）。这既有中国传统文化的影响，也有客观的经济条件的限制。其结果便是很多老人不得不进行原居安老（aging in place）。所谓原居安老，是指老人的养老过程和主要场所是在其住所而非养老机构完成（Morley，2012）。国外的文献针对原居安老已经有比较成熟的研究（Wiles et al.，2012）。整体而言，原居安老由于不涉及老人在物理空间和社会空间的变迁，通常被认为有助于老人维持比较好的身心健康状态。虽然原居安老在国内普及和流行，但相比于海外相关研究，对于中国社会环境下原居安老的讨论尚处起步阶段。

在此背景下，本研究利用最新收集的上海社区研究（Shanghai Community Survey）的数据，希望从社区整体老龄化与社会资本关系的角度来考察中国社会的原居安老问题。我们的研究地点置于上海，原因在于上海的老龄化程度从全国范围来看都处在一个非常高的水平（丁丽娟，2011）。相应的，上海的很多养老实践的摸索便具有了一定的前瞻性和潜在的在全国的普及性。另外，本文的分析超越了传统的个体视角，将分析单位置于老人所居住社区，这无疑是研究设计上的一个突破。实际上，以社区为分析单位进行原居安老的分析是和现有研究的理论趋势相契合的。目前为止，关于原居安老的研究的一个很明显的理论转变是，从传统的家居物理环境扩展到所在社区的社会环境（Oswald et al.，2010）。这个理论趋势和当下老龄人口的活动范围扩大有关。如果说传统的老龄人口更多地将生活局限于自己的家庭内部（如主要和家人子女互动），那么当下的老年人则有了更为广阔的生活圈子（如和小区同龄人进行互动），而且相关活动组织形式更加灵活多样。自然的，社区的社会环境无疑是老人社区活动的重要组成部分。

　　最后需要提及的是，在本研究中，我们特别关注的是社区老龄化的程度与所在社区的社会资本的关系。众所周知，社区社会资本是决定一个社区凝聚程度和宜居程度的重要资源（桂勇、黄荣贵，2008）。但是到目前为止，学界主要的研究取向还是在于衡量社区社会资本的有无以及存量大小，鲜有研究考察社区的老龄化程度和老龄化过程如何与社区社会资本发生互动。这无疑是一个研究上的空白。考虑到老龄人口的聚合性和能动性，我们有理由相信，社区的老龄化水平有可能改变社区的社会资本生态。换句话说，社区老龄化的作用或许不仅仅在于带来社区社会资本"量"上的增减，而且带来社区社会资本"质"上的重组。这方面的发现具有重要的理论和实践价值，不仅仅有助于提升我们现有的对于社区社会资本的认识，更能够为现有的老龄政策带来启示。例如，可以帮助政府相关机构和决策者更好地规划社区物理空间环境，以求和社区老龄人口的社会性需求更加紧密地对接。

二　文献回顾

　　中国社会的老龄化是社会科学不同学科共同关注的议题。纵观现有研究可以发现，目前学界关于老龄化的分析往往具有两个基本的分析取向。一个分析取向是微观的，将关注点置于老年人个体，看其社会人口学特征或者与子女的互动如何影响其身心健康（例如，Hu，2017）；另一个分析取向是宏观的，看的是社会整体的老龄化过程及其对于社会经济发展的影响（例如，谢安，2004）。然而，除了微观和宏观的分析取向之外，我们实际上还有一个中观的分析路径，看老人所在社区环境如何与老龄化产生联系。虽然目前持中观分析路径的研究还不是很多，但中观层次的研究确实需要加强。这是因为"老人将自己整合进（超越家庭的）社区层次上的社会环境中代表了一个基本的人类倾向和需求"（Kawachi & Berkman，2003：303）。与传统的老人相比，当代中国社会的老龄人口无疑更具有能动性和凝聚力。从遍布全国的广场舞，到各式各样的老年协会，老年人在社区层次上的生活状态是与其自身的身心健康紧密联系在一起的。考虑到原居安老模式的流行，我们有必要从社区的中观层面来考察和理解中国社会的老龄化。

那么，为什么社区的生活环境对于老年人如此重要呢？现有文献从老年人口的能动性和依赖性两个方面进行了讨论。从老年人的能动性这方面来说，他们有能力也有动力去影响和改变社区的社会环境。一方面，居住于城市中的老年人通常而言都有比较稳定的经济收入（姜向群、郑研辉，2013）。这种收入主要来自自己的退休金，同时也不乏子女的孝敬与支持。因此，城市老年人在经济生活上更加独立，这让他们在积极参与社区活动的时候没有后顾之忧。另一方面，与传统社会的老年人不同的是，当代中国社会的老龄人口具有一定的教育经历和丰富的生活阅历。这一特征对于身处上海这样一个国际大都市的老龄人口更加明显。因此，他们在介入社区社会生活甚至社区管理方面更加自信，也更加积极主动地谋求有利于老年人口的社区生活环境（唐丹、邹君、申继亮，2006）。

从老年人口的依赖性来讲，老年人对于社区存在多种依赖。例如，空间上老人对社区有依赖性。基于生命历程的研究指出，人们一生中对于外在环境资源的获取方式是有变化的（陈实，2010）。年轻人的资源获取的空间范围更加广阔，但是老年人随着退休和生理上步入老龄，其资源获取的空间范围逐渐收缩（例如，没有精力去很远的地方进行社交活动）。结果便是，对于老人而言，处于周边环境的可触及的资源变得越发重要（例如，可接触到的体育锻炼设施）。这里所谓的周边环境在传统社会主要是老人所在的家族。但是随着家族文化的逐渐式微以及青年一代的独立性和流动性加剧，周边环境也逐渐从所在的家庭转移到居住社区（Hu，2016）。可以说，对于很多老人而言，所在的居住社区代表了一种最为重要的空间环境，其提供了大量老人所需的资源，因此在空间上老人对社区具有很强的依赖性。

除了空间依赖性之外，老人对于社区也具有很强的社会依赖性。由于丧偶、家人和朋友的分开居住等因素，老年人与年轻人相比，其生活的社会网络也在收缩（张友琴，2001）。结果便是，老年人不得不将自己的"生活圈子"置于一个与自身生活密切相关的环境中。其中，社区便构成了这样一个社交的平台。老人通过参与社区中与同龄人的互动，来满足自身的社会性需求，从而和社区的社会环境发生密切的联系。正是由于社区环境如此重要，现有研究发现，所在社区环境的恶化会对老人的身心健康带来极大的负面影响（Park et al.，2015）。

虽然现有文献从老年人口的能动性和依赖性两个方面论述了老龄化时代老年人和社区环境之间日益密切的联系，但是我们也应该看到，目前这方面的分析绝大多数考察的是社区环境对于老年人生活状态的单方面影响，亦即老年人的社区依赖性。与之相比，很少有研究从老年人的能动性出发，看老年人如何改变所在社区的生活环境。这一分析上的偏向很容易理解，毕竟老年人作为个体，对于社区的影响更加难以把握，相比之下，社区作为一种"社会性"的力量，确实具有塑造老年人生活环境，并进一步影响老年人生活质量的作用。在此背景下，本文的一个创新点在于，将分析的重点从老年人个体提升到社区层次，看社区的老龄化水平如何与社区的生活环境发生联系。这一分析路径的优点在于，我们不必拘泥于老年人个体层次上的异质性，而是将老年人的信息进行汇总，构成一个社区变量，从而让我们可以把社区本身看成一个有机体进行分析。

在本研究中，我们关心的是社区社会资本与社区人口老龄化的互动关系。社会资本通常被定义为有助于社会团结合作的各种机制，其中最具代表性的是各种自愿性团体（桂勇、黄荣贵，2008）。换句话说，自愿性团体可以作为衡量一个社区社会资本状况的重要指标。与传统上关注社会资本有无或者高低不同，本文基于不同类型的自愿性团体，勾勒出了社区内部多种类型社会资本沟通构成的一个社会资本"生态"环境。我们进而分析，社区的老龄化水平如何改变这一社区社会资本生态。针对这一主题，目前尚无相关的研究可资借鉴，因此我们将其视为一种开放的经验问题，通过数据分析，进行初步的探索。

三　数据、测量与方法

（一）数据来源

本文所用的资料，来自"上海居民小区的空间结构、社会结构与居住满意度研究"（简称"上海社区研究"，Shanghai Community Survey，SCS）。该项目第一期由复旦大学社会转型研究中心与同济大学城市与社会研究中心合作发起，项目负责人为复旦大学刘欣教授，学术咨询委员会主任为同济大学周俭教授。项目综合运用传统的抽样调查方法和新兴的大数据技术，系统收集居民小区、家庭和居民层次的信息。居民小区层次的调查采用了四种方式收集资料，包括到居民小区现场观察并填写观察问卷，绘制居民小区地图，居民小区知情人（居委会成员、物业管理人员、保安、居民代表）参加座谈会并填写访谈问卷，以及从网络数据抓取居民小区及周边社区有关信息；于 2016 年 7 月至 2017 年 7 月完成。对居民小区的抽样，以街（镇）、居委会 GIS 和人口作为辅助信息，以多阶段 PPS 方式抽取了除崇明县以外各区的 30 个街镇 120 个居委会，其中，每个街镇抽取 4 个居委会，每个居委会的居民小区全部入样。最终成功调查了 119 个居委会的 382 个居民小区。去除人口特征和空间特征的缺省值后，共有 238 个样本进入后续的统计分析。需要说明的是，本研究的数据是从社区业委会、居委会和物业委员会处收集，因此其缺失值可以近似认为是随机的。

（二）变量测量

本文所使用的变量及其操作化说明如表1所示。本文关心的因变量为社区层面的社会资本，在具体测量时将其分为三个维度，即制度化的社会组织、自愿性的社会活动以及对于社区凝聚力的主观感受。本文所使用的自变量分为60岁以上（含60岁，下同）老人比例和80岁以上（含80岁，下同）老人比例。根据我国对老年人的划分，60~79岁为老年期，80岁及以上为长寿期。随着老龄化程度的加深，后者的生活空间进一步收缩，与社区层面的"生态"环境产生更多的互动，他们是社区社会资本塑造过程中不可忽视的一股重要力量。

表1　主要变量的操作化说明

变量	操作化说明
因变量	
社会组织	居民小区内是否成立了业委会、社工组织、运动协会、驴友会、老人协会、书法协会、读书会、残疾人协会、广场舞协会。对以上组织类型分别进行提问，0＝无，1＝有
社会活动	过去一年是否自发组织建设性集体活动(主要指建设公益设施、设立公益项目、联名倡议小区卫生、环境维护)、亲子活动、慈善捐助活动。对以上活动分别进行提问，0＝无，1＝有
社区凝聚力	对邻里交往频率、邻里融洽程度、土客关系分别进行提问。原问卷为5点量表，因部分选项选择人数极少，所以将邻里交往频率重新赋值为1~4分(将原问卷1分和2分合并为1分)，邻里融洽程度重新赋值为1~3分(将原问卷1~3分合并为1分)，土客关系重新赋值为1~3分(将原问卷1~3分合并为1分)，分数越高代表交往越多或关系越融洽
自变量	
60岁以上老人比例	60岁以上老人数除以总人数，此处不包含80岁以上的老人
80岁以上老人比例	80岁以上老人数除以总人数
控制变量	
总人口（对数）	小区实际所容纳的人口总量，为常住人口与外来流动人口之和，取自然对数
房价（对数）	该小区2015年(调查展开的前一年)的平均成交房价，取自然对数
容积率	即一个小区的地上总建筑面积与用地面积之比，直接涉及居住的舒适度
绿化率	即绿化用地面积与总用地面积之比，反映小区的自然生态
住房空置率	即某一时刻置房屋面积占房屋总面积的比例，反映社区的实际活力
人户分离率	常居地和常住户口登记地不一致的人数，一定程度上反映了社区人口的流动性
总户数（对数）	以户为单位测量小区规模，取自然对数

（三）描述性统计

本文所使用变量的描述统计如表 2 所示，我们测量了不同类型的社会组织、社会活动和社区凝聚力。整体而言，上海社区的社会组织类型较为丰富，其中约有 77.3% 的社区成立了业委会，并且在老龄化的大背景下，近半数社区自发成立了老人协会、读书会、残疾人协会和广场舞协会，以满足老年人的生活需要。而对于上海这样一个移民城市，社会活动与社区凝聚力的各项指标处于平均水平，在此背景下我们试图探讨老年群体规模的扩大究竟是促进社区凝聚的"黏合剂"还是诱发邻里矛盾的"发酵剂"。

表 2　变量的描述统计（$N=238$）

变量名	最小值	最大值	均值	标准差
社会组织				
业委会	0	1	0.773	0.420
社工组织	0	1	0.181	0.386
运动协会	0	1	0.261	0.440
驴友会	0	1	0.122	0.328
老人协会	0	1	0.450	0.498
书法协会	0	1	0.261	0.440
读书会	0	1	0.479	0.501
残疾人协会	0	1	0.441	0.498
广场舞协会	0	1	0.424	0.495
社会活动				
建设性集体活动	0	1	0.420	0.495
亲子活动	0	1	0.437	0.497
慈善捐助活动	0	1	0.508	0.501
社区凝聚力				
邻里交往频率	1	4	2.693	0.713
邻里融洽程度	1	3	1.950	0.593

续表

变量名	最小值	最大值	均值	标准差
土客关系	1	3	1.744	0.634
60 岁以上老人比例	0.008	0.849	0.296	0.168
80 岁以上老人比例	0	0.571	0.073	0.069
总人口（对数）	3.332	9.506	6.810	1.203
房价（对数）	9.210	11.695	10.748	0.479
容积率	40	586	190.731	82.220
绿化率	0	60	31.433	9.820
住房空置率	0	40	1.613	4.686
人户分离率	0	70	29.865	17.608
总户数（对数）	2.639	8.407	5.730	1.219

基于数据分析，我们可以清楚地发现这样一个趋势，即社区的老龄化程度由边缘城区向中心城区逐渐递增。其中黄浦区 60 岁以上老人和 80 岁以上老人占比分别达到 27.67%、7.4%，徐汇区为 30.08%、8.03%，静安区为 27.78%、8.01%，杨浦区为 38.17%、5.87%，明显高出周边城区。这样的模式在一定程度上说明了社区的老龄化程度与社区的经济发展水平正相关，对于中心城区的老年人来说，他们有更强的经济实力实现"原居安老"，与此同时，也暗示这些老年人并不是传统意义上的弱势群体或社区环境的被动接受者，而是具备一定的能力和动机，主动地塑造和改变着社区的组织生态。

（四）回归模型

接下来我们将分别考察社区老龄化与社会组织、社会活动和社区凝聚力的关系。由于社会组织与社会活动都是二分变量，所以采用二项逻辑斯蒂模型进行回归。社区凝聚力的测量使用的是三分量表，所以采用定序逻辑斯蒂模型进行回归。结果见表 3 至表 5 的各个模型。在每一组模型中，我们尤其关注 60 岁以上老人和 80 岁以上老人所表现出的差异。也就是说，我们对老年群体中可能存在的异质性做出了进一步的区分，从而有助于把握在社区社会资本营造过程中更为核心的一股力量。

表 3 社会组织与社区老龄化的二项逻辑斯蒂模型

	模型 1		模型 2		模型 3	
	业委会		社工组织		运动协会	
60 岁以上老人	− 0.186 (1.203)		− 1.630 (1.282)		0.714 (1.012)	
80 岁以上老人		− 9.097 ** (3.241)		− 1.203 (3.386)		− 7.064 + (4.069)
总人口（对数）	− 1.392 * (0.606)	− 1.689 ** (0.623)	− 0.433 (0.536)	− 0.248 (0.516)	− 0.394 (0.481)	− 0.699 (0.483)
房价（对数）	− 0.712 + (0.430)	− 0.422 (0.436)	− 0.126 (0.398)	− 0.179 (0.402)	− 1.066 ** (0.383)	− 0.957 * (0.384)
容积率	0.0005 (0.002)	− 0.0002 (0.002)	− 0.001 (0.002)	− 0.001 (0.002)	0.0003 (0.002)	0.00003 (0.002)
绿化率	0.086 *** (0.021)	0.082 *** (0.022)	− 0.028 (0.020)	− 0.023 (0.020)	− 0.010 (0.019)	− 0.026 (0.020)
住房空置率	− 0.060 + (0.035)	− 0.078 * (0.037)	− 0.193 (0.118)	− 0.173 (0.114)	0.049 (0.032)	0.041 (0.033)
人户分离率	− 0.025 * (0.011)	− 0.016 (0.012)	0.003 (0.010)	0.005 (0.011)	− 0.018 + (0.010)	− 0.016 (0.010)
总户数（对数）	1.924 ** (0.611)	2.081 ** (0.631)	0.761 (0.537)	0.579 (0.514)	0.902 + (0.482)	1.142 * (0.485)
常数项	5.931 (5.101)	4.603 (5.048)	− 0.002 (4.631)	− 0.216 (4.646)	8.232 + (4.373)	8.910 * (4.443)
N	238					
Log likelihood	− 90.059	− 85.657	− 105.315	− 106.099	− 120.598	− 119.159
BIC	229.368	220.565	259.880	261.448	290.447	287.568

	模型 4		模型 5		模型 6	
	驴友会		老人协会		书法协会	
60 岁以上老人	− 1.428 (1.362)		0.837 (0.904)		1.227 (0.998)	
80 岁以上老人		− 3.774 (4.548)		7.392 ** (2.806)		14.511 *** (3.159)
总人口（对数）	− 0.079 (0.604)	− 0.004 (0.595)	0.172 (0.435)	0.264 (0.426)	0.653 (0.475)	0.891 + (0.481)

续表

	模型 4		模型 5		模型 6	
	驴友会		老人协会		书法协会	
房价（对数）	- 1.018 *	- 1.012 *	0.748 *	0.598 +	0.507	0.133
	(0.476)	(0.484)	(0.325)	(0.330)	(0.357)	(0.370)
容积率	0.004 +	0.004	- 0.004 +	- 0.003	- 0.001	0.00004
	(0.002)	(0.002)	(0.002)	(0.002)	(0.002)	(0.002)
绿化率	0.015	0.014	- 0.013	- 0.006	0.011	0.024
	(0.023)	(0.024)	(0.015)	(0.016)	(0.017)	(0.018)
住房空置率	0.051	0.049	- 0.038	- 0.030	- 0.069	- 0.052
	(0.035)	(0.035)	(0.031)	(0.031)	(0.051)	(0.052)
人户分离率	- 0.003	0.0001	0.025 **	0.019 *	0.009	- 0.005
	(0.012)	(0.012)	(0.008)	(0.009)	(0.009)	(0.010)
总户数（对数）	0.016	- 0.065	0.086	0.077	- 0.511	- 0.539
	(0.595)	(0.584)	(0.427)	(0.419)	(0.465)	(0.474)
常数项	8.469	8.212	- 9.788 *	- 9.166 *	- 8.771 *	- 7.175 +
	(5.420)	(5.491)	(3.831)	(3.843)	(4.269)	(4.312)
N	238					
Log likelihood	- 82.710	- 82.916	- 150.487	- 146.976	- 131.934	- 119.350
BIC	214.670	215.082	350.225	343.202	313.119	287.951
	模型 7		模型 8		模型 9	
	读书会		残疾人协会		广场舞协会	
60 岁以上老人	2.082 *		0.279		- 0.345	
	(0.900)		(0.909)		(0.945)	
80 岁以上老人		8.251 **		13.462 ***		1.476
		(2.752)		(3.078)		(2.820)
总人口（对数）	0.316	0.272	0.284	0.636	0.030	0.118
	(0.431)	(0.421)	(0.429)	(0.440)	(0.448)	(0.440)
房价（对数）	0.778 *	0.654 *	0.199	- 0.158	- 1.077 **	- 1.132 **
	(0.322)	(0.326)	(0.317)	(0.342)	(0.349)	(0.356)
容积率	- 0.003 +	- 0.002	- 0.0003	0.001	- 0.003	- 0.003
	(0.002)	(0.002)	(0.002)	(0.002)	(0.002)	(0.002)
绿化率	- 0.008	- 0.005	- 0.043 **	- 0.030 +	0.013	0.016
	(0.015)	(0.015)	(0.016)	(0.017)	(0.017)	(0.017)

续表

	模型 7		模型 8		模型 9	
	读书会		残疾人协会		广场舞协会	
住房空置率	− 0.023 (0.030)	− 0.015 (0.030)	− 0.071 + (0.041)	− 0.055 (0.042)	− 0.002 (0.034)	0.001 (0.034)
人户分离率	0.010 (0.008)	0.002 (0.008)	0.015 + (0.008)	0.005 (0.009)	− 0.004 (0.009)	− 0.005 (0.009)
总户数(对数)	0.078 (0.424)	0.195 (0.415)	− 0.040 (0.420)	− 0.199 (0.431)	0.528 (0.443)	0.464 (0.433)
常数项	− 11.092 ** (3.818)	− 10.113 ** (3.805)	− 3.139 (3.717)	− 1.966 (3.941)	8.392 * (3.996)	8.445 * (4.017)
N	238					
Log likelihood	− 153.028	− 150.555	− 151.912	− 139.689	− 137.867	− 137.798
BIC	355.307	350.361	353.075	328.629	324.984	324.847

注：显著性水平：$^+ p < 0.1$，$^* p < 0.05$，$^{**} p < 0.01$，$^{***} p < 0.001$。

表3考察了不同年龄段的老年人对于各类社会组织设立情况的影响，从而探讨他们如何带来社区社会资本"质"上的重组。从模型1到模型9可以发现，社区老龄化确实会使社区的组织生态发生重组，但其主要动力是80岁以上老人，60岁以上老人的作用并不明显。具体而言，80岁以上老人比例每提升1%，所在社区成立业委会的概率将下降8.70%（$1 - e^{-0.09}$，后同），成立运动协会的概率将下降6.82%，成立老人协会的概率将上升7.67%，成立书法协会的概率将上升15.62%，成立读书会的概率将上升8.6%，成立残疾人协会的概率将上升14.41%。

图1采用可视化的方法，将模型1至模型9的自变量系数和置信区间进行集中的呈现，从而考察整体的模式。如图所示，60岁以上老人和80岁以上老人对于社会组织的作用机制存在较大不同。总体而言，80岁以上老人的系数更大，且置信区间多在零点的某一侧，说明他们对于社区组织的设立更具影响力且相对稳健。通过对不同的社会组织进行分类，我们可以发现，随着80岁以上老年人口比例的增加，一方面，社区会成

立更多以老年人为导向的服务或文娱组织（如老人协会、书法协会、读书会、残疾人协会）；另一方面，属于年轻人或中年人的一些娱乐组织（如运动协会、驴友会）出现的概率则相应降低。如果考虑到社区层面空间资源和社会资源的相对稀缺性，我们便更能理解这种此消彼长的关系：老年人并不是社区环境的被动接受者，也不是传统意义上的弱势群体，当他们聚合在一起时，能够产生足够的力量与社区内的其他成员进行协商和谈判，并通过制度化的途径实现自身诉求，从而争取有限的资源、实现社区社会资本的重组。

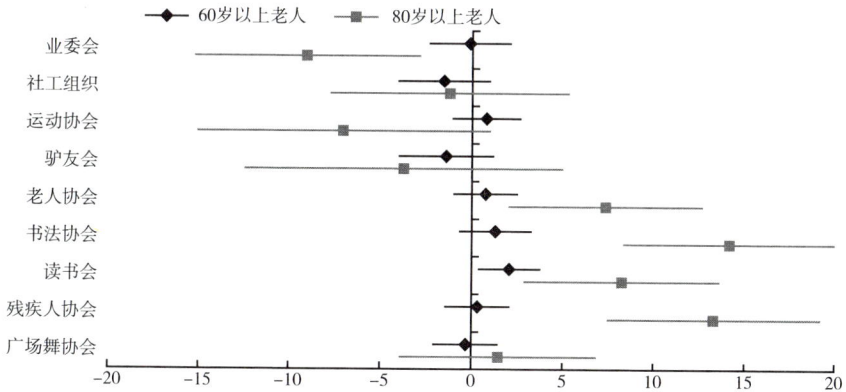

图 1　回归系数及置信区间

表 4 考察了社区老龄化与社会活动的关系，旨在探讨老年群体是否有助于提升所在社区的社会动员能力。从模型 10 至模型 12 中我们可以发现，60 岁以上的老人并不存在显著影响，而 80 岁以上的老人能够促进这些社会活动的开展。具体而言，80 岁以上老人比例每提升 1%，过去一年举行建设性集体活动的概率将提高 6.92%，举行亲子活动的概率将提高 4.92%，而对于慈善捐助活动则基本不存在影响。该结果在一定程度上说明，老年群体，尤其是 80 岁以上老年群体的存在，能够为社区带来利他主义和志愿精神，使社区成员更重视公益和亲情，从而产生更多的自愿性结社活动。

表 4　社会活动与社区老龄化的二项逻辑斯蒂模型

	模型 10		模型 11		模型 12	
	建设性集体活动		亲子活动		慈善捐助活动	
60 岁以上老人	− 0.417 (0.867)		− 0.020 (0.869)		− 0.687 (0.880)	
80 岁以上老人		6.689** (2.509)		4.800+ (2.491)		− 3.485 (2.643)
总人口(对数)	0.028 (0.414)	0.279 (0.409)	− 0.820+ (0.471)	− 0.682 (0.462)	− 0.849+ (0.434)	− 0.857* (0.426)
房价(对数)	0.231 (0.307)	0.013 (0.315)	0.186 (0.310)	0.045 (0.318)	− 0.928** (0.329)	− 0.854** (0.333)
容积率	− 0.0002 (0.002)	0.0002 (0.002)	− 0.0001 (0.002)	0.0003 (0.002)	− 0.002 (0.002)	− 0.002 (0.002)
绿化率	− 0.006 (0.014)	0.003 (0.015)	0.004 (0.014)	0.010 (0.015)	− 0.031* (0.015)	− 0.033* (0.015)
住房空置率	0.038 (0.030)	0.051+ (0.031)	− 0.017 (0.029)	− 0.009 (0.029)	0.016 (0.029)	0.013 (0.029)
人户分离率	− 0.006 (0.008)	− 0.012 (0.008)	0.010 (0.008)	0.006 (0.008)	0.003 (0.008)	0.006 (0.008)
总户数(对数)	− 0.048 (0.406)	− 0.190 (0.402)	0.822+ (0.465)	0.754+ (0.456)	1.077* (0.429)	1.055* (0.421)
常数项	− 2.245 (3.611)	− 1.626 (3.646)	− 1.763 (3.616)	− 1.310 (3.655)	11.081** (3.888)	10.553** (3.866)
N	238					
Log likelihood	− 160.331	− 156.508	− 159.787	− 157.800	− 152.334	− 151.722
BIC	369.913	362.267	368.825	364.850	353.918	352.695

注：显著性水平：$^{+}p < 0.1$，$^{*}p < 0.05$，$^{**}p < 0.01$，$^{***}p < 0.001$。

最后，表 5 考察社区老龄化如何影响居民对于社区凝聚力的主观感受。作为一个移民城市，上海社区的人口流动性大，由此可能产生邻里矛盾和本地人外地人矛盾。模型 13 和模型 14 显示，无论是 60 岁以上老人还是 80 岁以上老人，都能使邻里的交往变得更多、关系更融洽，这在一定程度上说明老年人的社交活动具有外部性，他们在将自己整合进社区层次的社会环境的同时，也使得更多人参与其中。他们的社交对象不仅仅局限于同龄人，还以家庭为单位向外产生一定程度的扩展。至于模型 15，并没有足够证据表明老年群体究竟是持排外还是开放态度，有待进一步验证。总之，老年人口确实能够作为"黏合剂"，通过自身的社交活动，以邻里为半径，带动周边实现更进一步的整合。

表5　社区凝聚力与社区老龄化的定序逻辑斯蒂回归模型

	模型 13		模型 14		模型 15	
	邻里交往频率		邻里融洽程度		土客关系	
60 岁以上老人	2. 763 ** (0. 838)		2. 021 * (0. 886)		− 0. 809 (0. 855)	
80 岁以上老人		3. 591 + (2. 139)		6. 003 ** (2. 328)		3. 437 (2. 180)
总人口（对数）	0. 187 (0. 383)	− 0. 080 (0. 371)	− 0. 057 (0. 409)	− 0. 147 (0. 399)	− 0. 299 (0. 394)	− 0. 099 (0. 384)
房价（对数）	0. 028 (0. 296)	0. 049 (0. 302)	− 0. 161 (0. 308)	− 0. 231 (0. 312)	0. 663 * (0. 301)	0. 512 + (0. 304)
容积率	− 0. 003 + (0. 002)	− 0. 002 (0. 002)	− 0. 002 (0. 002)	− 0. 001 (0. 002)	0. 001 (0. 002)	0. 002 (0. 002)
绿化率	0. 001 (0. 014)	− 0. 004 (0. 014)	− 0. 009 (0. 015)	− 0. 009 (0. 015)	0. 005 (0. 014)	0. 011 (0. 014)
住房空置率	− 0. 007 (0. 026)	− 0. 008 (0. 027)	0. 007 (0. 029)	0. 012 (0. 030)	− 0. 074 * (0. 033)	− 0. 066 * (0. 032)
人户分离率	− 0. 0003 (0. 008)	− 0. 005 (0. 008)	− 0. 003 (0. 008)	− 0. 009 (0. 008)	− 0. 007 (0. 007)	− 0. 010 (0. 008)
总户数（对数）	0. 103 (0. 375)	0. 371 (0. 363)	0. 145 (0. 404)	0. 286 (0. 394)	0. 273 (0. 388)	0. 147 (0. 379)
N	238					
Log likelihood	− 244. 614	− 248. 777	− 208. 056	− 207. 223	− 217. 102	− 216. 301
BIC	549. 423	557. 748	470. 834	469. 169	488. 927	487. 324

注：显著性水平：$^+ p < 0.1$，$^* p < 0.05$，$^{**} p < 0.01$，$^{***} p < 0.001$。

四　结论与讨论

中国社会日渐加剧的老龄化进程以及对于机构养老的普遍低接纳度决定了对于大多数的老年人而言，原居养老将是主要的养老模式。目前针对中国社会的原居养老研究尚不成体系，且相关研究往往采用宏观的国家视角或者围观个体视角。为了克服这些研究不足，本研究利用上海社区研究的首期资料，将分析的层次从老年人个体上升到中观的社区特征，具体分析了社区的老年人口比例如何与社区的社会资本状况发生联系。

基于经验分析，我们发现，60 岁以上的老人比例并不会对社区的社会资本生态产生显著的影响，但是 80 岁以上的老人比例是一个显著的影响因素。具体而言，随着 80 岁以上老年人口比例的增加，所居住的社区会成立更多以老年人为对象的服务或文娱组织。这方面比较有代表性的是诸如老人协会、书法协会、读书会和残疾人协会等自发形成的组织。此外，80 岁以上的老人比例对于社区中的社会活动具有显著的促进效果。比如，随着 80 岁以上的老年居民比例的提升，社区中的建设性集体活动和亲子活动的举行概率均得到显著提升。

那么，我们如何对原居养老背景下，社区层面的老龄化进行评价呢？从正面意义来说，老年人比例的提升，尤其是 80 岁以上老人比例的提升，确实起到了一个促进社区更加"友好"的效果，让社区对老年人而言更加宜居。但是从负面的意义来说，我们也发现，老年人比例的提高虽然促进了以老年人为服务对象的社区组织的建立，但是同时也有可能抑制了属于年轻人或中年人的一些娱乐组织，这方面比较有代表性的是运动协会和驴友会。众所周知，在给定的空间范围内，社区组织所需要的场所、资金甚至关注度资源是紧缺的。因此，当社区变得越来越适合老年人居住的同时，如何保持其对其他年龄段居民的"宜居性"将是一个现实的社会性议题，这从近期爆发的多起活动场所争夺案例便可见一斑。

本文的发现集中于 80 岁以上的老年人口，相比于他们，60 岁以上的老人比例在许多因变量上并没有体现出显著的效果。一个很重要的原因在于，60 岁以上的老人虽然在法律上讲属于退休群体，但他们或者由于有自身的新的职业身份，或者由于需要专注于照看孙子女，往往无暇参与社区的各种社团组织。从这个角度来说，60 岁以上的群体和中年群体、青年群体一样，有可能尚未对社区产生比较高的依赖度。相比较而言，80 岁以上的老人已经很少参与社会经济活动，同时家庭的负担也基本不再存在。因此，他们有可能成为改变社区环境的主体。

　　本研究基于上海社区研究的首期资料，将分析单位置于社区层次之上。未来的研究可以在此基础上进一步收集个体层次的资料，从而更加立体地展示社区环境与居民特征之间的活动。另外，社区与个体的互动不可避免地涉及样本选择性问题。究竟是居民的老龄化带来了社区层次的变化，还是社区层次的变化成为吸引老年居民的一个因素，这在截面数据中并没有办法展开分析。未来希望能够进一步收集历时性的数据，以此估计出更加严格的因果关系。

　　本研究也存在一些不足之处。例如，老人的能动性属于个体层次的特征，虽然本研究假设他们彼此聚合，但其和群体层次的社区特征还是应当有所区别的。这里读者需要特别注意潜在的趣味谬误问题。此外，与西方原居安老所不同的是，中国社会的社区生活是和地方政府的行政行为直接联系的。因此，本研究发现的组织生态模式或许和上海不同区域政府或者街道的养老政策有关。如何将政府行为纳入原居安老分析中将是未来挖掘的一个研究议题。

参考文献

陈实，2010，《老年人社区居住环境空间需求研究》，博士学位论文，湖南大学。
丁丽娟，2011，《上海老龄化的特点及其社会影响》，《商业经济》第 15 期。
桂勇、黄荣贵，2008，《社区社会资本测量：一项基于经验数据的研究》，《社会学研究》
　　第 3 期。
姜向群、郑研辉，2013，《中国老年人的主要生活来源及其经济保障问题分析》，《人口
　　学刊》第 2 期。
唐丹、邹君、申继亮，2006，《老年人一般自我效能感的影响因素》，《中国老年学杂志》
　　第 11 期。
邬沧萍、王琳、苗瑞凤，2004，《中国特色的人口老龄化过程、前景和对策》，《人口研
　　究》第 1 期。
谢安，2004，《中国人口老龄化的现状、变化趋势及特点》，《统计研究》第 8 期。

张友琴，2001，《老年人社会支持网的城乡比较研究》，《社会学研究》第 4 期。

Hu, Anning. 2016. "Ancestor Worship in Contemporary China: An Empirical Investigation." *China Review: An Interdisciplinary Journal on Greater China* 16 (1): 169 – 186.

Hu, Anning. 2017. "Providing More but Receiving Less: Daughters in Intergenerational Exchange in Mainland China." *Journal of Marriage and Family* 79 (3): 739 – 757.

Kawachi, Ichiro and Lisa F. Berkman. 2003. *Neighborhoods and Health.* New York: Oxford University Press.

Morley, John E. 2012. "Aging in Place." *Journal of the American Medical Directors Association* 13 (6): 489 – 492.

Oswald, Frank, Daniela Jopp, Christoph Rott, and Hans-Werner Wahl. 2010. "Is Aging in Place a Resource for or Risk to Life Satisfaction?" *The Gerontologist* 51 (2): 238 – 250.

Park, Mijung, Josine E. Verhoeven, Pim Cuijpers, Charles F. Reynolds, and Brenda WJH Penninx. 2015. "Where You Live May Make You Old: The Association between Perceived Poor Neighborhood Quality and Leukocyte Telomere Length." *PloS One* 10 (6): p. e0128460.

Wiles, Janine L., Annette Leibing, Nancy Guberman, Jeanne Reeve, and Ruth E. S. Allen. 2012. "The Meaning of 'Aging in Place' to Older People." *The Gerontologist* 52 (3): 357 – 366.

Zhan, Heying J., Guangya Liu, Xinping Guan, and Hong-guang Bai. 2006. "Recent Developments in Institutional Elder Care in China: Changing Concepts and Attitudes." *Journal of Aging & Social Policy* 18 (2): 85 – 108.

Zhang, Ning Jackie, Man Guo, and Xiaoying Zheng. 2012. "China: Awakening Giant Developing Solutions to Population Aging." *The Gerontologist* 52 (5): 589 – 596.

《社会学刊》第 2 期
第 117～134 页
© SSAP，2019

专业嵌入还是组织植入：机构类型对政府购买社区公共服务的影响机制研究

王　平[*]

摘　要：当前承接政府购买社区公共服务的社会组织中，政府背景与民间背景是两种主要的机构类型。组织类型通过两条路径影响服务绩效：一是机构的专业化水平，二是机构在社区中的组织社会资本。本研究在对上海市实施的政府购买社区公共服务的宏观分析基础上，采用组织民族志的方法，在近 8 年的时间内对两家不同类型的机构进行跟踪调查，掌握了大量关于机构运作和服务绩效的经验资料。研究发现，在专业化程度较低的社区公共服务项目中，机构在结构性社会资本和认知性社会资本上的差异对公共服务的绩效有更显著的影响。笔者认为，采取更多吸纳专业评估和社区居民意见的竞争性机制，将有助于政府购买社区公共服务绩效的提升，并为推动社区社会治理变革提供动力。

关键词：政府购买服务　组织社会资本　社会服务专业化

一　问题的提出

自 2000 年以来，政府购买服务作为引入新公共管理主义的成果之一，

---

* 王平，浙江省社会科学院社会学所副研究员，wpsuper @ sina. com。

与"小政府大社会""打造服务型政府"等理念一起，被各级执政者和学界所信奉与推崇。受到"自主性"迷思（姚华，2013）的影响，无论是公民社会理论还是法团主义理论均将"国家"与"社会"置于分析天平的两端，或整体或分解地运用国家/政府与社会的概念，展现作为具体行动者的政府与 NGO 之间的复杂互动关系（如王名等，2001；李友梅，2006；范明林，2010）。

然而"国家与社会关系"这一研究框架，过度简化了社会组织多样化的机构背景，以及政府内在的复杂分层与利益动机。仅从法律角度的机构性质来看，提供公益服务的社会组织就存在民办非企业、社会团体、事业单位等多种类型。而进一步探查组织的运作模式，来自各地对政府购买服务的案例研究表明，被购买服务的机构既有政府背景较强的社会组织（范明林、程金，2007），也有专业背景较强的社会组织（朱健刚、陈安娜，2013），还有草根背景较强的社会组织（张紧跟、庄文嘉，2008）。从不同个案的直观比较而论，机构背景的差异对组织的权力关系、行动策略均有显著影响。而在政府购买服务的另一头，不同层级和部门的政府机构对购买服务的预期和决策亦存在鲜明差异（韩俊魁，2009）。在实践中，街道、区政府各职能部门、市政府各职能部门、省政府各职能部门，乃至于中央政府各职能部门均可能成为购买公共服务的买方主体。

此外，"国家与社会关系"的研究框架在一定程度上将公共服务的真正使用者公民，排斥在分析之外。就公共治理理论而论，政府部门与 NGO 的多中心治理架构并非高质量的公共服务的天然保障（奥斯特罗姆，2012）。社会组织固然是公民运动不可替代的组织化形式，但社会组织也存在滥用其对公民的代表权，垄断甚至破坏公民在公共服务中的参与权的风险。在公民参与缺位的情形下，政府部门与社会组织的伙伴关系也可能导致公民在公共服务供给中的疏离与排斥（Rummery，2006）。除却其政治价值，政府购买公共服务的合理性与正当性本质上缘于公共服务绩效的提升。因此，将分析聚焦到公共服务的绩效上，有助于重新审视公民在政府购买公共服务中究竟获得了什么。但已有研究鲜有将案例分析聚焦于公共服务绩效，以至于

"机构背景如何影响政府购买后的公共服务"仍是一个学术盲区。换言之，绝大多数现有研究是将社会组织相对于政府的自主性当作研究的因变量，少有研究将自主性作为自变量，而将公共服务的绩效作为研究的因变量。

针对上述状况，本文的研究策略是，运用组织资本与组织社会资本的分析框架，选取在同一维度上服务内容相近的政府购买服务项目为个案，利用长时间跨度的组织民族志研究方法，以服务绩效的演进为标尺，呈现和解读在实施了政府购买后，哪些与机构背景相关的因素影响了公共服务的绩效，进而主导了政府购买服务项目的策略与走向。

二 分析框架与研究方法

（一）分析框架

在组织理论中，组织资本（organization capital）和组织社会资本（organizational social capital）均是促进组织绩效的有效潜在资源。企业知识为本的理论强调组织应当被看作一个"快速和高效创造和传播知识"的特殊社会共同体（Kogut & Zander，1996）。组织内部成员之间，以及组织与外部机构的积极关系有助于扩大组织优势，是重要的潜在资源。该理论起源于商业部门，但很快被引入 NGO 研究。由于大部分 NGO 集中于社会服务领域，比企业组织更依赖组织内部治理结构、社会网络和外部资源，所以 NGO 研究对组织资本与组织社会资本的关注程度尤甚。即便一些没有直接使用组织资本与组织社会资本概念的 NGO 研究，实质上也在探讨"能力建设""信任""社会支持"等与两者非常相关的议题（如 Brown & Kalegaonkar，2002；Snavely & Tracy，2002）。但组织资本和组织社会资本的概念在经济学、管理学、社会学中仍存在较大争议，不同学派对组织资本和组织社会资本的构成要素始终未能达成共识，精梁验研究带来很大困难。尽管如此，近年来仍有不少学者尝试以定量或定性的方法研究 NGO 的组织资本与组织社会资本。

组织资本是对组织内部人力、工作、信息等要素的复杂匹配过程。如果从结构化的思路考察组织资本的构成要素，组织资本可以被分解为权力资本、制度资本与知识管理资本（如陈传明，1995；翁君奕，1999）。组织中的权力资源能够以科层制的方式，强制性地对组织中的人、财、物与信息进行支配，促使组织更加高效地运转。组织中的制度资源能够以规章制度、规则和流程等方式，使组织中的人、财、物与信息的流动有章可循。组织中的知识管理资源能够促进组织进行知识的创造、传播与交流，包括知识共享与创造的机制和氛围。

因此，以组织资本作为考察机构类型的标准，基层社区公共服务 NGO 大致可以划分为强专业化取向与弱专业化取向两类。前者能够依据服务内容，有针对性地调整组织内部的权力、制度和知识管理结构，使人、财、物和信息能够与服务相匹配；而后者可能依循一定的权力、制度和知识管理结构，但无法适应专业化服务的要求，难以充分实现人、财、物和信息的有效配置。

组织社会资本是对组织外部资源的获取与认知。组织社会资本脱胎于普特南对社会资本的定义："社会网络，互惠规范，相互的帮助和信任。"（Putnam et al.，2004：2）组织社会资本在 NGO 中表现为互惠关系的模式，可预期的信任关系，以及能够帮助机构获取诸如资金、志愿者等资源的网络。在组织社会资本的测量中，社会网络和行动是可被观察的结构性因素，而信任、规范等属于存在于行动者观念中的认知性因素。本研究认为两者均是组织社会资本的重要构成，共同影响组织社会资本的积累与实践。此外，社会网络可以分为水平结构和垂直结构两类。普特南认为水平结构的社会网络是形成社会资本的关键要素，而垂直结构的网络，无论它如何紧密或者多么重要，都无法支撑社会信任和合作的产生（Putnam，1993：174）。但对 NGO 而言，由于垂直结构的社会网络涉及 NGO 与政府之间的关系，其作用不可或缺（Woolcock & Narayan，2000：225－249）。

因此，以组织社会资本作为考察机构类型的标准，基层社区公共服务 NGO 大致可以划分为政府取向与民间取向两类。前者在结构性社会资本上主要依赖政府机构的资源，更多与具有政府背景的机构合作，在认知性社会资本上更容易与有政府背景的机构建立信任关系；后者在结构性社会资本上既与政府部门合作，也与其他专业服务机构和社区草根组织合作，在认知性社会资本上更容易与民间组织和社区居民建立信任关系。

根据以上线索，本研究梳理了与服务绩效相关的组织内部与组织外部两条影响路径。一是在组织内部通过权力、制度与知识管理的调整，实现与社会服务相匹配的专业化改造，即"专业嵌入"的路径；二是在组织外部通过发展垂直结构或水平结构的社会网络，并建立相应的信任与合作关系，即"组织植入"的路径。根据不同机构在这两条路径上的取向差异，可以按照图1所示的类型划分，区分出4种承接政府购买服务的机构类型。

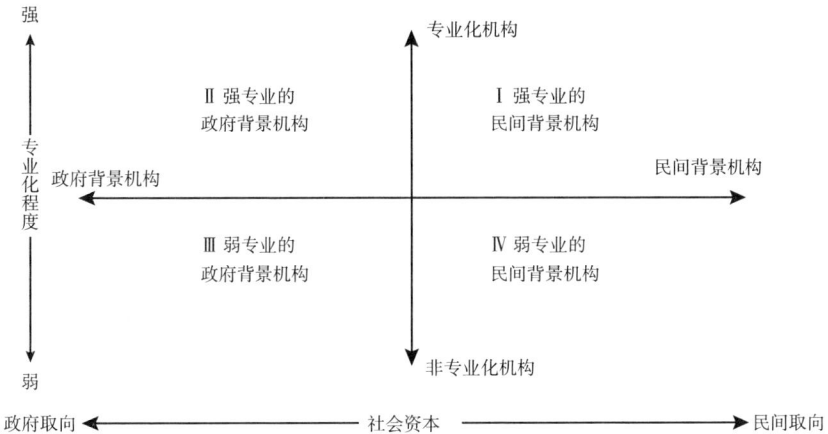

图1　基于专业取向与社会资本取向的机构类型四分图

作为一个具有类型学意义的分析框架，其有效性必须经过实践的检验。首先，政府背景或者民间背景既取决于机构的成立方式、主要负责人的身份背景，也取决于机构获取外部资源和建立合作与信任关系的行动取向。这比单纯依照机构法人身份、机构成立出资背景来定性分类更为准确。其次，尽管专业化程度与社会资本有较强相关性，但民间背景与专业化、政府背景与非专业化并不能混为一谈。在现实中，既有社区医疗卫生机构这样专业化较强的政府背景机构，也有社区群众组织这样专业化较弱的民间背景机构。

（二）研究方法

为了深入分析承接政府购买社区服务的社会组织在组织资本与组织社会资本上的复杂内容，本研究采取探索性研究策略，着重描述经验事实并揭示相应的因果机制。为配合该目的，本研究采取组织民族志（Organizational Ethnography）的方法搜集和分析经验资料。民族志方法主要被人类学运用，但近几十年中很多社会学家也开始采用民族志方法。其优势体现在两个方面。首先，组织民族志研究能够完整地反映组织日常运作的复杂性（Koot，1995）。在普通人看来，组织运作是各个部门按职责井井有条地进行的，不存在复杂性。事实上，这种复杂性隐藏在组织成员习以为常的日常行动背后，唯有充分地观察和体验才能察觉到那些盲点的价值（Ybema et al.，2009：1）。探索性研究的重点在于从观察和访谈中形成全面且有深度的洞见。其次，组织民族志方法强调周期较长的参与式观察，并且与被调查组织建立高度信任关系。组织社会资本所包含的要素散现在组织的各项活动中，截面式的调查不可能覆盖组织社会资本的各个方面，而且信任关系极大地影响经验资料的真实性。因此探索性研究比较适合采取组织民族志的方法。

本文所使用的资料，是笔者 2006～2014 年通过访谈、观察和文献搜集获得的，主要包括以下部分：一是对机构领导人及核心成员的访谈资料；二是对有合作关系的政府机构和非政府机构人员的访谈资料；三是与社区居民和社区草根组织成员的访谈资料；四是实地观察资料；五是相关文献档案。

三　研究背景与个案简介

（一）研究背景

上海在公共服务体制改革和发展社会组织方面均具有领先经验。早在1996 年，浦东新区就尝试将罗山市民会馆交由上海基督教青年会托管（杨团，2001）。自 2009 年起，上海在全市层面开展社区公益性质的政府购买服务实践（参见徐嘉良、赵挺，2013），开始将福利彩票的部分收入用于向社会组织购买社区公共服务。2009 年上海发布了《关于进一步加强本市社会组织建设的指导意见》，明确提出"建立政府购买服务机制。政府部门要将购买服务的资金列入部门年度预算，并逐步扩大购买服务的比例"。在 2011 年《上海市国民经济和社会发展第十二个五年规划纲要》中，亦将"改革基本公共服务提供方式，引入竞争机制，扩大购买服务，实现提供主体和提供方式多元化"作为公共服务改革创新的重要内容。2012 年，上海市民政局联合市质监局出台了国内首个关于公益服务项目评估的地方性标准《社区公益服务项目绩效评估导则》。

受到各项政策与资金的支持，近年来上海各类社会组织呈快速增长态势。截至 2012 年底，上海共有社会组织 10745 家，其中社会团体 3692 家，民办非企业单位 6913 家，基金会 140 家。社会组织净资产 280.86 亿元，年度总支出约占上海 GDP 的 1.3%，专职工作人员 15.8 万人，约占全市非农就业人口总数的 1.5%（肖春平、曾永和，2013）。根据市区两级政府公开的项目信息，自 2009 年至 2013 年 8 月末期间，共计有近 950 个采购项目，分别由 350 余家社会组织承担。通过初步的比较研究发现，市区两级政府更多通过公开方式招标，民间背景机构有较高比例最终中标；而街道一级基层政府购买服务项目，不仅参与竞标的社会组织数量较少，最终由民间背景机构中标的比例也尽在 1/8 左右。

基层政府在购买公共服务的实践中尚处于初试阶段，能够参与购买的社会组织不仅数量少，而且规模小，充分竞争的市场机制还未形成。但不少基层政府部门出于创新或利益驱动的需要，在没有相应民间组织的情况下，就仓促自主成立社会组织，并与之签订购买服务协议；或者把政府购买公共服务的合同直接交予下属的事业单位（罗观翠，2008）。这导致在基层政府购买公共服务时，政府背景机构与民间背景机构在一定时期内必然长期共存，构成了本文分析机构服务绩效的基础。

（二）个案简介

本研究选取位于上海中心城区 H 街道的两家社区服务社会组织作为个

案。由于两家机构处于同一个街道，在实施政府购买之初的硬件设施和服务内容非常接近，为进行长期的组织绩效跟踪研究提供有利条件。

个案 1 是 H 社区活动中心（简称"社区活动中心"）。社区活动中心最初是在 1999 年由 H 街道投资改建并负责管理的。在 2002 年末，经过双方协商，以议标方式签署协议，H 街道决定将活动中心委托 Y 社区服务管理中心进行管理。Y 社区服务管理中心是一家专门从事社区服务和社区管理的民办非企业单位，拥有经验丰富和较为专业的员工团队。根据合同规定，街道提供服务场地和设施，并负担员工基本工资和水电支出。由 Y 中心派出主要管理人员负责活动中心日常管理和服务提供。社区活动中心属于强专业的民间背景机构。

个案 2 是 H 社区文化活动中心（简称"文化活动中心"）。文化活动中心是响应市委宣传部的号召，在 2006 成立的综合性社区文化活动中心。该中心利用原街道办事处办公用房，各类活动设施齐备，装修豪华。中心是拥有独立法人资格的民办非企业单位，日常工作由中心主任负责管理，支出以及员工工资先由街道办事处垫付，年底向市政府申请专项资金。中心主要工作人员大多来自街道和各居委会，相关社区服务的专业化背景较弱。文化活动中心属于弱专业的政府背景机构。

在研究持续的 8 年时间里，不仅两家机构的负责人和街道相关主管领导有了变动，机构的服务内容和服务策略也发生了很大调整。而这些"组织进化"的现实资料为分析不同机构类型在政府购买服务中的内在逻辑提供了重要线索。

四 专业嵌入对政府购买服务的影响

（一）对专业自主性的探索

在社区活动中心成立之初，Y 中心仅派遣了 3 名全职人员到此工作，其余 5 名工作人员均为由街道聘任的辅助工作人员。在合作协议中并未对社区活动中心的服务项目进行详细的定性定量规定，仅模糊地要求能基本维持托管前的服务项目，因此在机构初创阶段日常服务项目仅包括老年茶室、社区老年学校、图书阅览等。当时社区活动中心在 H 街道拥有 3 个分散的服务点，仅老年茶室这样的日常服务项目就占去机构大量的人力资源。而从专业背景来看，Y 中心派出的工作人员除了具有一定的非政府组织管理经验外，并没有太多直接服务的专业技能。

自 2004 年起，受到旧城改造的影响，社区活动中心在老城区的 3 个服务点陆续关闭，仅剩 1 处使用面积约 600 平方米的新建三层活动场所。由街道聘任的辅助工作人员也减少到 2 人。尽管机构的日常服务项目减少至老年茶室、图书阅览等，但机构通过与专业社会工作组织以及社区草根组织合作，开始探索以项目带动更广泛范围的服务开展，扩大其在社区居民中的影响。

通过组织策划各类特色项目活动，社区居民能更为主动和自愿地参与，持续积累对机构的认可度和接受度。尽管一些活动可能因为各种原因，最终并不成功，例如，社区活动中心曾策划组织社区老年人赴南汇桃花节郊游的活动，由于活动的收费较高鲜有居民报名，而未能成行。但不断的项目创新，有助于发掘社区居民的需求，进而形成更具专业特色的品牌服务项目。例如，社区活动中心每年元旦和中秋的庆祝活动会吸引大量社区中老年居民参与，热闹的氛围常常让年轻人都自叹不如。而且社区活动中心还充分利用场地和人力资源，开发一些满足社区居民实际需求的服务项目，例如，连续数年开设低偿收费的儿童寒暑托和晚托服务项目，受到周边居民的欢迎。

此外，社区活动中心在多年的工作中培养了一批"铁杆"的顾客和社区居民志愿者。他们会通过自身的亲属、朋友和邻里网络宣传介绍有关中心的活动信息，并在中心的活动中起到组织和协作的作用。调查中接触到的几位志愿者大部分是社区中的离退休人员。他们有时甚至会拎着刚买回来的菜就到中心看看有没有需要帮忙的事情。在他们眼中社区活动中心就像是亲戚或者邻里的家一样，时常会来"串门"。而在举办大型活动时，他们更是尽心尽力地辅助工作人员。这批自发的社区志愿者构成了可靠的人力资源。

2011 年底，H 街道与 Y 中心重新签署委托管理协议，将机构更名为"社区生活指导中心"，并在中心一楼设置了五金维修、修鞋修伞的隔间，使机构的日常服务空间进一步压缩。面临外部资源的限制，Y 中心进一步增加派驻社区中心的工作人员数量，使中心工作团队具备更强的社会工作和心理学专业背景。在服务发展策略上，社区中心进一步尝试走进社区，上门为居民提供服务，并发展更为专业化的社区服务项目。例如，增加对社区内独居、空巢老人的探访和小组活动，并对社区精神病康复者及其家属提供专业服务。

总结而论，社区活动中心在 10 余年的发展时间中，专业化程度不断加强。组织的人、财、物资源能够更加聚焦于具有较高专业性的服务项目上，发挥了其他机构不可替代的作用。但从总体服务数量来看，由于场地不断缩减，像老年茶室、曲艺沙龙、老年学校等拥有较多服务人次的项目不得不被放弃。这也是该机构从综合型社区活动中心缩小为专门型生活指导中心的根本原因。

（二）利用外部资源弥补专业缺陷

2006 年，在对原有街道办公场地进行改造后，文化活动中心拥有了 5 层总计 3000 多平方米的室内空间，配备了各类专业设施的活动室 20 余间。在成立之初，文化活动中心的服务包括三个部分。一是由东方宣教中心和区教育局社区教育工作指导站分别在文化活动中心开设的社区学校培训课程。培训对象除了社区内的中老年人外，还面向青年和儿童。二是为社区内各居委会的特色群众文艺团体提供活动场地。三是日常开办的舞厅、老年茶室、乒乓和健身等服务项目。

由于文化活动中心的工作人员大多数不具备专业技能背景，除了舞厅、老年茶室、健身等低偿收费项目外，绝大多数文艺和教育类服务项目都是交由其他专业机构负责组织运行。

在文化活动中心成立的前三年时间里，东方宣教中心承担了文化活动中主要的文艺表演和培训项目。东方宣教中心是由市委宣传部创办的宣传教育服务机构，旨在推进社会化宣传教育活动。文化活动中心是东方宣教中心在 H 街道唯一的合作机构，开设了啦啦舞训练课程等多个专业培训项目，并举办多次有关城市精神文明、市民生活知识的专题讲座。这些培训和讲座活动不需要中心支付任何费用，只需要中心及时反馈活动开展情况并提出意见和要求。

此外，文化活动中心还与区教育局设立的社区教育工作指导站开展合作，由工作指导站派出教师在文化活动中心开设各项特色培训课程。目前指导站已经在文化活动中心开设了声乐、绘画、书法、初中级电脑培训、工艺制作等 20 多项培训课程，参加这些培训的社区居民已有数千人次。由于社区教育工作指导站有自身的经费预算，培训课程不需要中心支付任何费用。

为了进一步盘活中心剧场等文艺演出场地资源，2008 年底文化活动中心委托某文化艺术传播公司负责各类文艺演出的组织联络工作。该公司依托自身的文化资源、专业优势，在数年时间里组织了百余场演出，包括各类沪剧、评弹、茶道、滑稽、特技、音乐会等，受到社区居民的欢迎。

经过 8 年多时间的发展，文化活动中心进一步扩展服务项目，通过引入外部资源，在中心新增了东方信息苑（网吧）、心理咨询室、幼儿亲子园等专业服务项目，发展出总计 20 余项文艺、教育、健身服务项目，年服务超 10 万人次。

总结而论，尽管文化活动中心自身不具备社区文艺、社区教育方面的专业优势，但通过与其他专业机构合作，充分发挥社区文化活动的平台作用，弥补了自身在专业上的不足。而这种合作模式得以稳定开展，一方面是缘于街道无偿提供的优质设施资源，另一方面也得益于机构的政府背景。

五　组织植入对政府购买服务的影响

（一）基于"协商－互惠"的组织社会资本

对社区活动中心而言，委托管理模式首先要解决的就是组织植入的问题。在垂直结构上，社区活动中心虽然接受 H 街道和 Y 中心的双重管理，但实际能从两个组织获得的外部资源相当有限。Y 中心虽然会派出主要管理人员，每年也会安排一两名工作人员轮岗到社区活动中心工作，但给予社区活动中心的资金和设施非常有限，仅限于少量慈善捐款和文体活动设备。而 H 街道虽然也会派人对社区活动中心进行日常监督，但大多数情况下街道并不会为社区活动中心提供额外的帮助。除了在中心一楼新辟出生活服务隔间外，在数年时间里街道从未对社区活动中心进行过大规模改造或添置设备。

为弥补垂直结构上社会资本的不足，社区活动中心只能想方设法在水平结构上发展合作关系。在接管后的头几年时间里，社区活动中心虽然努力与附近居委会保持良好关系，但双方合作总体上相当有限。在调查中，部分居委会干部对社区活动中心的管理有较大的反对意见。他们认为社区活动中心既然是街道提供活动场地和大部分经费的，没有理由交给社区以外的人员来进行管理。他们对中心的管理也存在不信任，认为交给民间组织进行管理可能改变社会服务的公益性质。他们对社区活动中心的批评并不针对服务质量或服务内容，而集中在对于中心外来者身份及服务收费等问题上。

受此影响，社区活动中心更多与民间草根组织开展合作，与赵派越剧沙龙、扬子江合唱团、老年自行车队和摄影爱好者协会都建立了密切合作。这类草根组织通常由社区居民自发组织，很少带有街道或者居委会的背景。此外，社区活动中心还与当地侨联、台联等准民间组织有合作关系。这些组织对中心管理人员和员工诚恳热情的态度有比较好的印象，促使双方合作关系不断加深。在访谈中越剧沙龙负责人提到：

　　　　我们与社区活动中心的合作已经有三年时间了。最开始的时候我们苦于没有固定的活动场地，常常在公园里举办一些活动，条件相当有限。而我们很难找到政府部门提供场地设施支持我们的活动。通过别人介绍在与社区活动中心主任接触以后，她很热情地帮助我们安排时间场地进行活动。每次在社区活动中心搞票友会或者联欢活动时，总有近百名成员参加，中心有时还提供简单的午餐，只收很少的费用。

在认知性社会资本上，社区活动中心倾向于和民间草根组织合作，而对与政府开展合作存在疑虑。中心负责人认为政府部门固然拥有非常雄厚的资源，但一些政府部门在合作中比较追求短期的社会影响和施政功绩。民间机构唯有努力起到"绿叶"的作用，强调政府部门的主导地位，才能避免与政府部门产生冲突。相对而言，民间草根组织在组织能力和活动领域上与中心比较接近，双方可以在"协商－互惠"的基础上决定合作方式。在实践中，中心的领导和员工重视在日常工作中与草根组织和社区居民保持较多的信息交流，了解他们的需求和意见，寻觅潜在的合作机会。例如，中心主任通过一位参与活动的青年白领了解到有一个通过网络论坛召集的民间志愿者组织，曾与民工子弟学校等机构合作举办过几次志愿服务活动。中心主任设法建立了联系，并与这个志愿者组织合作开展了两次活动。第一次活动是组织网络志愿者团体的成员前往一家敬老院从事志愿服务活动。第二次活动是以这个团体的成员为主干在中心举办了青年联谊活动。这两项活动在实施后均收到很好的反响，这个网络志愿者组织也和中心建立了长期合作关系。

但是，基于"协商－互惠"的组织社会资本也存在自身无法克服的问题。一是"协商－互惠"很难为组织带来资金、设备等机构发展必需的实物资源。曾经有多家保健品公司尝试与社区活动中心联系，希望借场地开设老年保健产品讲座，但中心负责人考虑到潜在的风险，都拒绝了类似的合作建议。而与其他民间组织的合作往往都不能带来明显的经济利益。二是"协商－互惠"更多依赖于组织负责人个人的社会网络，难以转化为组织的共享知识。在社区活动中心第一任主任年满退休后，几个过去常常合作的民间组织都减少了与社区活动中心的联系，使中心的部分项目停止了活动。

（二）基于"权力－控制"的组织社会资本

相比于社区活动中心，文化活动中心在组织植入方面的压力要小得多。在成立之初，文化活动中心采取街道直接管理的方式，名义上是独立的民办非企业单位，但各项工作的开展仍依赖于街道。街道为文化活动中心提供服务场地和设施，完全承担员工的工资支出，及全额的水电和维修费用，还出资聘请专业的物业公司负责整个中心的清洁和安保。为配合文化活动中心的工作，街道经常将各部门组织的活动放在文化活动中心举办。

除了直接投入以外，街道还为文化活动中心提供与其他带有政府背景的组织的合作机会，使其拥有更有利的外部合作资源。例如东方宣教中心这样的有较强政府背景的组织，不仅拥有充足的资金支持，在市区有广泛覆盖，还充分利用规模效应和自身较为"正统"的身份，吸纳大量志愿者参与活动。为了统一协调，方便管理，机构通常采取由当地提供场地，机构派出人员的模式。文化活动中心之所以能够成为东方宣教中心的一个社区合作点，主要是因为它们同属于政府宣传文化系统的分支机构，组织类型比较相近，更容易建立信任关系。

此外，文化活动中心与各居委会有更紧密的联系。部分是因为中心第一任主任以前是其中一个居委会的党支部书记，与其他居委会干部有比较好的个人关系，文化活动中心街道管理背景也容易获得居委会干部的认同。各居委会通常会帮助文化活动中心宣传和发动居民参加中心组织的活动，中心也比较乐意为各居委会提供活动场地。各居委会组织和创办的如腰鼓队、拳操队等群众组织也与文化活动中心有良好合作关系，经常利用文化活动中心的场地开展活动。而当文化活动中心有一些精彩演出节目时，也会优先通过居委会发动居民骨干前来观看。

在认知性社会资本上，文化活动中心更倾向于与政府以及有政府背景的组织发展合作关系，双方可以按照"权力－控制"范式严格安排双方在合作中的权利和义务。中心负责人认为与政府以及有政府背景的组织合作能够保证合作的正规性，也可以请街道在政府系统内进行协调和统筹。而且与这类组织合作通常在经费上有充分保障，不必为合作付出更多资源。而民间草根组织的组织能力较弱，与它们合作在经费和管理上都得不到保障。虽然文化活动中心不排斥与草根组织的合作，但这类合作一般处于较低层次，不涉及财务关系。

近年来，随着各类社会组织的自主性不断提升，"权力－控制"范式在跨组织合作中越来越不受欢迎。尤其在由某文化艺术传播公司接管文化活动中心文艺演出项目后，更多开始利用市场机制，寻找一些受到社区居民欢迎的文艺演出项目，并且以有偿、低偿收费的方式保障文艺演出的档次与水平。而街道在对文化活动中心的支持方面，也不再是大包大揽。除了一些必要的宣传展示需要，街道更多鼓励文化活动中心能够利用场地与设施优势，实现自负盈亏。

六　结论与讨论

通过对 H 街道社区活动中心和 H 街道社区文化活动中心在 8 年多时间里组织发展历程的比较，本文从"专业化程度"和"组织社会资本"两条路径分析了机构类型对政府购买社区公共服务绩效的影响机制，呈现和解读了社区公共服务中异常复杂的组织生态。本文的研究结论如下。

（1）在社区公共服务中，强专业背景有助于个别服务项目的质量提升，但对服务总量的增加效果有限。除了管理和规划等宏观技术外，社区公共服务大多对专业化要求较低。像社区活动中心这样专业背景较强的机构，除了能提升组织资源的使用效率，提供诸如老年小组社会工作服务、精神病康复者服务等专业性较强的服务外，专业背景对大多数基本社区服务项目的增值效果相对有限。

（2）在"强国家弱社会"的背景下，政府背景的机构有更大可能获得来源于政府以及其他有政府背景组织的外部资源，显著增加服务总量。为了实现各类政治社会目标，各级政府部门及其相关机构拥有民间组织无法匹敌的物质资源和专业资源。像文化活动中心这样政府背景较强的机构，能够充分动员"体制内"的资源，发挥基层平台作用，从而成倍增加服务项目，弥补机构自身专业缺陷。而像社区活动中心这样民间背景的机构，难以获得与政府部门以及有政府背景组织的合作机会，而与其他民间机构的合作也不能为机构发展带来稳定可靠的外部资源，构成机构发展难以逾越的瓶颈。

（3）基层政府作为社区公共服务的购买方，出于自身利益和工作目标的考量，并不能完全履行好社区公共服务"掌舵者"的角色。社区公共服务本质上是为了满足社区居民的需求，提升社区居民在文化生活方面的福祉。但在"政治竞标赛"体制下，基层政府官员更多将上级关注的工作指标作为重点，而对非量化考核项目投入非常有限（陈潭、刘兴云，2011）。基层政府官员往往会选择那些容易产生媒体和政治影响力的公共服务项目重点投入，而对具有难度的深层次社区服务难题避而远之。而正是像社区居家养老服务、精神病社区康复等见效慢、投入大的项目，才更需要专业化的社区公共服务支持。因此，在基层政府对社区公共服务的选择偏好一定程度上构成了社区公共服务专业化的发展障碍。

（4）如果将民主、公平等价值列入社区公共服务的绩效指标，民间背景机构对增加社区总体性社会资本发挥着更重要的作用。社区公共服务的绩效评价不仅需要关注经济、效率、效益（3E）等成果导向的指标，也需要重视民主、公平等价值导向的指标（David，2012：11 - 13）。从总体性社会资本考虑，一个具有更为紧密厚实社会网络，民间草根组织充分发展的社区，比仅依靠政府管理垂直网络的社区更具有实现社会善治的空间。民间背景机构遵从"协商 - 互惠"的互动规范，不仅能在社区草根组织和社区居民中建立较高的信任程度，也能为民间机构和群众团体的发展提供支持。而政府背景机构的服务项目更接近政府与市场体制的运行逻辑，从长远看，不利于社区居民市民精神和自组织意识的培养。

在全面深化改革的背景下，社区公共服务的发展也进入攻坚阶段。要充分释放政府购买服务的改革红利，不仅需要完善购买服务程序和评估的相关制度，还需要将社区公众参与纳入购买服务实践的各个环节上。

首先，完善政府购买社区公共服务的程序，引入独立的第三方评估，形成竞争性购买，将有助于机构破解"组织植入"难题。在现有的政府购买服务实践中，费随事转、项目发包等非竞争性的购买方式还比较普遍（肖春平、曾永和，2013），而在公开招标中对于服务内容的要求也过于粗略，难以体现绩效评价的要求。这导致民间背景机构在与政府背景机构的竞争中处于不平等地位，也使民间背景机构在开展服务过程中难以获得必要的资源支持。因此，细化竞争性的购买程序，引入专业的第三方机构实施事前、事中、事后评估（赵环等，2014），是保障民间背景机构与政府背景机构的平等竞争地位，明确政府部门与社会组织权利义务关系的重要保障。

其次，充分吸收居民意见，及时反映服务使用者对政府购买服务项目的使用评价，将有助于推进社区公共服务的"专业嵌入"。当前政府购买社区公共服务大多由政府部门根据自身选择偏好，为社区居民进行代理选择。但这种"代理人选择"的方式存在代理人滥用权力，以及居民实际需求和使用评价信息不对称的问题。这就需要政府购买服务实践中每一个参与者，包括政策制定者、机构负责人、服务提供者、直接和间接的服务使用者都参与到对于服务项目的选择和评价过程中（Beresford & Croft，1993：67）。一旦居民作为服务使用者能够在购买服务中有更大的决策权，一些专业化、高质量的服务自然能够在竞争中脱颖而出，进而推动社区公共服务的专业化发展。

参考文献

埃莉诺·奥斯特罗姆，2012，《公共事物的治理之道：集体行动制度的演进》，余逊达、陈旭东译，上海：上海译文出版社。

陈传明，1995，《比较企业制度》，北京：人民出版社。

陈潭、刘兴云，2011，《锦标赛体制、晋升博弈与地方剧场政治》，《公共管理学报》第2期。

范明林，2010，《非政府组织与政府的互动关系——基于法团主义和市民社会视角的比较个案研究》，《社会学研究》第3期。

范明林、程金，2007，《核心组织的架空：强政府下社团运作分析》，《社会》第5期。

韩俊魁，2009，《当前我国非政府组织参与政府购买服务的模式比较》，《经济社会体制比较》第6期。

李友梅，2006，《民间组织与社会发育》，《探索与争鸣》第4期。

李珍刚，2004，《当代中国政府与非营利组织互动关系研究》，北京：中国社会科学出版社。

罗观翠，2008，《政府应向谁购买社会工作服务》，《中国社会导刊》第1期。

王名等，2001，《中国社团改革——从政府选择到社会选择》，北京：社会科学文献出版社。

翁君奕，1999，《企业组织资本理论》，北京：经济科学出版社。

肖春平、曾永和，2013，《上海：探索完善政府购买社会组织服务机制》，《中国社会组织》第10期。

徐嘉良、赵挺，2013，《政府购买公共服务的现实困境与路径创新：上海的实践》，《中国行政管理》第 8 期。

杨团，2001，《社区公共服务设施托管的新模式——以罗山市民会馆为例》，《社会学研究》第 3 期。

姚华，2013，《NGO 与政府合作中的自主性何以可能——以上海 YMCA 为个案》，《社会学研究》第 1 期。

张紧跟、庄文嘉，2008，《非正式政治：一个草根 NGO 的行动策略——以广州业主委员会联谊会筹备委员会为例》，《社会学研究》第 2 期。

赵环、严骏夫、徐选国，2014，《政府购买社会服务的逻辑起点与第三方评估机制创新》，《华东理工大学学报（社会科学版）》第 3 期。

朱健刚、陈安娜，2013，《嵌入中的专业社会工作与街区权力关系：对一个政府购买服务项目的个案分析》，《社会学研究》第 1 期。

Beresford, Peter & Suzy Croft. 1993. *Citizen Involvement*: *A Practical Guide for Change*. London：MacMillan Press.

Brown, L. David & Archana Kalegaonkar. 2002. "Support Organizations and the Evolution of the Nonprofit Sector." *Nonprofit and Voluntary Sector Quarterly* 31 （2）：231 – 258.

David, N. Ammons. 2012. *Municipal Benchmarks*：*Assessing Local Performance and Establishing Community Standards* （3rd ed. ）. London：SAGE publications.

Kogut, Bruce & Udo Zander. 1996. "What Do Firms Do？ Coordination, Identity and Learning." *Organization Science* 7 （5）：502 – 518.

Koot, W. C. J. 1995. *The Complexity of the Everyday*：*An Anthropological Perspective on Organizations*. Bussum：Coutinho.

Putnam, Robert D., Lewis M. Feldstein, & Donald J. Cohen. 2004. *Better Together*：*Restoring the American Community*. New York：Simon & Schuster Press.

Putnam, Robert D. 1993. *Making Democracy Work*：*Civic Traditions in Modern Italy*. Princeton, NJ：Princeton University Press.

Rummery, Kirstein. 2006, "Partnerships and Collaborative Governance in Welfare：The Citizenship Challenge." *Social Policy & Society* 5 （2）：293 – 303.

Snavely, Keith Snavely & Martin B. Tracy. 2002. "Development of Trust in Rural Nonprofit Collaborations." *Nonprofit and Voluntary Sector Quarterly* 31 （1）：62 – 83.

Woolcock, Michael & Deepa Narayan. 2000. "Social Capital：Implications for Development Theory, Research, and Policy." *The World Bank Research Observer*, vol. 15.

Ybema, Sierk et al. 2009. *Organizational Ethnography*：*Studying the Complexity of Everyday Life*. London：Sage.

《社会学刊》第 2 期

第 135～152 页

© SSAP, 2019

功能适应与空间错配：以社区老龄化
宜居为例[*]

夏　彧　李　煜[**]

摘　要： 社区是当前我国养老服务体系的重要环节。在人口老龄化的趋势中，发展老龄人口宜居社区的重要性日益凸显。社区老龄化宜居程度包括社区养老设施便利度（硬件）和社区为老服务可及性（软件）两个维度。基于"上海社区研究"（SCS）社区调查数据，本文分析了社区老龄化宜居指数与社区老龄人口规模的匹配，以及老龄便利设施与社区为老服务的软硬件均衡关系，并进一步讨论了四类均衡匹配关系的社区间差异。研究发现，社区老龄化宜居程度受社区总人口规模影响，并未依据社区老龄人口比例配置资源。本文认为，当前上海社区老年人养老需求与社区提供的软硬件服务设施存在空间错配，社区服务与设施配置布局呈现行政导向的低水平均等化配置。

关键词： 老龄化宜居　生活便利性　社区居家养老　社区为老服务

---

* 本文为"上海居民小区的空间结构、社会结构与居住满意度研究"的一项成果，该项目由同济大学高密度区域智能城镇化协同创新中心及上海同济城市规划设计研究院（China Intelligent Urbanization Co-Creation Center for High Density Region & Shanghai Tongji Urban Planning and Design Institute）资助。

** 夏彧，华东师范大学国家教育宏观政策研究院博士后；李煜（通信作者），复旦大学社会学系教授，li. yu@ fudan. edu. cn。

一 引言

随着预期寿命的延长，人口老龄化现象对城市公共服务的资源配置提出了新的要求。截至 2016 年底，上海 60 岁及以上老龄人口的数量已经达到 457.79 万人，占总人口的 31.6%，比 2015 年新增加 21.84 万人。[①] 与老龄人口比例不断上升相伴随的，是传统家庭养老功能急剧下降，社会养老需求上升。在以居家为基础、社区为依托、机构为补充的多层次养老服务体系中，社区正在成为养老服务体系的中枢环节。

当前中国城市社区居家养老服务中，需求得不到满足与服务得不到充分利用现象并存。一方面，社区居家养老服务供给跟不上老年人的需求；另一方面，已有服务利用率不高。本文试图从空间错配视角分析上海城市社区中养老设施和服务配置的供求失衡现象。通过将空间特征引入新古典经济学的供求关系分析，空间错配解释认为资源和需求的空间错配造成了资源配置效率的损失。

老年人在城市不同社区中不均匀分布这一事实构成了空间错配解释的基础。我们的第一个研究问题是：社区的老龄便利设施和为老公共服务的空间分布状况如何？即社区老龄化宜居程度在总量上供给是否充分供应、满足老龄人口的需求？我们将从社区养老设施便利度和社区为老服务可及性，即社区老龄化宜居程度的硬件和软件两个维度来分析社区养老设施和服务的配置在不同社区间的充分性。

近年来，随着城市空间迅速扩张，居民和产业向外城和郊区搬迁，优质教育、医疗、养老等公共服务过度集中于内城，带来城市内公共服务设施空间错配。这种由城市化进程带来的空间不平衡，既降低了公共品供给的效率、损害居民生活质量，也带来不同社区间居民的公平性问题（张英杰等，

[①] 数据来源：上海养老网，《2016 年上海市老年人口和老龄事业监测统计发布》，http://wx.shanghaiyanglao.com/Detail/index/id/11929？from＝groupmessage。

2014）。在这个背景下，我们进一步分析目前社区老龄化宜居现状离基础公共服务均等化的目标还有多远。换句话说，在什么样的社区中老龄设施布局需要优化、社区的宜老性需要增强？社区中的老龄宜居软硬件供应是否均衡匹配？

　　本文的结构如下：第二节对社区居家养老相关文献进行梳理；第三节建构社区老龄化宜居程度的测量指标；第四节分别报告社区老龄化宜居的充分性和软硬件均衡性的回归分析结果；第五节对全文进行总结并提供相关的政策建议。

二　文献回顾

（一）社区居家养老的供求失衡：现象与解释

　　尽管传统家庭养老功能急剧下降，我国城市老人养老意愿依然是以住在自己家中的居家养老为主（罗楠、张永春，2012）。而社区居住环境对于老年人能否继续独立地生活在社区中会产生显著的影响（李斌，2010；王琼，2016）。一方面，居住环境的好坏会直接影响老年人的居家养老意愿；另一方面，老年人住所设施及住所周边环境和服务条件，也会在一定程度上影响老年人居家养老的质量和时间（王莉莉，2013）。因此，提高社区的老龄化宜居程度，需要提供有效的社区居家养老服务。

　　然而，大量研究指出：当前中国城市社区居家养老服务中，需求得不到满足与服务得不到充分利用现象并存。一方面，城市老年人社区居家养老服务需求较高，然而需求被满足的程度较低，社区居家养老服务供给跟不上老年人的需求；另一方面，大量服务和设施利用率低于预期。社区居家养老服务需求、供给、利用三者间往往出现不相匹配的问题（周元鹏、张抚秀，2012；杜鹏等，2016；王琼，2016；林文亿，2015）。对于这一现象，已有研究从供需双方的价格、内容以及渠道等角度展开分析。第一，受老年人的节俭观念、为子女着想等传统观念影响，以及老年人自身购买力的限制，市场化社区养老助老服务消费对于大部分家庭来说难以承受（何纪周，2004；王琼，2016）。第二，政府购买养老服务的经费投入少、缺乏制度化的预算安排等因素导致养老服务供给不足（张艳芳，2016）。第三，政府或市场等服务提供方对养老服务需求了解不足，未能注意到服务需求的群体间差异，其服务类型或品质无法满足老龄人口的差异化需求。目前，由政府提供的社区居家养老服务主要针对生活特别困难的"三无"、"五保"、低收入、生活不能自理的弱势贫困老人，服务目标单一的结果是，在局部出现服务过剩的同时，对于家庭经济条件尚不足以从市场上购买服务，又不属于弱势贫困群体的老年人群的社区居家养老服务存在供给不足（丁志宏、王莉莉，2011；王莉莉，2013；曹昱亮等，2017）。第四，社区养老服务递送机制不足，缺乏针对个体差异的精准递送，居民对服务知晓度不高，也是导致社区居家养老服务存在供给与利用不相匹配的原因（陈岩燕、陈虹霖，2017）。

上述研究从供需双方与服务渠道等不同学科视角对社区居家养老服务中的供需失衡现象加以分析。这些分析或着眼于宏观尺度，或假定一个城市内部社区养老需求均匀分布。事实上，伴随城市化进程，老年人不等比例地分布在城市不同空间位置；社区老龄公共资源的配置具有一定的空间特征。因此，本文将从空间视角讨论社区养老设施与服务的均衡配置问题，提出社区老龄化宜居的空间错配解释。

（二）城市化进程中老龄基础公共服务设施均等化：空间错配解释

空间错配是指资源和需求在空间分布上的错位。空间错配理论最初用于解释城市化进程带来劳动力市场的供需错配现象（Kain，1968，1992）。二战之后欧美城市相继出现占优势地位的群体与就业机会一同向郊区迁移的现象。空间错配假说认为，这种与城市空间扩张相伴的郊区化进程导致低收入群体邻近就业机会减少、通勤和生活成本增加，就业机会和劳动力居住地的职住空间不匹配是城市社区贫困集聚程度上升的主要原因。经验研究中，空间错配理论被广泛应用于职住平衡（柴彦威等，2011）、城市内部公共设施配置（郑思齐等，2017）、区域之间土地等资源与人口结构匹配（陆铭，2017）等研究中。这些研究的共性是将空间特征引入新古典经济学的供求关系分析，认为资源和需求的空间错配造成了资源配置效率的损失。

社区居家养老服务中的供需失衡问题，同样存在资源和需求的空间错配。首先，上海老年人不等比例地居住在城市不同区位、不同类型的社区中（陈杰、郝前进，2014）。上海各街镇 60 岁以上户籍老龄人口密度分布具有中心城区—近郊区—远郊区县递减的空间分布特征（于一凡等，2016）。相对而言，内城区域以及建筑时间较早的社区中，老龄人口集聚程度更高。其次，近年来随着城市空间迅速扩张，居民和产业向外城和郊区搬迁，居住重心外迁的过程加剧了老龄人口的不均匀分布。在人口外迁的同时，优质教育、医疗等公共服务过度集中于内城，带来城市内公共服务设施空间错配。这种城市化进程带来了空间不平衡，既降低公共品供给的效率、损害居民生活质量，也带来不同社区间居民的公平性问题（张英杰等，2014）。公共服务供给的不均等通过影响房价，进一步加剧社区间的不平等（陈淑云、唐将伟，2017；孙伟增等，2015）。当老龄人口不均匀地分布在城市不同空间位置，而老龄服务设施没有与之匹配时，就可能发生空间错配现象。

目前，从空间结构视角讨论社区公共养老服务资源配置的研究局限于描述地区间差异，缺乏对于城市内部不同类型、区位的分析。易成栋等（2016）分析了不同区域和城市层级社区老龄宜居环境和服务的差异。丁志宏和王莉莉（2011）报告了社区居家养老需求的城乡差异和地区差异。

然而，研究发现"小区"是更接近老年人实际活动范围的空间尺度。老年人日常活动遵循"场地就近原则"，呈现以自家为中心的距离衰减空间结构，多集中在离家 0.5 千米以内，只有极少的休闲娱乐活动和购物活动在社区外进行（张纯等，2007；周洁、柴彦威，2013；于一凡、贾淑颖，2015）。因而，需要以更符合老人实际活动范围的空间尺度即小区为单位分析老龄资源的空间配置。

以社区为空间尺度的研究目前主要基于小样本的个别社区间比较。已有研究包括对里弄、公房和新建商品房与保障房（于一凡等，2016）、单位社区（谷志莲、柴彦威，2012）和健康住宅试点工程（仲继寿等，2013）等典型居住模式进行个案比较，缺乏针对一个城市内部以居住小区为空间尺度对老龄化宜居社区的设施与服务进行量化分析的研究。

"上海社区研究"以居住生活的小区为分析单位，调查收集了小区的人口结构信息、老龄便利设施与为老服务的各类测量信息，使我们得以从小区这一更接近老人实际活动范围的空间尺度观察社区老龄化宜居程度。比以往研究更进一步，我们在社区老龄化宜居指标中同时包含社区养老设施便利度和社区为老服务可及性两个维度。对于老龄人群，社区软硬件设施服务都是社区居家养老的实际需求。硬件设施的配置在社区规划建设完成之后相对保持稳定，而软件服务更可能随需求变化而调整，因而对于不同区位和不同建成时间的小区，了解软硬件之间是否均衡，有助于提高公共养老资源配置的效率。

接下来实证分析部分，首先，我们通过建构社区老龄化宜居指数，分析社区老龄化宜居程度与老龄人口需求的供需匹配关系；其次，我们将社区老龄化宜居的软件和硬件均衡匹配模式进行类型化，对不同类型、不同区位的社区中宜老设施和为老服务的软硬件均衡性和供给充分性做出评价。

三　空间错配视角下的社区老龄化宜居指标建构：供需匹配与空间均衡

（一）测量指标与描述统计

在供需匹配分析中，我们从社区养老设施便利度（硬件）和社区为老服务可及性（软件）两个维度构建社区老龄化宜居指数。硬件部分涉及老年文化活动设施、周边医疗设施、活动设施场馆、养老院等；软件部分包括老人日托服务、居家养老服务、文化娱乐活动等维度。分别对软硬件得分进行标准化后加总得到社区老龄化宜居指数。为观察社区老龄化宜居程度与社区老龄人口需求的匹配关系，我们将核心自变量设定为社区60岁及以上老龄人口比例和社区60~79岁低龄老年人口比例。我们认为，60~79岁低龄老年人相对80岁及以上的高龄老年人更可能频繁使用本社区的老龄宜居设施与为老服务，因而对这一群体单独进行分析。

在软硬件均衡匹配分析中，我们根据老龄化宜居的软硬件维度，定义了均衡匹配标准。首先，分别用老龄化宜居的软件和硬件得分对社区老龄人口规模进行回归，将拟合线上下一个标准差以内定义为中度供给，以上为高度供给，以下为低度供给（如图1所示）。其次，我们将软硬件与老龄人口规模相匹配的中度或高度供给定义为"供给充分"，将软硬件供给规模在相同水平定义为"软硬件均衡"，据此将被调查的277个社区划分为以下四类：不均衡不充分、均衡不充分、充分不均衡、均衡且充分。核心自变量为社区区位与社区类型。

具体指标及其操作测量如表1所示。

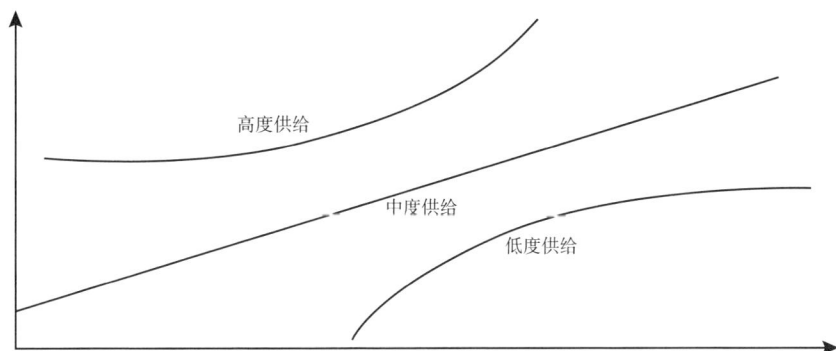

图1　社区老龄化宜居供给水平分析示意

表 1　主要变量的操作测量

变量	操作测量
因变量：社区老龄化宜居指数	
社区养老设施便利度（硬件）	老年文化活动设施（本小区内社区文化中心、图书馆或老年活动中心数量） 周边医疗设施（周边社区内有二/三级医院，15 分钟内到社区卫生中心或小区内有医务室记 1 分） 活动设施场馆（小区内有无户外公共活动场地，户外健身器材或运动场馆，有一类记 1 分） 养老院（小区内或周边小区内有无养老院）
社区为老服务可及性（软件）	小区内有无老人日托服务 小区内有无居家养老服务（如送餐、购物、助医等） 文化娱乐活动（小区内有无广场舞协会或自发广场舞：有广场舞记为 1，协会活动每周数次或每年自发广场舞记为 2）
因变量：软硬件均衡匹配	不均衡不充分，均衡不充分，充分不均衡，均衡充分
自变量	
社区老龄人口比例	社区 60 岁及老龄人口数除以总人数
社区低龄老年人口比例	社区 60～79 岁老龄人口数除以总人数
社区类型	居民小区属于以下哪种类型？合并为以下四类：旧式里弄，老公房，2010 年前商品房，2010 年后商品房
社区区位	居民小区所在地段是哪里？内环以内，中内环之间，中外环之间，外环以外
控制变量	
社区总人口规模	小区目前有多少人口
社区社会经济地位	根据社区居民的教育、职业、职务分布计算因子得分
主客结构	根据社区成员是否为本地人及户籍情况区分为本地人居多，外地人居多，（有户口的）新上海人为主，本地人外地人相当，无户口的外地人居多四类
房价	本小区 2015 年的平均成交房价

变量的描述统计如表 2 所示。其中，50% 的社区为软硬件不均衡不充分，11% 的社区中社区养老设施便利度和社区为老服务可及性水平相当，但总量不足；19% 总量充足却存在软硬件不均衡现象；而老龄化宜居均衡且充分社区仅占 20%。

表 2　主要变量的描述统计（N = 277）

变量名	均值/比例	标准差
社区老龄化宜居指数	0.07	4.32
社区养老设施便利度（标准化）	0.13	2.44
社区为老服务可及性（标准化）	− 0.06	2.89
社区老龄人口比例	0.29	0.17
社区低龄老年人口比例	0.22	0.14
社区总人口规模（人）	1710	2185
房价（万元/平方米）	5.20	2.42
社区社会经济地位	0.07	1.07
土客结构		
本地人居多	0.81	
新上海人为主	0.05	
本地人外地人相当	0.03	
无户口的外地人居多	0.11	
社区类型		
2010 年前商品房	0.50	
旧式里弄	0.11	
老公房	0.19	
2010 年后商品房	0.20	
社区区位		
内环以内	0.46	
中内环之间	0.28	
中外环之间	0.10	
外环以外	0.16	

续表

变量名	均值/比例	标准差
社区软硬件均衡匹配		
不均衡不充分	0.50	
均衡不充分	0.11	
充分不均衡	0.19	
均衡且充分	0.20	

（二）分析模型

在社区老龄化宜居程度与老龄人口需求的供需匹配关系的分析中，由于因变量"社区老龄化宜居指数"为连续变量，我们采用一组多元线性回归进行分析。在软硬件均衡匹配模式分析中，因变量为类别变量，故本文采用多项逻辑斯蒂回归（mlogit）模型进行统计分析。

四　上海城市社区老龄化宜居现状

（一）数据

本文所用的资料，来自"上海居民小区的空间结构、社会结构与居住满意度研究"（简称"上海社区研究"，Shanghai Community Survey，SCS）。该项目第一期由复旦大学社会转型研究中心与同济大学城市与社会研究中心合作发起，项目负责人为复旦大学刘欣教授，学术咨询委员会主任为同济大学周俭教授。项目综合运用传统的抽样调查方法和新兴的大数据技术，系统收集居民小区、家庭和居民层次的信息。居民小区层次的调查采用了四种方式收集资料，包括到居民小区现场观察并填写观察问卷，绘制居民小区地图，居民小区知情人（居委会成员、物业管理人员、保安、居民代表）参加座谈会并填写访谈问卷，以及从网络数据抓取居民小区及周边社区有关信息；于 2016 年 7 月至 2017 年 7 月完成。对居民小区的抽样，以街（镇）、居委会 GIS 和人口作为辅助信息，以多阶段 PPS 方式抽取了除崇明县以外各区的 30 个街镇 120 个居委会，其中，每个街镇抽取 4 个居委会，每个居委会的居民小区全部入样。最终成功调查了 119 个居委会的 382 个居民小区。经筛选后有效样本为 277 个小区。

（二）供需匹配分析：社区间已达到养老服务总量均等，未实现老龄居民的个体均等

分析发现，当前上海社区的宜老服务与设施配置布局呈现行政资源分配影响下的总量均等化配置；不论是社区老龄化宜居程度，还是单独观察软件或硬件维度，社区养老资源的分布均受社区总人口规模影响，而不是依据社区老龄人口比例配置资源。

总量均等的原因在于社区老龄化宜居软硬件的配置过程。在硬件方面，当前中国城市公共服务设施基本按照"千人指标"进行均匀配置。千人指标指的是在居住区规划设计中，以每千居民为单位规划配置各项公共服务设施的建筑面积和用地面积，以此作为城市公共设施的控制指标（吴庆东等，2012）。从我们的数据分析中可以看到，上海城市社区规划实践中的"千人指标"得到有效落实。而在软件方面，居委会是社区为老服务的递送主体。相比于西方以专业组织为主的社区服务递送主体，这种自上而下的行政化配置主要追求总量均等，而忽视了老年人口的实际需求（陈岩燕、陈虹霖，2017）。

具体来说，表 3 考察了社区老龄人口比例与社区老龄化宜居指数的关系。模型 1 至模型 6 讨论社区老龄化宜居程度是否与老龄人口密度相匹配，即供给总量的充分性。模型 1 至模型 5 针对 60 岁及以上所有老龄人口指标，模型 6 关注社区低龄老年人口。模型 7 讨论硬件供给充分性，即社区养老设施便利度与老龄人口密度匹配程度。模型 8 是关于软件供给充分性，即社区为老服务可及性与老龄人口密度匹配程度。模型 1 到模型 5 依次加入社区总人口规模、社区老龄人口比例、社区低龄老年人口比例，以及社区区位、社区类型、社区社会经济地位、土客结构、房价等控制变量。

表 3　社区老龄人口比例与社区老龄化宜居指数的多元线性回归

	模型 1	模型 2	模型 3	模型 4	模型 5	模型 6	模型 7	模型 8
			社区老龄化宜居指数（软硬件）				社区养老设施（硬件）便利度	社区为老服务（软件）可及性
社区总人口规模	0.897***	0.904***	0.855***	0.858***	0.841***	0.843***	0.518***	0.323***
	(0.106)	(0.107)	(0.109)	(0.113)	(0.115)	(0.115)	(0.063)	(0.081)
社区老龄人口比例	0.550	0.265	0.080	-0.115		-0.516	0.401	
		(1.393)	(1.504)	(1.559)	(1.567)		(0.860)	(1.113)
社区低龄老年人口比例						0.140		
						(1.868)		
社区区位（内环以内）								
中内环之间			0.753	0.872	0.863	0.878	0.739**	0.124
			(0.561)	(0.616)	(0.623)	(0.628)	(0.342)	(0.442)
中外环之间			2.085**	2.232**	2.036**	2.100**	0.716	1.320**
			(0.824)	(0.865)	(0.868)	(0.886)	(0.477)	(0.617)
外环以外			-0.001	0.160	0.631	0.674	-0.784	1.415**
			(0.715)	(0.754)	(0.867)	(0.873)	(0.476)	(0.616)
社区类型（2010 年前商品房）								
旧式里弄				-0.025	-0.335	-0.410	0.190	-0.525
				(0.783)	(0.796)	(0.824)	(0.437)	(0.565)
老公房				0.363	-0.213	-0.207	-0.427	0.214
				(0.720)	(0.785)	(0.787)	(0.431)	(0.557)
2010 年后商品房				-0.236	0.072	0.076	0.235	-0.163
				(0.640)	(0.668)	(0.667)	(0.366)	(0.474)

续表

	模型 1	模型 2	模型 3	模型 4	模型 5	模型 6	模型 7	模型 8
			社区老龄化宜居指数（软硬件）				社区养老设施便利度（硬件）	社区为老服务可及性（软件）
社区社会经济地位					-0.552** (0.250)	-0.552** (0.251)	0.001 (0.137)	-0.553*** (0.177)
土客结构（二地人居多）								
新上海人为主					0.117 (1.147)	0.122 (1.152)	-0.571 (0.630)	0.687 (0.815)
本地人/外地人相当					-0.119 (0.768)	-0.113 (0.770)	0.170 (0.422)	-0.289 (0.546)
无户口的外地人居多					-2.872** (1.341)	-2.869** (1.346)	-1.143 (0.736)	-1.729* (0.952)
房价					0.188 (0.129)	0.188 (0.130)	0.087 (0.071)	0.101 (0.092)
截距项	-1.466*** (0.293)	-1.639*** (0.528)	-1.882*** (0.635)	-1.924*** (0.735)	-2.642** (1.057)	-2.721** (1.050)	-1.132* (0.580)	-1.510** (0.751)
样本量	279	279	279	279	279	276	279	279
R^2	0.206	0.206	0.228	0.229	0.257	0.258	0.300	0.165
adj. R^2	0.203	0.201	0.214	0.207	0.221	0.221	0.266	0.124

注：括号中为标准误。

$^{*} p<0.$，$^{**} p<0.05$，$^{***} p<0.01$。

模型 1 结果显示，社区总人口规模越大，社区老龄化宜居指数越高。模型 2 在此基础上加入社区老龄人口比例，回归系数不显著，说明社区老龄化宜居程度不受社区内老龄化率的影响。模型 3 至模型 5 逐步加入控制变量，这一结果依然稳健，即社区养老设施和为老服务均按照社区总人口规模进行配置。

在控制变量的部分我们看到：在社区区位上，中外环之间的老龄化宜居程度优于内环以内。而中内环之间在硬件设施，即社区养老设施便利度上优于内环以内。外环以外社区的为老服务更具优势。无户口的外地人居多的社区，社区为老服务可及性相对较为欠缺。这意味着为老服务的资源可能根据户籍人口而非社区实际常住人口进行配置。社区社会经济地位对社区老龄化宜居程度的影响为负效应，即社会经济地位较高居民聚集的社区，在软件（为老服务）和总量上相对较少。社会经济地位更高居民聚集的社区，软件也相对不足。这可能是因为我们所选取的软件测量指标是政府支持或本地社区提供的为老服务项目；而社会经济地位更高的居民，更有可能使用市场化养老助老服务，对政府提供的基本服务需求不高。社区居民的社会经济地位与社区老龄设施的硬件配置无关，这一结论与李斌（2010）的分析结果一致。

模型 6 显示了社区低龄老年人口比例与社区老龄化宜居程度的关系。我们认为，低龄老年人相对高龄老年人更可能频繁使用本社区老龄宜居设施与为老服务，因而有必要对低龄老年人这一群体单独进行分析。与社区老龄人口比例类似，我们发现，影响社区老龄化宜居程度以及软硬件供给的因素依然是社区总人口规模，而非 60~79 岁低龄老年人规模。

模型 7 和模型 8 细分社区老龄化宜居的硬件和软件维度，从模型结果可以看到：社区养老设施便利度、社区为老服务可及性均受社区总人口规模影响，而不是依据社区老龄人口比例配置资源。

（三）软硬件均衡匹配分析：软硬件总体均衡匹配，中外环之间存在优势，旧式里弄和新房差距明显

这一组解释变量呈现了上海城市发展的时空特征。对于相同的社区类型而言，中外环之间优势更为明显，社区老龄化宜居程度更高、软硬件配置更为均衡。处于同一区位的不同社区之间，软硬件基本是均衡的。表4报告了社区老龄化宜居的软硬件均衡匹配分析结果。模型9在全上海范围内资源总量一定的前提下，对不同社区的老龄化宜居软硬件均衡性和充分性进行分类。模型9显示，在社区区位上，相比于内环以内，中外环之间的社区老龄化宜居程度更高，软硬件配置更为均衡。理论上社区类型和区位在城市扩张过程中有重合，但我们还是发现，和2010年前商品房社区相比，旧式里弄社区、2010年后商品房社区在社区养老设施便利度和社区为老服务可及性水平上更不均衡不充分，而老公房社区则没有显著差异。

表4　社区特征与社区老龄化宜居的软硬件均衡匹配

	模型9		
	均衡不充分	充分不均衡	均衡且充分
社区类型（2010年前商品房）			
旧式里弄	-0.998*	-0.835	-1.340**
	(0.537)	(0.569)	(0.604)
老公房	-0.603	-0.855	-0.591
	(0.483)	(0.548)	(0.527)
2010年后商品房	-1.221**	-0.300	-0.864*
	(0.488)	(0.452)	(0.469)
社区区位（内环以内）			
中内环之间	0.188	0.147	0.697
	(0.444)	(0.461)	(0.458)
中外环之间	1.129	1.393	2.505***
	(0.896)	(0.874)	(0.833)
外环以外	0.226	-0.110	0.232
	(0.498)	(0.519)	(0.537)
截距项	0.235	-0.064	-0.137
	(0.349)	(0.367)	(0.377)
N			
Log likelihood			-368.602

注：括号内为标准误。* $p<0.1$，** $p<0.05$，*** $p<0.01$。

五　结论与讨论

基于 SCS 社区调查数据，本文从空间错配理论视角分析了上海城市社区老龄化宜居程度与社区老龄人口规模的匹配，以及养老设施与为老服务的软硬件均衡关系，并进一步讨论了四类均衡匹配关系的社区间差异。我们认为对公共服务设施的优化配置是提升城市宜居性的重要途径。在城市老龄公共服务资源总量一定的前提下，通过提高老龄人口需求与公共服务供给的空间适配，可以提高公共资源的配置效率，也能够使老年人普惠均衡地享受到老龄服务与设施。

数据分析发现，当前上海社区的设施布局与宜老服务均呈现行政资源分配影响下的总量均等化配置。老年人对养老服务的需求与养老软硬件设施配置之间存在空间错配，社区养老资源的分布均受社区总人口规模影响，而不是依据社区老龄人口比例配置资源。上海城市社区老龄化宜居软硬件总体均衡匹配，中外环间存在优势，里弄新房差距明显。

据此，本文具体的政策建议包括：第一，打破自上而下的总量均等化资源配置原则，按照社区老龄人口需求而非社区规模配置养老资源，实现社区养老助老服务按需供应；第二，均衡配置养老资源，在旧式里弄和 2010 年后新建的商品房社区增加软硬件供给，使居住在城市不同区域的老年人均等地享受社区居家养老服务与便利设施，避免公共资源因空间错配造成浪费。

与以往研究相比，本文的创新之处在于：第一，理论上本文从空间视角分析社区居家养老服务的供求失衡；第二，基于"上海社区研究"数据，本文从小区这一老人实际活动范围的空间尺度观察社区老龄化宜居的空间错配；第三，本文从供给充分性和软硬件均衡性两个维度，建构了上海社区老龄化宜居程度的测量指标。研究的不足在于对社区养老便利设施与为老服务的测量指标相对简化。未来可以通过引入空间数据，对社区老龄化宜居程度做出更为全面的评估。此外，本研究并未涉及老龄人口内部的差异化需求，因而讨论局限于量的配置，而非质的差异。

参考文献

曹昱亮、宋娜娜、徐龙顺，2017，《生活态度、生理健康与老年人社区服务需求》，《社会保障研究》第 5 期。

柴彦威、张艳、刘志林，2011，《职住分离的空间差异性及其影响因素研究》，《地理学报》第 2 期。

陈杰、郝前进，2014，《快速城市化进程中的居住隔离——来自上海的实证研究》，《学术月刊》第 5 期。

陈淑云、唐将伟，2017，《公共服务供给不均等加剧了国内房价分化吗？——基于我国286 个地级及以上城市面板数据的实证》，《经济体制改革》第 4 期。

陈岩燕、陈虹霖，2017，《需求与使用的悬殊：对社区居家养老服务递送的反思》，《浙江学刊》第 2 期。

丁志宏、王莉莉，2011，《我国社区居家养老服务均等化研究》，《人口学刊》第 5 期。

杜鹏、孙鹃娟、张文娟、王雪辉，2016，《中国老年人的养老需求及家庭和社会养老资源现状——基于 2014 年中国老年社会追踪调查的分析》，《人口研究》第 6 期。

谷志莲、柴彦威，2012，《老龄化社会背景下单位社区的"宜老性"研究——以北京大学燕东园社区为例》，《城市发展研究》第 11 期。

何纪周，2004，《我国老年人消费需求和老年消费品市场研究》，《人口学刊》第 3 期。

李斌，2010，《分化与特色：中国老年人的居住安排》，《中国人口科学》第 2 期。

林文亿，2015，《影响老年人使用社区服务的因素：相关理论及国内外研究现状》，《社会保障研究》第 3 期。

陆铭，2017，《城市、区域和国家发展——空间政治经济学的现在与未来》，《经济学季刊》第 4 期。

罗楠、张永春，2012，《城市老人养老模式的选择意愿及影响因素分析——基于 Order Probit 模型的实证研究》，《西安财经学院学报》第 4 期。

孙伟增、郑思齐、辛磊、吴璟，2015，《住房价格中地方公共品溢价的空间异质性及其影响因素研究：以成都市为例》，《管理评论》第 6 期。

王莉莉，2013，《基于"服务链"理论的居家养老服务需求、供给与利用研究》，《人口学刊》第 2 期。

王琼，2016，《城市社区居家养老服务需求及其影响因素——基于全国性的城市老年人口调查数据》，《人口研究》第 1 期。

吴庆东、张龄、冉凌风，2012，《城市老社区公共服务设施发展困境与优化对策研究——以陆家嘴地区为例》，《上海城市规划》第 1 期。

易成栋、丁志宏、黄友琴，2016，《中国城市老年人居住环境的动态变化及空间差异——基于中国城乡老年人口追踪调查数据的分析》，《城市发展研究》第 12 期。

于一凡、贾淑颖，2015，《居家养老条件下的居住空间基础研究——以上海为例》，《上海城市规划》第 2 期。

于一凡、田菲、贾淑颖，2016，《上海市社区居家养老服务设施体系研究》，《建筑学报》第 10 期。

张纯、柴彦威、李昌霞，2007，《北京城市老年人的日常活动路径及其时空特征》，《地域研究与开发》第 4 期。

张艳芳，2016，《促进养老服务供求均衡的中国政府购买养老服务政策研究》，《西北人口》第 1 期。

张英杰、张原、郑思齐，2014，《基于居民偏好的城市公共服务综合质量指数构建方法》，《清华大学学报（自然科学版）》第 3 期。

郑思齐、于都、孙聪、张耕田，2017，《基于供需匹配的城市基础教育设施配置问题研究：以合肥市为例》，《华东师范大学学报（哲学社会科学版）》第 1 期。

仲继寿、于重重、李新军，2013，《老年人居住健康影响因素与适老宜居社区建设指标体系》，《住区》第 3 期。

周洁、柴彦威，2013，《中国老年人空间行为研究进展》，《地理科学进展》第 5 期。

周元鹏、张抚秀，2012，《上海市社区居家养老服务发展的背景、需求趋势及其思考》，《人口与发展》第 2 期。

Kain, John F. 1968. " Housing Segregation, Negro Employment, and Metropolitan Decentralization. " *The Quarterly Journal of Economics* 82（2）：175 – 197.

Kain, John F. 1992. " The Spatial Mismatch Hypothesis：Three Decades Later. " *Housing Policy Debate* 3（2）：371 – 460.

《社会学刊》第 2 期
第 153～171 页
© SSAP，2019

城市地区文化遗产价值评估：
来自上海的经验研究[*]

李雪峰　唐俊超　刘　欣[**]

摘　要：通过考察文化遗产对住宅价格的影响来评估其价值是一种常用的文化遗产价值评估方法，然而，目前在发展中国家尚未见到基于经验资料的相关研究。本文从文化遗产和住宅的空间关系着手，利用"上海居民小区空间结构、社会结构及居住满意度调查"（亦称为"上海社区研究"，Shanghai Community Survey）资料，考察了文化遗产不同空间类型对住宅价格的影响。多元线性回归分析结果显示：文化遗产集群型对住宅价格具有显著的正向影响，文化遗产边缘型和孤岛型则不然。本文由此指出，空间集聚是城市地区文化遗产的价值作用机制之一。此外，本文也指出了探讨文化遗产价值作用机制一般性模式的必要性。

关键词：文化遗产　价值评估　特征价格法　上海经验

---

* 本文为"上海居民小区的空间结构、社会结构与居住满意度研究"的一项成果，该项目由同济大学高密度区域智能城镇化协同创新中心及上海同济城市规划设计研究院（China Intelligent Urbanization Co-Creation Center for High Density Region & Shanghai Tongji Urban Planning and Design Institute）资助。本文初稿曾在"中国社会学会2017年学术年会分论坛"（2017年12月，西安）报告，感谢李雪峰老师富有启发性的评论。文责自负。

** 李雪峰，复旦大学社会发展与公共政策学院博士后；唐俊超，哈佛大学东亚区域研究硕士研究生；刘欣（通信作者），复旦大学社会发展与公共政策学院教授，liuxin@fudan.edu.cn。

文化遗产价值评估是文化遗产研究领域的重要议题之一，20 世纪 80 年代末以来，通过考察文化遗产对自身及周边住宅价格的影响以评估文化遗产价值的特征价格法为越来越多的研究所采用。基于美国、荷兰、爱尔兰、澳大利亚等国家的经验研究指出，收益–限制关系、级别、类型及与住宅的距离等会影响文化遗产的价值。然而，一方面，已有研究都是针对发达国家的，其理论归纳在以中国为代表的发展中国家的适用性尚待检验；另一方面，已有研究在考察文化遗产对住宅价格的影响时，往往简单划分成"住宅自身是文化遗产"和"住宅位于文化遗产周边"两种情况，如 Schaeffer 和 Millerick（1991）、Asabere 和 Huffman（1994a）、Leichenko 等（2001）、Coulson 和 Lahr（2005）、Angjellari-Dajci 和 Cebula（2016）等，忽略了它们之间可能更为细致的空间关系。因此，本研究利用"上海居民小区空间结构、社会结构及居住满意度调查"（亦称为"上海社区研究"，Shanghai Community Research，以下使用该名称）的资料，为该议题提供来自发展中国家的经验证据，同时从空间布局角度完善文化遗产价值作用机制的相关研究。

一　文献回顾

文化遗产包括纪念物、文物、古迹、遗址和建筑群等。[①] 作为现代社会重要的历史和社会经济资源（Moro et al.，2013）和城市文化资本的组成部分（Lazrak et al.，2014），它对于塑造城市身份（Van Duijn & Rouwendal，2013；Noonan，2007）、提升城市吸引力继而促进城市发展（Falck et al.，2011）具有重要意义。对这些价值的普遍认同使得文化遗产价值评估成为文化遗产研究领域的重要议题之一。

在文化遗产价值评估的诸多方法中，最常用的是条件价值评估法和特征价格法（Van Duijn & Rouwendal，2013）。其中，条件价值评估法通过直接询问被访者的支付意愿来评估文化遗产的价值，但关于这种方法究竟

---

① 联合国教科文组织，《保护世界遗产公约》，1972。

更适合考察文化遗产的直接影响还是文化遗产对特定区域吸引力的总体影响的争议始终存在（Throsby，2003）。与之相对，特征价格法（Hedonic Price Model）是一种基于个体实际行为的非直接评估方法。它以"商品的市场价格由其属性决定"的消费理论（Lancaster，1966）为基础，认为住宅价格由住宅的各个特征决定，住宅消费者在追求个人效用最大化过程中为某种特征所愿意支付的边际价格，构成了该特征对于消费者的价值，也即该特征的价值。因此，若将文化遗产视为住宅价格的特征之一，在控制其他可能影响住宅价格因素的前提下，便可通过消费者对住宅的文化遗产特征的支付意愿来间接评估文化遗产的价值。自 20 世纪 80 年代末以来，海外学者针对不同国家和地区的城市，利用特征价格法对文化遗产价值评估开展了大量研究。

Ford（1989）最早将特征价格法引入文化遗产价值评估研究领域，他通过分析美国巴尔的摩市已售房屋的价格，发现位于历史街区内的住宅价格高出该市其他地区类似的住宅。此后，学者针对美国、荷兰、爱尔兰、澳大利亚等国家的城市展开了广泛的研究。总的来说，绝大部分研究发现文化遗产对自身及周边住宅价格具有显著的提升作用（Schaeffer & Millerick，1991；Asabere & Huffman，1994a；Carroll et al.，1996；Clark & Herrin，1997；Coulson & Leichenko，2001；Coulson & Lahr，2005；Ruijgrok，2006；Noonan，2007；Narwold et al.，2008；Gilderbloom et al.，2009；Ahlfeldt & Maennig，2010；Thompson et al.，2011；Lazrak et al.，2014；Zahirovic-Herbert & Gibler，2014；Been et al.，2016；Angjellari-Dajci & Cebula，2016；Oba & Noonan，2017；Warren et al.，2017），以文化遗产对自身住宅价格的影响为例，研究发现文化遗产建筑自身或位于文化遗产街区内的住宅价格比非文化遗产住宅高出 2% 到 121% 不等（Asabere & Huffman，1994a；Clark & Herrin，1997；Ruijgrok，2006；Noonan，2007；Lazrak et al.，2014；等等）。与此同时，也有少量研究报告了文化遗产对自身和周边住宅价格的不显著影响（Clark & Herrin，1997；Noonan & Krupka，2011；Winson-Geideman & Jourdan，2011；Ahlfeldt & Mastro，2012；Heintzelman & Altieri，2013）甚至是负向影响

(Schaeffer & Millerick，1991；Do，Wilbur & Short，1994；Asabere & Huffman，1994b；Heintzelman & Altieri，2013）。那么，文化遗产对住宅价格的影响为何会有差异，换言之，文化遗产的价值作用机制是怎样的？学者为此做了进一步探讨并得到以下发现。

首先，文化遗产对住宅价格的影响取决于住宅从文化遗产中获取的收益与受到的限制之间的关系（Schaeffer & Millerick，1991；Asabere et al.，1994；Leichenko et al.，2001；Noonan & Krupka，2011；Angjellari-Dajci & Cebula，2016；Been et al.，2016；Warren et al.，2017）。具体而言，住宅从文化遗产中获取的收益包括声望、政府承诺、周边环境的稳定性、房产税减免和政府资助贷款（Angjellari-Dajci & Cebula，2016）、周边商业及其他设施的集聚（Van Duijn & Rouwendal，2013）、公民自豪感（Noonan，2007）等，而住宅因作为文化遗产而受到的限制既来自因住宅建造年代的发展水平所导致的基础设施、空间布局、功能配套等与现代城市居民日常生活需求的不相匹配，也包括为保护文化遗产而限制或剥夺房产所有者或使用者提升和改变住宅的权利、控制房屋更新等管制（Angjellari-Dajci & Cebula，2016；Warren et al.，2017）。当住宅从文化遗产中获取的收益大于因文化遗产保护而受到的限制时，文化遗产对住宅价格的影响就是正向的，文化遗产住宅受到的限制越少，文化遗产对住宅价格的正向影响越大（Leichenko et al.，2001），反之亦然。

其次，文化遗产对住宅价格的影响与文化遗产和住宅的距离有关。文化遗产对与之紧邻的住宅价格影响最大，离文化遗产越近，住宅的价格越高；超出一定距离后，文化遗产对住宅价格的影响便不复存在（Carroll et al.，1996；Ahlfeldt & Maennig，2010；Moro et al.，2013；Lazrak et al.，2014）。在此基础上，Moro 等（2013）和 Lazrak 等（2014）的研究进一步发现，在一定的距离范围内，文化遗产建筑的数量越多，其对住宅价格的正向影响越大。Lazrak 等（2014）的研究同时还发现，如果一栋住宅既是文化遗产建筑同时又处于文化保护区域内，它的价格比不具备这两个特征的住宅价格高出近50%。

最后，文化遗产的价值会因其级别和类型而存在差异。从级别来说，大体而言，国家级别的文化遗产对住宅价格具有积极影响，地方级别文化遗产的影响则不显著甚至是消极的（Schaeffer & Millerick，1991；Asabere et al.，1994；Ruijgrok，2006；Oba & Noonan，2017）。就类型而言，历史建筑、纪念碑和圆形石造碉堡对周边住宅价格具有正向影响，而考古遗址则为负向影响（Moro et al.，2013）。

总的来说，已有研究从文化遗产对住宅价格影响的角度为文化遗产价值评估提供了一种新的思路，并指出了文化遗产的价值与收益－限制关系、距离、级别、类型等相关。然而，已有研究针对的都是经济社会发展水平较高、文化遗产保护与利用制度较为完善的发达国家，其理论归纳在以中国为代表的发展中国家的适用性仍有待检验。另外，尽管有学者注意到文化遗产的"历史集合效应"（Historic Ensemble Effect）（Lazrak et al.，2014），但已有研究大多将文化遗产与住宅的空间关系简单区分为"住宅自身是文化遗产"和"住宅位于文化遗产周边"两种情况，忽略了二者之间可能更为细致的空间关系。因此，本文利用上海社区研究资料，以中国上海为例对这一问题展开探讨。

二　研究假设

从住宅自身是否为文化遗产和是否毗邻文化遗产两个维度出发，可以将文化遗产与住宅的空间布局分成四种类型（如图 1 所示）：a. 文化遗产空白型，即住宅自身和周边都不是文化遗产，其价格不受文化遗产的影响；b. 文化遗产边缘型，即住宅自身不是但周边是文化遗产，其价格受到周边文化遗产的影响，反映了文化遗产对周边住宅的价值；c. 文化遗产孤岛型，即住宅自身是但周边不是文化遗产，其价格受到自身作为文化遗产的影响，反映了文化遗产对自身住宅的价值；d. 文化遗产集群型，即住宅自身和周边都是文化遗产，其价格受到自身和周边文化遗产的双重影响，反映了文化遗产的集聚价值。

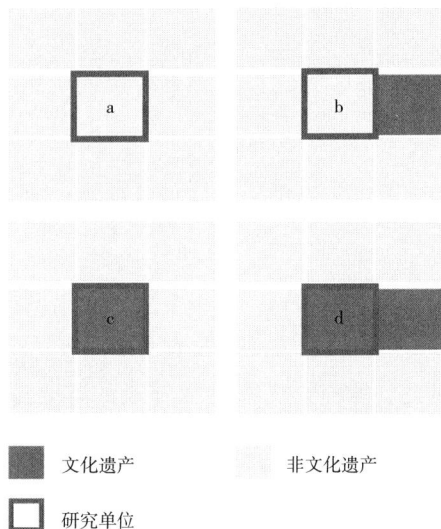

図例：

■ 文化遗产   ▧ 非文化遗产

□ 研究单位

图 1   文化遗产与住宅的空间布局类型图示

针对上述文化遗产与住宅的空间布局类型，基于已有研究得出的文化遗产对自身和周边住宅价格具有积极影响的主体结论，本文提出如下三个假设。

假设 1：文化遗产边缘型住宅的价格高于文化遗产空白型住宅。

假设 2：文化遗产孤岛型住宅的价格高于文化遗产空白型住宅。

假设 3：文化遗产集群型住宅的价格高于文化遗产空白型住宅。

三   研究设计

（一）研究区域

上海是国务院公布的第二批国家历史文化名城，自 20 世纪 80 年代开展文化遗产保护工作以来，已形成以历史文化风貌保护区、历史风貌保护道路、优秀历史建筑以及各级文物保护单位等为主体的文化遗产体系。根据《上海市历史文化风貌保护区和优秀历史建筑保护条例》（2011 年修正）（以下简称《条例》），历史文化风貌保护区是指历史建筑集中成片，建筑样式、空间格局和街区景观较完整地体现上海某一历史时期地域文化特点的地区。至 2016 年 1 月，上海已划定中心城区 12 片、郊区和浦东新区 32 片，总计 44 片历史文化风貌保护区。在这 44 片历史文化风貌保护区中，共有 167 条历史文化风貌保护道路。同时，《条例》所界定的优秀历史建筑指的是建成三十年以上并有下列情形之一的建筑：建筑样式、施工工艺和工程技术具有建筑艺术特色和科学研究价值；反映上海地域建筑历史文化特点；著名建筑师的代表作品；在我国产业发展史上具有代表性的作坊、商铺、厂房和仓库；其他具有历史文化意义的优秀历史建筑。至 2015 年 8 月，上海市已批准公布五批优秀历史建筑，共 1058 处，3075 栋。此外，截至 2017 年 6 月，上海市共有全国重点文物保护单位 29 处，市级文物保护单位 238 处，区级文物保护单位 423 处，文物保护点 2745 处，共计不可移动文物 3435 处。

（二）数据

本文所用的资料，来自"上海居民小区的空间结构、社会结构与居住满意度研究"（简称"上海社区研究"，Shanghai Community Survey，SCS）。该项目第一期由复旦大学社会转型研究中心与同济大学城市与社会研究中心合作发起，项目负责人为复旦大学刘欣教授，学术咨询委员会主任为同济大学周俭教授。项目综合运用传统的抽样调查方法和新兴的大数据技术，系统收集居民小区、家庭和居民层次的信息。居民小区层次的调查采用了四种方式收集资料，包括到居民小区现场观察并填写观察问卷，绘制居民小区地图，邀请居民小区知情人（居委会成员、物业管理人员、保安、居民代表）参加座谈会并填写访谈问卷，以及从网络数据抓取居民小区及周边社区有关信息；于 2016 年 7 月至 2017 年 7 月完成。对居民小区的抽样，以街（镇）、居委会 GIS 和人口作为辅助信息，以多阶段 PPS 方式抽取了除崇明县以外各区的 30 个街镇 120 个居委会，其中，每个街镇抽取 4 个居委会，每个居委会的居民小区全部入样。最终成功调查了 119 个居委会的 382 个居民小区。去除含有缺失值的样本外，用于本研究的有效样本为 316 个。

（三）变量

住宅价格是本研究的因变量。考虑到本研究所使用资料的情况，本文以住宅小区而非住宅单元的房价作为研究单位，使用的是调查中"住宅小区2015 年的平均成交房价：_____元/平方米"。本文对房价（以万元为单位）做对数处理后，作为连续型变量进入模型。

本研究的自变量为文化遗产与住宅的空间布局类型。调查中询问了①"本居民小区是否为国家级、市级、区级文物保护单位或上海市优秀历史建筑"、②"本居民小区是否位于历史文化风貌保护区内"、③"本居民小区四周有没有历史文化风貌保护道路"、④"居民小区周边社区①（指整个社区）是否为历史文化风貌保护区"、⑤"除了本居民小区外，在本居民小区周边社区内，有没有其他历史文化风貌保护区"、⑥"居民小区周边社区内有没有历史文化风貌保护道路"，选项为"是或否"或"有或没有"。以此为基础，本研究构建起文化遗产与住宅的空间布局类型变量：0 空白型——前述①~⑥选项均为否或没有；1 边缘型——①~③选项均为否或没有且④~⑥任一选项为是或有；2 孤岛型——①~③任一选项为是或有且④~⑥选项均为否或没有；3 集群型——①~③任一选项为是或有且④~⑥任一选项为是或有。该变量为分类变量。

本文同时对可能影响住宅价格的变量进行了控制。根据已有研究，影响住宅价格的因素主要包括建筑特征、邻里特征和区位特征三个方面（郝前进，2007；闫国平，2007）。其中，建筑特征指住宅自身的特征，包括建筑类型、房龄、容积率、绿化率、停车设施及文化体育设施；邻里特征指的是住宅周边的环境，在本研究中包括了住宅小区周边商业设施、教育设施、文化体育设施、医疗设施、公共绿地设施和公共交通设施的分布情况；区位特征指住宅在城市中所处的方位或位置，本文以上海的交通环线所划分的区域为测量，具体包括内环以内、中内环之间、中外环之间和外环以外四类。对控制变量的详细描述见下文表1。

---

① 本调查中的"周边社区"指被调查小区周围方圆 800 米的区域。

（四）分析策略

本研究采用特征价格法对文化遗产的价值进行评估。考虑到因变量住宅价格为连续型变量，故采用了多元线性回归模型（Multivariable Linear Regression，MLR）进行统计分析。为考察文化遗产与住宅的空间布局类型在不同情境下对住宅价格的影响，本文将建立6个模型，其中，模型1仅加入控制变量，模型2仅加入自变量，模型3到模型5在自变量基础上分别加入建筑特征、邻里特征和区位特征三类控制变量，模型6则为包含所有变量的完整模型。

四　研究发现

（一）描述性统计

本研究所使用变量的描述性统计见表1。316个有效样本中，住宅价格的自然对数为0~2.485，即从约1万元/平方米到12万元/平方米不等。从文化遗产与住宅的空间布局类型来看，文化遗产空白型居多（84.5%），然后依次是文化遗产集群型（10.1%）、文化遗产边缘型（3.5%）和文化遗产孤岛型（1.6%），这在一定程度上也体现了上海文化遗产在空间分布的绝对有限性和相对集聚性。

表1　变量的描述性统计（$N=316$）

变量	赋值说明	均值	标准差	最小值	最大值
因变量					
住宅价格	取对数，连续型变量	1.442	0.528	0	2.485
自变量：文化遗产与住宅的空间布局类型					
文化遗产空白型	住宅自身和周边都不是文化遗产	0.845		0	1
文化遗产边缘型	住宅自身不是但周边是文化遗产	0.035		0	1
文化遗产孤岛型	住宅自身是但周边不是文化遗产	0.016		0	1
文化遗产集群型	住宅自身和周边都是文化遗产	0.101		0	1

续表

变量	赋值说明	均值	标准差	最小值	最大值
建筑特征控制变量					
建筑类型	里弄小区(含花园洋房)	0.177		0	1
	别墅小区	0.022		0	1
	公寓小区	0.722		0	1
	棚户小区	0.009		0	1
	混合小区①	0.070		0	1
房龄	连续型变量,指该小区建成年代,1为1949年前,2为1950年代,3为1960年代……8为2010年代	4.997	2.155	1	8
容积率	连续型变量	190.557	76.808	40	586
绿化率	连续型变量	31.225	10.134	0	60
停车设施	分类变量(无=0,有=1)	0.627	0.484	0	1
小区文化体育设施②	数量因子,连续型变量	−0.001	0.924	−0.946	4.059
邻里特征控制变量					
周边商业设施③	数量因子,连续型变量 基础型商业设施数量因子 享受型商业设施数量因子	0.054 −0.005	0.985 0.909	−0.540 −2.275	6.505 13.586
周边教育设施④	数量因子,连续型变量	0.005	0.966	−0.885	5.542
周边文化体育设施⑤	数量因子,连续型变量	0.024	1.056	−0.402	9.064
周边医疗设施⑥	到最近医疗设施的步行时间,连续型变量	13.491	13.327	1	60

---

① 混合小区指该小区同时存在上述两种及以上的建筑类型。
② 小区文化体育设施主要包括文化活动中心、图书室、广场、健身器材等。
③ 基础型商业设施指便利店、饭店/餐厅、早餐店、水果店、美容美发店、药店等,享受型商业设施指大型超市、商场、酒吧、咖啡馆、影剧院、书店等。
④ 周边教育设施包括幼儿园、小学和初中。
⑤ 周边文化体育设施包括社区文化活动中心、图书馆、老年活动中心、运动场馆、青少年活动中心、社区广场、游泳池。
⑥ 周边医疗设施含社区卫生服务中心、二级医院和三级医院。

续表

变量	赋值说明	均值	标准差	最小值	最大值
邻里特征控制变量					
周边公共绿地设施	到最近公共绿地设施的步行时间,连续型变量	24.130	24.103	1	60
周边公共交通设施	到最近地铁站的步行时间,连续型变量	23.620	21.445	2	60
区位特征控制变量					
区位	内环以内	0.392		0	1
	中内环之间	0.241		0	1
	中外环之间	0.098		0	1
	外环以外	0.269		0	1

（二）结果

表 2 报告了多元线性回归分析结果,其中,模型 1 报告了仅加入控制变量的结果,模型 2 到模型 6 依次报告了仅加入自变量,分别加入建筑特征、邻里特征和区位特征三类控制变量及加入所有变量的结果。

表 2　多元线性回归模型结果　（$N = 316$）

	模型 1	模型 2	模型 3	模型 4	模型 5	模型 6
自变量:(参照组为文化遗产空白型)						
文化遗产边缘型		0.174 (0.156)	-0.266 * (0.150)	-0.305 ** (0.148)	-0.128 (0.120)	-0.186 (0.121)
文化遗产孤岛型		-0.084 (0.229)	-0.027 (0.220)	-0.130 (0.215)	-0.207 (0.175)	-0.156 (0.174)
文化遗产集群型		0.481 *** (0.095)	0.253 ** (0.110)	0.334 *** (0.094)	0.196 ** (0.078)	0.167 * (0.091)
控制变量						
建筑类型(参照组为里弄小区)						
别墅小区	-0.072 (0.160)		-0.122 (0.199)			-0.115 (0.160)

续表

	模型 1	模型 2	模型 3	模型 4	模型 5	模型 6
公寓小区	-0.273 *** (0.079)		-0.308 *** (0.097)			-0.258 *** (0.079)
棚户小区	-0.228 (0.235)		-0.491 * (0.293)			0.257 (0.234)
混合小区	-0.344 *** (0.105)		-0.475 *** (0.129)			-0.340 *** (0.104)
房龄	0.012 (0.015)		-0.016 (0.019)			0.022 (0.016)
容积率	0.000 (0.000)		0.001 *** (0.000)			0.000 (0.000)
绿化率	0.007 *** (0.002)		0.005 (0.003)			0.007 *** (0.002)
停车设施（无）	-0.047 (0.053)		-0.089 (0.065)			0.042 (0.053)
小区文化体育设施	-0.001 (0.026)		-0.019 (0.031)			0.003 (0.026)
周边基础型商业设施	0.009 (0.027)			-0.065 ** (0.028)		0.010 (0.024)
周边享受型商业设施	0.018 (0.024)			0.017 (0.031)		-0.007 (0.025)
周边教育设施	0.000 (0.031)			0.023 (0.037)		0.000 (0.031)
周边文化体育设施	-0.007 (0.028)			0.014 (0.033)		-0.009 (0.028)
周边医疗设施	0.003 * (0.002)			0.002 (0.002)		0.003 * (0.002)
周边公共绿地设施	0.000 (0.001)			0.001 (0.001)		0.000 (0.001)
周边公共交通设施	-0.003 ** (0.001)			-0.009 *** (0.001)		-0.003 ** (0.001)

	模型 1	模型 2	模型 3	模型 4	模型 5	模型 6
区位(参照组为内环以内)						
中内环之间	- 0.187 *** (0.065)				- 0.226 *** (0.060)	- 0.180 *** (0.065)
中外环之间	- 0.271 *** (0.089)				- 0.274 *** (0.080)	- 0.273 *** (0.089)
外环以外	- 0.791 *** (0.072)				- 0.846 *** (0.057)	- 0.778 *** (0.072)
常数项	1.648 *** (0.100)	1.401 *** (0.031)	1.406 *** (0.129)	1.589 *** (0.050)	1.739 *** (0.041)	1.577 *** (0.108)
R^2	0.510	0.082	0.195	0.220	0.476	0.522

注：括号中为标准误，*** $p \leqslant 0.01$，** $p \leqslant 0.05$，* $p \leqslant 0.1$。

根据统计分析结果，仅包含控制变量的模型 1 的 R^2 为 0.510，说明建筑特征、邻里特征和区位特征解释了住宅价格的 51.0%。加入所有变量的模型 6 的 R^2 为 0.522，说明加入文化遗产相关变量后模型的解释力度略有提高，换言之，文化遗产构成了住宅的特征之一并与住宅价格之间存在一定的关系。

首先，文化遗产边缘型对住宅价格的影响不稳健，假设 1 没有得到验证。相比于文化遗产空白型，在模型 2、模型 5、模型 6 中，文化遗产边缘型对住宅价格的影响均不具有统计显著性，而模型 3、模型 4 则显示出在分别仅控制住宅建筑特征和仅控制住宅邻里特征变量的情况下，文化遗产边缘型的住宅价格反而低于文化遗产空白型住宅。这与已有研究所发现的文化遗产对周边住宅价格具有正向影响的主体结论不相一致，也对文化遗产收益－限制关系的价值作用机制提出了挑战。按照收益－限制理论，文化遗产边缘型住宅在享受周边文化遗产带来的收益的同时，由于自身不是文化遗产，并不会受到文化遗产保护的相关限制，其价格应高于文化遗产空白型住宅，但本研究的结论对此并没有给出支持。

其次，文化遗产孤岛型对自身住宅价格的影响不具有统计显著性，假设 2 也没有得到验证。这是继 Noonan 和 Krupka（2011）以及 Winson-Geideman 和 Jourdan（2011）分别针对美国芝加哥市和萨凡纳市的研究之后，又一个有关文化遗产对自身住宅价格的影响并不显著的经验证据。由此可见，文化遗产对于自身住宅的价值在城市之间是存在差别的，其背后可能存在其他更深层次的原因。

最后，文化遗产集群型对住宅价格具有显著的正向影响，假设 3 得到验证。虽然在加入部分及全部控制变量后文化遗产集群型对住宅价格的影响系数有所降低，但所有模型均显示出文化遗产集群型——自身是文化遗产且周边还有其他文化遗产——的住宅价格显著地高于不具有文化遗产特征的住宅。根据模型 6，在控制住宅小区建筑特征、邻里特征和区位特征的情况下，处于文化遗产集群中的住宅价格对数比文化遗产空白型住宅高出约 16.7%。这一发现说明，空间集聚是文化遗产的价值作用机制之一，由此验证了 Lazrak 等（2014）所提出的"历史集合效应"。

除了上述发现，模型结果也显示出了区位、周边公共交通设施及部分建筑类型如公寓小区、混合小区对住宅价格的稳健影响及绿化率、容积率等在一定情况下的正向影响。其中，区位对住宅价格具有极强的解释力，与内环以内的住宅相比，位于其他区域的住宅价格显著偏低，特别是位于外环以外的住宅。而且，包含区位变量的模型 1、模型 5 和模型 6 的 R^2 远高于其他模型，说明区位不仅是一个地理空间概念，同时也代表了各种资源和设施的集聚以及那些观察不到或测量不到的可能影响住宅价格的因素，如就业机会、犯罪率等（Moro et al.，2013）；周边公共交通设施是另一个影响住宅价格的重要因素。根据模型 6，到最近地铁站的步行时间每多一分钟，住宅价格的对数下降约 0.3%，由此显示出地铁交通对住宅价格的重要意义；公寓小区、混合小区的住宅价格显著低于里弄小区。此外，本文的研究成果并未显示出周边商业设施、教育设施、文化体育设施等对住宅价格的显著影响，这可能与本文的测量方式有关，但也同时值得住宅价格相关研究所参考。

五 结论与讨论

通过消费者对作为住宅价格特征之一的文化遗产的支付意愿来评估文化遗产的价值，其目的不是将文化遗产市场化，而是借科学的研究手段去认识城市中文化遗产的价值，从而有效地促进文化遗产的保护和利用。本文以中国上海为例，首次运用特征价格法对发展中国家的文化遗产价值进行评估，研究得到以下发现。第一，空间集聚是文化遗产的价值作用机制之一。在文化遗产边缘型、文化遗产孤岛型和文化遗产集群型三种空间布局类型中，只有文化遗产集群型能够显著地提升住宅的价格，而孤立的文化遗产无论对于自身还是周边住宅价格都没有显著的正向影响。事实上，文化遗产集聚带来的不仅是住宅价格的提高，同时也会促使该区域更多的建筑参与到文化遗产的认定中，促进文化遗产的内生发展（Noonan & Krupka，2011），最终实现对文化遗产的有效保护、利用及可持续发展。这一研究发现体现了空间集聚对于城市中文化遗产价值发挥的重要意义，值得文化遗产研究和实践领域所重视。第二，收益－限制关系不能完全解释文化遗产的价值作用机制。在本研究中，处于文化遗产周边、只享受文化遗产带来的收益而不需承受文化遗产造成的限制的住宅，其价格并不比文化遗产空白型住宅高。

上述研究发现为文化遗产价值作用机制提供了来自发展中国家的经验证据，同时也为文化遗产价值评估相关研究提出了问题：是否存在文化遗产价值作用机制的一般性模式？综观本研究及已有研究，文化遗产对自身和周边住宅价格的影响，从"是否有影响""是积极影响还是消极影响"到"影响程度有多大"，在不同城市之间存在较大的差别，即便是同一级别或同一类型的文化遗产，其对住宅价格的影响也并不完全相同。以教堂为例，Do 等（1994）的研究指出教堂对周边住宅价格具有消极影响；Moro 等（2013）认为教堂对住宅价格的影响取决于其功能，可能是负向也可能不显著；Carroll 等（1996）则发现教堂对住宅价格具有积极影响，但这种影响随着住宅与教堂距离的增加而降低，并指出只有现有的教堂对周边住宅价格具有影响，规划的教堂则很少或几乎没有影响。已有研究发现的多样性和不一致性从中可见一斑。尽管基于各个城市的个案式研究不乏洞见，但以此为基础探索一般性模式也确有必要，而且这一模式可能涉及超越文化遗产自身因素的更为宏观和更加深层的因素，譬如城市的经济、社会、文化发展水平以及文化遗产的保护与发展程度、公众的价值观念等，值得学界更多的思考与研究。

　　本研究也存在一些不足之处。首先，受资料所限，本文仅笼统区分了文化遗产的有无情况，将是或有文保单位/优秀历史建筑、历史文化风貌保护区和历史文化风貌保护道路三种情况中的任意一种、两种或三种均笼统视为文化遗产，并未区分其类型和级别，也未将文化遗产和住宅的距离纳入考虑。因此，本文并未对距离、类型、级别等价值作用机制在中国的适用性进行验证。其次，本文虽然控制了诸多可能影响住宅价格的因素，但仍可能忽略掉某些对住宅价格具有影响的因素，例如学区房，尽管本研究已经考虑了住宅周边包括幼儿园、小学、初中在内的教育设施，但受资料所限，并未将学校级别纳入考虑，而且学校的级别排序目前也并无官方或学界统一认可的标准。这些不足与上述文化遗产价值作用机制的一般性模式，构成了研究继续推进的方向。

参考文献

郝前进，2007，《特征价格法与上海住宅价格的决定机制研究》，博士学位论文，复旦大学。

闫国平，2007，《上海房地产市场价格影响因素研究——以住宅市场为例》，博士学位论文，同济大学。

Ahlfeldt, Gabriel M. & Maennig, Wolfgang. 2010. "Substitutability and Complementarity of Urban Amenities: External Effects of Built Heritage in Berlin." *Real Estate Economics* 38 (2): 285 – 323.

Ahlfeldt, Gabriel M. & Mastro, Alexandra. 2012. "Valuing Iconic Design: Frank Lloyd

Wright Architecture in Oak Park, Illinois. " *Housing Studies* 27 (8): 1079 – 1099.

Angjellari – Dajci, Fiorentina & Cebula, Richard J. 2016. "The Impact of Historic District Designation on the Prices of Single-family Homes in the Oldest City in the United States, St. Augustine, Florida. " *Journal of Property Research* 33 (1): 64 – 96.

Asabere, Paul K., Huffman, Forrest E., & Mehdian Seyed. 1994. "The Adverse Impacts of Local Historic Designation: The Case of Small Apartment Buildings in Philadelphia. " *Journal of Real Estate Finance and Economics* 8 (3): 225 – 234.

Asabere, Paul K. & Huffman, Forrest E. 1994a. "Historic Designation and Residential Market Values. " *The Appraisal Journal* 62 (3): 396 – 401.

Asabere, Paul K. & Huffman, Forrest E. 1994b. "The Value Discounts Associated with Historic Facade Easements. " *The Appraisal Journal* 62 (2): 270 – 277.

Been, Vicki, Ellen Ingrid Gould, Gedal Michael, et al. 2016. "Preserving History or Restricting Development? The Heterogeneous Effects of Historic Districts on Local Housing Markets in New York City. " *Journal of Urban Economics* 92: 16 – 30.

Carroll, Thomas M., Clauretie Terrence M., & Jensen Jeff. 1996. "Living Next to Godliness: Residential Property Values and Churches. " *Journal of Real Estate Finance and Economics* 12 (3): 319 – 330.

Clark, David E. & Herrin, William E. 1997. "Historical Preservation Districts and Home Sale Prices: Evidence from the Sacramento Housing Market. " *The Review of Regional Studies* 27 (1): 29 – 48.

Coulson, N. Edward & Lahr, Michael L. 2005. "Gracing the Land of Elvis and Beale Street: Historic Designation and Property Values in Memphis. " *Real Estate Economics* 33 (3): 487 – 507.

Coulson, N. Edward & Leichenko, Robin M. 2001. "The Internal and External Impact of Historical Designation on Property Values. " *Journal of Real Estate Finance and Economics* 23 (1): 113 – 124.

Do, A. Quang, Wilbur, Robert W., & Short, James L. 1994. "An Empirical Examination of the Externalities of Neighborhood Churches on Housing Values. " *Journal of Real Estate Finance and Economics* 9 (2): 127 – 136.

Falck, Oliver, Fritsch Michael, & Heblich Stephan. 2011. "The Phantom of the Opera: Cultural Amenities, Human Capital, and Regional Economic Growth. " *Labour Economics* 18 (6): 755 – 766.

Ford, David A. 1989. "The Effect of Historic District Designation on Dingle-family Home Prices. " *Real Estate Economics* 17 (3): 353 – 362.

Gilderbloom, John I., Hanka Mattew J., & Ambrosius Joshua D. 2009. "Historic Preservation's Impact on Job Creation, Property Values, and Environmental Sustainability. " *Journal of Urbanism* 2 (2): 83 – 101.

Heintzelman, Martin D. & Altieri, Jason A. 2013. "Historic Preservation: Preserving Value?" *Journal of Real Estate Finance and Economics* 46 (3): 543 – 563.

Lancaster, Kristie J. 1966. "A New Approach to Consumer Theory." *Journal of Political Economy* 74 (2): 132 – 157.

Lazrak, Faroek, Nijkamp Peter, Rietveld Piet, et al. 2014. "The Market Value of Cultural Heritage in Urban Areas: An Application of Spatial Hedonic Pricing." *Journal of Geographical Systems* 16 (1): 89 – 114.

Leichenko, Robin M., Coulson N. Edward, & Listokin David. 2001. "Historic Preservation and Residential Property Values: An Analysis of Texas Cities." *Urban Studies* 38 (11): 1973 – 1987.

Moro, Mirko, Mayor Karen, Lyons Sean, et al. 2013. "Does the Housing Market Reflect Cultural Heritage? A Case Study of Greater Dublin." *Environment & Planning A* 45 (12): 2884 – 2903.

Narwold, Anderew, Sandy Jonathan, & Tu C. 2008. "Historical Designation and Residential Property Values." *International Real Estate Review* 11 (1): 83 – 95.

Noonan, Douglas Simpson & Krupka, Douglas J. 2011. "Making or Picking Winners: Evidence of Internal and External Price Effects in Historic Preservation Policies." *Real Estate Economics* 39 (2): 379 – 407.

Noonan, Douglas Simpson. 2007. "Finding an Impact of Preservation Policies: Price Effects of Historic Landmarks on Attached Homes in Chicago 1990 – 1999." *Economic Development Quarterly* 21 (1): 17 – 33.

Oba, Tetsuharu & Noonan, Douglas Simpson. 2017. "The Many Dimensions of Historic Preservation Value: National and Local Designation, Internal and External Policy Effects." *Journal of Property Research* 34 (3): 211 – 232.

Ruijgrok, E. C. M. 2006. "The Three Economic Values of Cultural Heritage: A Case Study in the Netherlands." *Journal of Cultural Heritage* 7 (3): 206 – 213.

Schaeffer, Peter V. & Millerick, Cecily Ahern. 1991. "The Impact of Historic District Designation on Property Values: An Empirical Study." *Economic Development Quarterly* 5 (4): 301 – 312.

Thompson, Erik, Rosenbaum David, & Schmitz Benjamin. 2011. "Property Values on the Plains: The Impact of Historic Preservation." *Annals of Regional Science* 47 (2): 477 – 491.

Throsby, David. 2003. "Determining the Value of Cultural Goods: How Much (or How Little) Does Contingent Valuation Tell Us?" *Journal of Cultural Economics* 27 (3/4): 275 – 285.

Van Duijn, Mark & Rouwendal, Jan. 2013. "Cultural Heritage and the Location Choice of Dutch Households in a Residential Sorting Model." *Journal of Economic Geography* 13 (3): 473 – 500.

Warren, Clive M. J., Elliott Peter, & Staines Jason. 2017. "The Impacts of Historic Districts on Residential Property Land Values in Australia." *International Journal of Housing Markets and Analysis* 1 (10): 66 – 80.

Winson – Geideman, Kimberly & Jourdan, Dawn. 2011. "Historic Facade Easements and Single-family Home Value: A Case Study of Savannah, GA (USA)." *International Journal of Housing Markets and Analysis* 4 (1): 6 – 17.

Zahirovic-Herbert, Velma & Gibler, Karen M. 2014. "Historic District Influence on House Prices and Marketing Duration." *Journal of Real Estate Finance and Economics* 48 (1): 112 – 131.

《社会学刊》第 2 期
第 172～188 页
© SSAP，2019

农村共同体何以维系：
社区意识的进路

徐延辉　许磊*

摘　要： 现代性的冲击使农村失去了其原有的样态，城市化的发展、社会流动加剧以及现代技术的广泛运用改变着原始的农村共同体，而社区意识是农村共同体的核心和关键。本文在实证研究基础上，从社区意识角度出发探讨农村共同体的发展变迁，得出以下结论：第一，农村社区共同体仍然存在，但也面临一系列的问题与挑战；第二，村民之间的良好关系营造是农村共同体建立的条件和结果；第三，社区意识对培育和维系农村共同体具有重要作用。文章最后探讨了当代农村社区的治理问题。

关键词： 农村共同体　社区治理　社区意识

随着城市化和市场化的不断推进，越来越多的农村人口转移到城市工作和生活，同时也有大量农村流动人口到外乡进行谋生。农村社区流动人口增多，交往半径扩大，异质性增强，农村社区居民之间旧有的关系模式受到冲击，村民之间面对面的交往减少，"熟人社会"转变成了"半熟人社会"甚至是"陌生人社会"。随着城市化和社会流动的加剧，滕尼斯笔下的"共同

---

* 徐延辉，厦门大学社会与人类学院教授，xuyanhui1965@163.com；许磊，厦门大学社会学系研究生。

体"在我国农村社会能否维系？如果能，拿什么来维系？这是本文要回答的主要问题。本文从社区意识入手，探讨农村共同体的发展变迁及其影响因素，分析农村社区的治理之道。

一　文献回顾

（一）共同体的概念及发展演进

"共同体"主要是指建立在自然基础之上的一种相互依存、关系密切的人类生活方式（滕尼斯，1999）。共同体是一个富有阐释空间的概念，小到一个家庭、家族、组织，大到一个民族、国家甚至是整个世界都可以包含在内（田毅鹏，2014）。传统意义上的共同体是指自生自发的人类共同生活方式。在这种生活方式下，人们相互了解、互动频繁且同质性较高，拥有共同的文化价值观念。在我国，传统农村以"群"的形式存在，在社会关系中群的作用大于个体，个体在共同体中处于附属地位（梁漱溟，2011）；邻里之间的关系是端着一碗汤也不会凉的距离（费孝通，2011），这种守望相助的生活方式就是滕尼斯笔下的共同体。

进入现代社会，农村社会结构发生了巨大变化。一方面越来越多的农村青壮年涌入城市寻找生活机会；另一方面农村人口的内部构成也在发生变化，从外地农村流入本地农村的异地"务农人口"开始增加。流动人口的增多导致邻里之间的交往互动不断减少。在传统农村，村民主要以种田为生，田间地头是农村社会一个重要的互动场域。田间地头既可以进行信息交流，又可以在农业生产方面进行实质性的互助互惠。但是，随着市场经济向农村渗入和信息网络城乡全覆盖，人们的交往方式发生了重大变化。金钱成为衡量人们生活价值的重要因素，农村社会开始遵循"陌生人社会"逻辑，社会生活的世俗化和理性化对农村社会原有的道德规范和价值标准造成了巨大的冲击（卢璐、许远旺，2012）。传统的家族力量特别是以家族法规为代表的宗族制度在当代农村已经消失殆尽，中国农村的社会结构已经不再是费孝通先生所描述的差序格局（贺雪峰，2013）。农村共同体的生活方式注入了现代性的因素，破坏了旧有的关系模式，同时也使共同体的发展陷入了困境。

对于人类社会共同体的未来，古典社会学家比较悲观。滕尼斯（1999）认为，随着社会的不断发展和现代化进程的加快，共同体最终将被社会取代。涂尔干（2000）认为，社会发展和技术进步导致劳动分工越来越细，社会将从简单社会转向复杂社会。在正常情况下，劳动分工能够促进社会整合，但是很多时候劳动分工表现出的是病态形式，例如强制和不协调的分工，因此社会失范不可避免。工业化的发展导致了社会的分化，也把人类社会带入了货币经济时代，大都市成为货币经济的中心，乡村则处于边缘地位。大都市生活表现的是一种理性计算的利己主义，这与传统的乡村社会格格不入（齐美尔，2009）。

当代学者对农村共同体的发展既有乐观论也有悲观论。乐观论包括转型论和继存论。转型论者认为，农村共同体并没有在城市化的浪潮中消逝，而是在表现形态上发生了变化。人类社会起始于共同体。在传统农业社会阶段，人类的共同体形式是家元共同体。这是由内在力量团结在一起的熟人社会，共同体内部趋于统一。到了工业社会阶段，人类社会构建起了族阈共同体，通过外在的力量（诸如法律、规则、规范等）将陌生人社会中的个体团结在一起。进入 21 世纪，全球化步伐的加快和后工业社会的到来预示着合作共同体的生成（张康之、张乾之，2012）。因此，共同体伴随着人类社会始终，只是不同的时代其存在方式和表现形态有所差异。共同体继存论者并不否定社会流动和城市化等因素给农村共同体带来的冲击，因为市场风气的蔓延破坏了邻里的团结，消除了邻里之间的联系，使得熟人之间相互隔离。但是，在互惠机制和社会关系网络的作用下，市场对共同体的消解实际上被抵消了，共同体能够抵制市场价值的侵蚀，共同体社会依然存在（富永健一，1992；Maitland，1998；卢成仁，2015）。

虽然共同体继存论和转型论侧重点不同，但其论述基点或者暗含的假设是一致的，即人类需要共同体的生活方式。一方面，共同体能够给人们带来强烈的归属感以及精神上的慰藉；另一方面，在高度现代性的社会，自发的秩序再生产不被信任，共同体的维持需要依靠一种包含了个体化和差异化的集体，人类需要一种全新的共同体来满足人们对身份的认同（鲍曼，2003；乌尔里希·贝克、伊丽莎白·贝克-格恩斯海姆，2011）。在现代社会，人们的生活空间分化为私人领域和公共领域，而且公共领域越来越占据主导地位，这种公共领域是和陌生的他人共同构成的。在与陌生的他人交往的公共领域里，人类需要一种确定性，这是人类的本能需求，而这种确定性是通过重塑自我与他人的关系，进而建立起类似于熟人社会的共同体来实现的（张康之、张乾之，2012）。

对农村共同体发展持悲观论的学者则认为，社会流动的加剧改变的是传统社会的封闭性，农村社会的团结纽带被打破，农村共同体的基础也因此遭到瓦解（张以明，2007）。由于城市化和市场化的冲击，大批农村青壮年到城市谋生，原有的乡村共同体结构走向衰弱是必然的趋势（江涛，2007）。到了当代社会，农村社区传统的宗族关系、邻里关系逐渐弱化，失去了原有的浓厚的社区归属感（张荣，2015）。

虽然很多学者认为农村共同体会一直存在下去，但现代性对农村的巨大冲击导致农村共同体的形态发生改变也是不争的事实，因而许多学者进行了振兴乡村的对策研究。一方面，可以通过培育社区文化和制定具有地方特色的村规民约等方式来培育共同体（李国庆，2005；汪火根，2011）；另一方面，在现代社会，网络和虚拟社会无处不在，而网络的发展正是人们对共同体的需求和对群体归属感向往的表现。网络是虚拟的，但人是实体的，虚拟网络和虚拟社区无法代替实体社区，因此可以通过重塑社区精神来增强村民的认同感和归属感（陈友华、佀莉，2016）。

通过梳理文献可以发现，共同体的生活方式是一种你中有我、我中有你、个体和整体休戚与共的依赖关系，共同体概念既包括地域上的区分，也包含心灵上的认同。构成共同体的要素有很多，如地域或地理边界、人口数量与结构、规则和行为规范以及认同感和归属感等，而包含了认同感和归属感的社区意识对于共同体的形成和维系可能更为重要，社区意识是共同体的核心和灵魂。本文即从社区意识角度出发，探讨社区意识的生成及其对农村共同体的影响。

（二）社区意识的相关研究

最早对社区意识进行研究的是芝加哥学派，其代表人物帕克在社区研究中发现了"社区兴趣"现象，可以将其理解为社区意识的一种表现。社区意识作为一个正式概念由麦克米兰和查韦斯提出，他们将社区意识界定为社区成员对自己所属社区的一种归属感，即社区成员及社区内群体之间彼此关心并且相信通过集体的奉献，社区需求都会得到满足和实现的共同信念（McMillan & Chavis，1986）。

国内对社区意识概念的界定主要包括地域感和群体感两种取向，地域感强调的是对居住空间的归属，群体感强调的是对群体的认同，因此可以将社区意识概括为居民普遍具有的地缘群体认同感（包晓霞，1997）。目前对社区意识的研究主要集中在以下三个方面：一是关注社区意识的功能，强调社区意识是社区发展的重要动力，在社区中扮演着非常重要的角色（高鉴国，2005；王亮，2006；吴晓燕、赵普兵，2014）；二是关注社区意识的构建及其存在的问题，探讨如何提升社区参与积极性和社区归属感来促进社区意识的生成（文哲民，2009）；三是研究了社区意识的影响因素，包括个体因素、社区的自然条件和文化因素、政府政策因素和社会组织因素等（杨敏、王建民，2009；单菁菁，2006；闵学勤，2014）。

通过梳理文献可以发现，对社区意识的研究虽然数量较多，但主要关注的是城市社区，对农村社区研究较少。本文的研究对象为流动型农村社区，即本地人口向外流动较多，同时亦有部分外来人口流入本地的农村社区，通过研究现代性和流动性背景下，农村社区的社区意识现状及其影响因素，探讨如何构建及稳固农村共同体，为促进农村社区治理提供参考。

（三）研究假设

包晓霞（1997）对流动人口的研究发现，社会经济地位、年龄、婚姻状况和子女状况会对社区意识产生正向影响。社会经济地位反映的是个体或群体在社会中所处的位置，是收入、职业和受教育程度的综合表现。社会经济地位的差异会导致社会态度上的变化。在与社区成员交往的过程中，如果个人发现自己在职业、收入等方面处于劣势地位，容易产生相对剥夺感和不公平感（王甫勤，2016）。由于农村社区成员的同质性相对较强，职业差异较小，可以用收入和受教育程度来测量社会经济地位。年龄对社区意识的影响涉及一个关键性要素，即居住时间。居住时间越长，越容易产生归属意识，社区意识就会越强（高鉴国，2005）。桑志芹和夏少昂（2013）的实证研究也表明，在某个社区居住时间较长的居民，对所在的社区具有更高的认同；居住时间达到一定程度其社区认同度会很高，并且趋于稳定。有鉴于此，我们提出如下三个假设。

H1：收入越高，社区意识越强；相对收入越高，社区意识越强。

H2：受教育程度越高，社区意识越强。

H3：居住时间越长，社区意识越强。

流动性已经成为现代家庭的主要特征，主要表现在时空上的流动、结构和形态的多样性、复杂性以及家庭关系和模式的多元化（吴小英，2017）。家庭的流动性既有制度作用的因素（例如户籍制度和教育制度引起的家庭流动），同时又可能是市场驱动和逐利性的结果，导致流动人口价值观念发生变化。鉴于外出务工经历可能对社区意识产生影响，我们提出如下假设。

H4：本人有外出务工经历或家庭成员有外出务工经历者，其社区意识更弱。

社会信任是伦理道德的核心（Putnam et al，1993），是社会凝聚和社会团结的价值基础（徐延辉、史敏，2016）。人们之间的交往越多，越容易形成亲密关系，这种亲密关系有助于社区意识的构建（McMillan & Chavis，1986）。鉴于亲密关系和社会信任有助于社区意识的培育，我们提出如下假设。

H5：社会信任越高，社区意识越强。

二　研究设计与变量测量

（一）数据来源与样本特征

本文的研究对象是人口流动性较强的农村社区。根据研究对象的特点，本课题组采用立意抽样的方式，于 2017 年 8～12 月对江西省赣州市的 12 个行政村进行了实地调研。具体调查方法为：以家庭为单位，采用随机抽样的方法选取家庭，再根据性别、年龄等因素进行配额抽样选取具体的调查对象。本次调查共发放问卷 600 份，回收 571 份，有效问卷 550 份，问卷的有效率为 96%。样本详细信息见表 1。

表 1　样本构成基本情况

类别变量				连续变量		
变量名称	类别	样本数	百分比（%）	变量名称	均值	标准差
性别	男性	332	60.4	年龄（岁）	41.36	16.20
	女性	218	39.6			
政治面貌	党员	65	11.8	子女个数	2.13	1.29
	非党员	485	88.2			
受教育程度	小学及以下	149	27.1	家庭年收入（万元）	5.82	5.54
	初中	217	39.5			
	高中/中专	121	22.0	一起居住的家人数	5.58	2.09
	大专	31	5.6			
	本科及以上	31	5.6	居住时长（年）	35.31	19.61
宗教信仰	有	90	16.4			
	没有	459	83.6			
婚姻状况	未婚	95	17.3			
	已婚	433	78.9	主观个人阶层	4.54	1.84
	离婚	9	1.6			
	丧偶	12	2.2			
外出务工经历	有	378	68.7			
	没有	172	31.3			

（二）变量测量

为了探讨流动性和开放性背景下农村社区共同体何以维系的问题，本研究将社会经济地位、居住时长、外出务工经历和社会信任作为自变量，将社区意识作为因变量，运用多元线性回归方法进行分析。

1. 自变量的测量

社会经济地位：采用主客观混合指标测量法。在客观指标方面，采用收入和受教育程度作为测量指标，受教育程度采用赋值的方法进行测量，小学及以下赋值为 3 分，初中赋值为 6 分，高中/中专赋值为 9 分，大专赋值为 12 分，本科及以上赋值为 15 分。主观社会经济地位采用"您认为与周围人相比，您家的经济收入状况如何"来测量，答案包括"很低""低一些""处于平均水平""高一些""高很多"五个层次，分别赋值为 1~5 分。

居住时长：通过直接询问被访者"您在目前的社区一共居住了多少年"来测量。

外出务工经历：通过询问被访者及其家人是否有外出务工经历来测量。

社会信任：包括对社区成员和社区机构的信任两个方面。对社区成员的信任包括对家人、邻居、同村的朋友、同村陌生人的信任程度，答案包括"完全不信任""不太信任""比较信任""完全信任"四个等级，分别赋值为 1~4 分。对社区机构的信任主要是指对村委会和乡镇政府的信任。对村委会的信任通过询问被调查者对以下问题的态度来测量：①村委会的办事过程和结果都是公开、透明的；②村委会处理事情公道恰当；③村委会能处理好突发事件；④我相信村委会工作人员办事能力比较强。答案包括"非常不同意""不同意""同意""非常同意"四个等级，分别赋值为 1~4 分。以上四个项目的 Cronbach's Alpha 信度系数为 0.768。为了简化项目，根据主成分分析法对其进行因子分析，通过最大方差法进行旋转，共抽取一个因子，将抽取的因子命名为"村委会信任"，叫解释的方差为 66%。对乡镇政府的信任主要通过询问"您对乡镇政府的信任程度"来测量，答案包括"完全不信任""不太信任""比较信任""非常信任"四个等级，分别赋值为 1～4 分。

2. 因变量的测量

本研究的因变量是社区意识。

麦克米兰和查韦斯关于社区意识的概念影响深远，他们总结出了构成社区意识的四个关键要素：社区成员归属意识、社区与个体的双向影响、整合与实现的需要、共同的情感。这四个要素分别指向社区成员对社区的归属感、社区与社区内部成员之间相互影响、社区内部成员之间的整合与个体在社区中自我需求实现的需要、社区内部成员在日常的交往中所建立起来的共同情感。之后很多学者采用了这四个要素对社区意识进行测量，较有代表性的是 Anderson（2009）所使用的社区意识量表（SCI，Sense of Community Index），该量表共涉及 11 个项目，通过询问被访者同意程度（包括非常不同意、不同意、同意和非常同意）来测量社区意识的强弱。

本研究也借鉴 SCI 量表对社区意识进行测量。为了消除中西方语言习惯的差异并使量表适用于农村社区，我们对这 11 个项目进行了细微的改造。然后对这 11 个指标进行主成分因子分析，Cronbach's Alpha 信度系数为 0.778，通过最大方差法进行旋转，共抽取了四个因子，分别命名为"共同情感因子""归属意识因子""个体实现因子""整合因子"。具体如表 2 所示。

表 2　社区意识的因子分析（成分矩阵）

项目	共同情感因子	归属意识因子	个体实现因子	整合因子	共量
村子是我家，建设靠大家	0.783	0.159	-0.064	0.024	0.643
我愿意成为所在村子的正式一员	0.782	0.239	0.179	0.082	0.708
我希望长期居住在这里	0.750	0.111	0.135	0.167	0.620
我认为现居住的村子对我来说很重要	0.730	0.075	0.285	0.019	0.620
村子内的人拥有共同的价值观	0.324	0.516	0.236	0.252	0.491
我愿意参加本村的各项公共事务	0.154	0.825	0.116	-0.016	0.718
本村发生的事情与我息息相关	0.127	0.826	0.109	0.049	0.713
村民利益能够得到很好的维护	0.180	0.238	0.763	0.123	0.686

续表

项目	共同情感因子	归属意识因子	个体实现因子	整合因子	共量
我对居住的村子感到满意	0.146	0.103	0.805	-0.002	0.680
我认识村子的大部分人	0.166	0.177	-0.162	0.749	0.646
村民之间的日常互动很多	0.013	-0.059	0.299	0.712	0.599
特征值	3.779	1.229	1.098	1.021	—
方差	34.352	11.172	9.977	9.278	64.780

三 研究发现

（一）农村社区意识现状

我们首先对测量农村社区意识的项目进行了描述统计，结果发现选择"满意"的占 57.5%，"非常满意"的占 18.4%，两项合计共占 75.9%。可见，在外出务工人口较多的农村依然具有较强的社区意识，社会流动等因素并没有彻底改变农村人的认同感和归属感。受血缘、亲缘、地缘以及传统文化因素的影响，农村人对自己曾经生活过的地方具有深厚的情感，对村庄的情感仍然是无可替代的。

（二）农村社区意识的影响因素

我们将社会经济地位、居住时长、外出务工经历以及社会信任作为主要的自变量，将社区意识的四个因子作为因变量纳入回归模型（见表3）。模型一的因变量为共同情感因子，模型二的因变量为归属意识因子，模型三的因变量为个体实现因子，模型四的因变量为整合因子。通过研究我们得到以下发现。

1. 社会经济地位对社区意识的影响

从模型二可知，受教育程度和家庭年收入对归属意识因子的影响具有统计显著性，受教育程度和家庭年收入越高，归属意识越强。从模型三可知，与其他家庭相比较的收入状况对个体实现因子的影响具有统计显著性，与其他家庭相比较而言，越具有收入上的优势，在社区中自我需求实现程度会越高，因此也会具有越强的社区意识。这一结论验证了假设 1 和假设 2。从模型一和模型四可知，社会经济地位的三个维度对共同情感因子和整合因子的影响都不具有统计显著性。

2. 居住时长对社区意识的影响

居住时长变量在四个模型中都具有统计显著性，即居住的时间越长，共同情感认同度越高，归属意识越强，同时社区内部成员之间的整合程度也越高。但是居住时长给个体实现因子带来了负向影响，也即居住的时间越长，个体在社区中自我需求实现程度就越低，说明居住时长对农村社区意识的影响比较复杂，但是总体而言居住时间越长越有利于社区意识的生成，因此验证了假设 3。

3. 外出务工经历对社区意识的影响

从模型一和模型三来看，被访者本人的外出务工经历对共同情感因子和个体实现因子的影响具有统计显著性，但其影响的方向不一样：被访者本人有外出务工经历的比没有外出务工经历的共同情感认同度更高，但是在社区中自我需求实现程度更低。被访者家人有外出务工经历的比没有外出务工经历的村民在社区中自我需求实现程度更高，因此否定了假设 4。外出务工经历在模型二和模型四中都不具有统计显著性。

4. 社会信任对社区意识的影响

村委会信任在模型一、模型二和模型三中都具有统计显著性，对村委会的信任度越高，共同情感认同度就越高，归属意识也越强，在社区中自我需求实现程度也越高。镇政府信任在模型一和模型三中具有统计显著性，对镇政府的信任度越高，共同情感认同度就越低，但在社区中自我需求实现程度会越高。可见，对社区机构的信任程度是影响农村社区意识生成的重要因素。社区成员信任程度对社区意识的影响主要表现在家人和朋友之间，对家人或朋友的信任程度越高，共同情感认同度越高。综合分析来看，社会信任越高，社区意识越强，因此验证了假设 5。

表3　影响农村社区意识的多元回归分析（标准回归系数）

预测变量	模型一 共同情感因子	模型二 归属意识因子	模型三 个体实现因子	模型四 整合因子
社会经济地位				
受教育程度	− 0. 013 (− 0. 041)	0. 066 (0. 215)***	− 0. 001 (− 0. 003)	− 0. 041 (− 0. 003)
家庭年收入	0. 014 (0. 078)	0. 019 (0. 107)*	− 0. 011 (− 0. 062)	− 0. 009 (− 0. 052)
与其他家庭相比较的收 入状况	− 0. 105 (− 0. 081)	− 0. 037 (− 0. 029)	0. 165 (0. 127)***	0. 001 (0. 002)
居住时长	0. 006 (0. 112)*	0. 008 (0. 161)***	− 0. 006 (− 0. 115)***	0. 008 (0. 161)**
外出务工经历[a]				
本人	0. 238 (0. 131)**	0. 023 (0. 011)	− 0. 166 (− 0. 077)**	− 0. 008 (− 0. 004)
家人	0. 037 (0. 013)	− 0. 079 (− 0. 028)	0. 258 (0. 092)**	− 0. 111 (− 0. 040)
村委会信任	0. 262 (0. 263)***	0. 180 (0. 182)***	0. 576 (0. 577)***	0. 062 (0. 062)
镇政府信任	− 0. 151 (− 0. 131)**	− 0. 031 (− 0. 027)	0. 134 (0. 116)***	0. 057 (0. 049)
家人信任	0. 257 (0. 117)**	0. 109 (0. 050)	0. 011 (0. 005)	0. 155 (0. 071)
邻居信任	0. 031 (0. 056)	0. 039 (0. 071)	0. 001 (0. 002)	− 0. 006 (− 0. 010)
朋友信任	0. 246 (0. 135)**	0. 121 (0. 066)	0. 107 (0. 059)	0. 164 (0. 090)
陌生人信任	− 0. 035 (− 0. 050)	0. 041 (0. 059)	− 0. 032 (− 0. 045)	0. 027 (0. 038)
常数	− 1. 411***	− 1. 576***	− 0. 951**	− 1. 144**
N	550	550	550	550
Adjusted R^2	0. 125	0. 118	0. 484	0. 077
F	7. 378***	6. 959***	43. 925***	4 474***

注：* $p < 0.05$，** $p < 0.01$，*** $p < 0.001$。

参考类别：a，"没有"。

四　结论与讨论

（一）农村共同体仍然存在，但也面临一系列的问题与挑战

本研究的数据分析表明，在外出务工人员较多的农村，共同体仍然存在。虽然近年来市场化和城市化进程的逐步推进对农村造成了很大的冲击，但地缘和血缘关系仍然是非常重要的因素，这一结论也印证了共同体继存论的观点。有学者认为，在目前的中国，农村社区是唯一真实存在的共同体，城市社区只是概念意义而非实际意义的共同体，共同体的生活方式是农村社区能够平稳运行的重要条件（郎友兴，2016）。但是，由于城市化和现代性等因素的影响，农村社区共同体的生活方式遭到了一定程度的破坏，因此，虽然说农村共同体仍然存在，但也面临着一系列的问题与挑战。我们的研究也发现，村民对自己居住的村庄总体满意度并不是太高，而且对村子事务漠不关心的人也不在少数，这些都是阻碍农村共同体维系的重要因素。要解决这些问题，首先必须营造更加美好的居住环境，大力发展本村的公共事业，创造机会让更多的人参与到公共事务当中。

（二）社区意识对培育和维系农村共同体具有重要作用

社区意识是共同体形成的黏合剂和社区发展的内在动力（王亮，2006；吴晓燕、赵普兵，2014），对于改善社区居民之间的关系具有重要作用；较强的社区意识能使社区成员互帮互助，社区事务也更容易得到解决（王处辉、朱焱龙，2015）。社区意识也是社区社会资本建立和产生的重要动力，而社会资本有助于社区规范与社区网络的建立与发展（Babajanian，2008）。社会资本丰富的社区能够更好地激励居民共同努力，实现社区所需要的合作与协调（Whitham，2012）。因此，培育和维系农村共同体必须重视社区意识的重要作用。在农村社区的组织机构中，村委会的作用无可替代。村委会

的组成人员是农村社区中的制度精英（应星，2007），对整个农村社区的发展发挥着不可替代的作用。本研究也发现，村委会在社区意识生成中扮演着重要角色，村民对村委会的信任度越高，社区意识就越强。近年来国家在进行农村改革的过程中出现了许多问题，对村委会缺乏有效的监督，村民对村委会的信任不足，导致村民整体的社区参与程度较低。村民缺少一种主人翁的意识，很少付诸实际行动参与社区建设，认为农村社区建设只是政府官员的工作（文哲民，2009）。乡镇政府是农村社区意识生成的重要因素，但是在农村社区治理过程中常常出现地方政府与村委会"共谋"现象，没有行使好对村委会的监督职能，影响了村民对政府的信任。

（三）村民之间的良好关系营造是农村共同体建立的条件和结果

良好的村民关系是农村共同体建立的条件，同时也是农村共同体建立的结果。传统的农村社会是建立在"差序格局"基础上的熟人社会，是由血缘、亲缘、宗缘、地缘等社会关系网络所构成的生活共同体（李培林，2002）。人际关系由人情、人缘与人伦组成，其中人情是其核心，它包含了血缘关系和伦理思想而延伸的人际交换行为（翟学伟，1993）。"人情"包含了人与人之间的情感、人与人之间进行的互动以及人与人交往相处所应遵守的规范准则（李伟民，1996）。人际交往包含情感交往、信息交流和物质交往等元素，而社会交往是人际交往在更大范围的活动过程，是构成社会关系的基础。以往农村人情往来大都是宗亲与姻亲，而现在人情中朋友的比重越来越大（贺雪峰，2013）。本研究发现，对家人和朋友的信任程度显著影响村民之间的共同情感。可见，在现代社会生活中，村民之间的交往既体现了对传统人际关系的继承，也体现出现代理性对人际交往内容的构建。现代技术手段的运用使得面对面的交流减少，同时外出务工人员逐渐增多和部分异乡人进入，村民之间的良好关系营造阻力重重。农村共同体既是地域认同，也是群体归属，因此，农村共同体的建立必须抓住心理层次的因素。村民之间的良好关系营造即重要的举措。要想营造出良好的村民关系，必须坚持社区建设中村民的主体地位，把村民作为价值主体、参与主体、创造主体和受益主体，这样才能激发村民的主人翁意识，培养公共精神，从而营造良好的村民关系，巩固和维系农村共同体。

（四）共同体与农村社区治理

农村社区治理是指政府、村组织和村民等各方，通过协同的方式对社区公共事务进行共同管理，提高社区的归属感和凝聚力，增进福利水平，从而促进农村社区不断发展的过程（曹立前、尹吉东，2016）。农村社区治理注重的不仅是各级政府和村干部的参与，更注重村民的广泛参与，通过政府、村干部以及村民等各方的有效互动，以共同协商的方式达成共识。在本次调研中我们发现，农村的一些公共场所和基础设施的修建，首先是由一部分村民发起，通过与村委会的沟通以及积极争取获得政府的支持，最后促成了项目的落地。这是一种自下而上的互动型治理方式。过去农村普遍是一种权威型治理，决策权更多的是掌握在权威拥有者本身。在社会转型的今天，权威型治理已无法适应农村社区发展的需求。在国家治理现代化的背景下，通过多方共同的参与来对社区进行有效的管理是促进农村社区发展的必由之路。农村社区治理有赖于农村共同体的维系。大量的农业剩余劳动力向城市流动导致农村社区出现空心化现象（常明杰，2016），阻碍了村民之间的有效互动，因此，必须重塑村民的社区意识，培养村民的社区归属感，通过提升村民的实质性参与来实现乡村振兴。

参考文献

包晓霞，1997，《"落地生根"还是"落叶归根"——移民的社区意识探析》，《甘肃社会科学》第 6 期。

鲍曼，2003，《共同体：在一个不确定的世界中寻找安全》，欧阳景根译，南京：江苏人民出版社。

曹立前、尹吉东，2016，《治理转型：从传统乡村到新型农村社区》，《农村经济》第 11 期。

常明杰，2016，《由碎片到整体：农村社区化治理的现实困境与路径构建》，《农村经济》

第 8 期。

陈友华、佴莉，2016，《社区共同体困境与社区精神重塑》，《吉林大学社会科学学报》第 4 期。

单菁菁，2006，《从社区归属感看中国城市社区建设》，《中国社会科学院研究生院学报》第 6 期。

费孝通，2011，《乡土中国·生育制度·乡土重建》，北京：商务印书馆。

富永健一，1992，《社会学原理》，严立贤译，北京：社会科学文献出版社。

高鉴国，2005，《社区意识分析的理论建构》，《文史哲》第 5 期。

贺雪峰，2013，《新乡土中国》，北京：北京大学出版社。

江涛，2007，《乡村共同体的衰落——从赣南山区自然村庄的消亡看农村社区的变迁》，《广西民族大学学报（哲学社会科学版）》第 3 期。

郎友兴，2016，《村落共同体、农民道义与中国乡村协商民主》，《浙江社会科学》第 9 期。

李国庆，2005，《关于中国村落共同体的论战——以"戒能—平野论战"为核心》，《社会学研究》第 6 期。

李培林，2002，《巨变：村落的终结——都市里的村庄研究》，《中国社会科学》第 1 期。

李伟民，1996，《论人情——关于中国人社会交往的分析和探讨》，《中山大学学报》（社会科学版）第 2 期。

梁漱溟，2011，《乡村建设理论》，上海：上海人民出版社。

卢成仁，2015，《流动中村落共同体何以维系——一个中缅边境村落的流动与互惠行为研究》，《社会学研究》第 1 期。

卢璐、许远旺，2012，《建构认同：新型农村社区建设与社区意识的生长》，《学习与实践》第 4 期。

闵学勤，2014，《社区的社会如何可能——基于中国五城市社区的再研究》，《江苏社会科学》第 6 期。

齐美尔，2009，《货币哲学》，许泽民译，贵州：贵州出版集团、贵州人民出版社。

桑志琴、夏少昂，2013，《社区意识：人际关系、社区嵌入与社区满意度——城市居民的社区认同调查》，《南京社会科学》第 2 期。

滕尼斯，1999，《共同体和社会》，林荣远译，北京：商务印书馆。

田毅鹏，2014，《作为"共同体"的单位》，《社会学评论》第 6 期。

涂尔干，2000，《社会分工论》，渠东译，北京：三联书店。

汪火根，2011，《社会共同体的演进及其重构》，《重庆社会科学》第 10 期。

王处辉、朱焱龙，2015，《社区意识及其在社区治理中的意义——基于天津市 H 和 Y 社区的考察》，《社会学评论》第 1 期。

王甫勤，2016，《新生代与传统农民工社会公平感的影响因素研究》，《中国人口科学》第 5 期。

王亮，2006，《社区意识——社区共同体的灵魂》，《广西社会科学》第 4 期。

文哲民，2009，《充权与民主：农村社区意识培养的路径选择》，《现代经济》第 5 期。

乌尔里希·贝克、伊丽莎白·贝克-格恩斯海姆，2011，《个体化》，李荣山、范譞、张惠强译，北京：北京大学出版社。

吴小英，2017，《流动性：一个理解家庭的新框架》，《探索与争鸣》第 7 期。

吴晓燕、赵普兵，2014，《"过渡型社区"治理：困境与转型》，《理论探讨》第 2 期。

徐延辉、史敏，2016，《社会信任对城市外来人口社会融入的影响研究》，《学习与实践》
    第 2 期。

杨敏、王建民，2009，《在社区建设中重铸社区认同》，《天津社会科学》第 3 期。

应星，2007，《草根动员与农民群体利益的表达机制——四个个案的比较研究》，《社会学
    研究》第 2 期。

翟学伟，1993，《中国人际关系的特质——本土的概念及其模式》，《社会学研究》第 4 期。

张康之、张乾之，2012，《共同体的进化》，北京：中国社会科学出版社。

张荣，2015，《从网络狂欢看互联网时代的个人、共同体与社会》，《福建论坛》（人文社
    会科学版）第 12 期。

张以明，2007，《走向实践的共同体——论现代性的反思性重建》，《现代哲学》第 4 期。

Anderson, M. R. 2009. "Beyond Membership: A Sense of Community and Political Behavior."
    Political Behavior 31 (4).

Babajanian, B. V. 2008. "Social Capital and Community Participation in Post-Soviet Armenia:
    Implications for Policy and Practice." *Europe-Asia Studies* 60 (8).

Maitland, I. 1998. *Community Lost? Source: Business Ethics Quarterly.* Cambridge University Press.

McMillan, D. W. & Chavis, D. M. 1986. "Sense of Community: A Definition and Theory."
    Journal of Community Psychology 14 (6).

Putnam, R., R. Leonardi, & R. Nanetti. 1993. *Making Democracy Work: Civic Traditions in
    Modern Italy.* Princeton University Press.

Whitham, M. M. 2012. "Community Connections: Social Capital and Community Success."
Sociological Forum 27 (2).

《社会学刊》第 2 期
第 189～204 页
© SSAP，2019

当代社区研究：基于城市视角[*]

Graham Allan　Chris Phillipson[**] 著

周志鹏　邱子舒[***] 译

　摘　要： 本文介绍了目前社会学对城市社区研究的相关理解。首先对 20 世纪六七十年代社区研究的主要批评进行了回顾，并简要地说明了网络分析尤其是聚焦于"个人社区"的网络，是否为社区研究提供了一种令人满意的替代性方案。本文主要认为，尽管社区研究存在批评，但人们对地方的依恋与联系，包括与之相连的社会网络仍然有很多东西值得关注。本文以全球化和移民过程为主题，探讨了社区研究如何阐明"地方"和"社区"对于理解当代社会经济转型对人们生活体验的塑造方式的持续相关性。除了考虑不同方面的社会排斥，本文还回顾了最新研究如何探讨日益复杂的地方和身份认同之间的相互作用。

　关键词： 社区研究　地方　身份　个人网络　城市化

一　引言

　　Bell 和 Newby（1971）在其颇具影响力的著作《社区研究》中从理论

---

[*]　本文将 locality、localities、the local 译为"地方"；将 identity 译为"身份认同"。

[**]　Graham Allan，英国基尔大学社会学系教授，spa05@ keele. ac. uk；Chris Phillipson，英国基尔大学应用社会研究和老年社会学教授。

[***]　周志鹏、邱子舒，复旦大学社会学系硕士研究生。

和方法层面上讨论了社区研究方法，批判性地评价了社区研究者在这两方面的成就。正如 Crow（2002）所指出的，许多经典社区研究都涉及他们那个时代的关键理论，以及政治和社会议题。事实上，从 Tönnies 开始，城市化、工业化、社会融合、社会排斥等问题就已经成为英国和其他地方社区研究的核心问题。然而在 Bell 和 Newby 写作《社区研究》的年代，虽然社区研究为不同地区和环境中的社会生活形式提供了大量经验证据，但它们对理解现代性转型的理论贡献相对较小。此外，其中一些被广泛用于分析个人团结的模式——比如 Young 和 Willmott（1957）对家庭和血缘关系的研究，如今是 Tower Hamlets 或 Goldthorpe、Lockwood、Bechofer 和 Platt（1969）研究卢顿富裕工人生活方式的一部分——它们不是标准意义上的社区研究，而更多是在既定地点对特定主题进行研究。

此外，两种重要的"理论"批评日益困扰着社区研究的实践。首先，是对厘清"社区"的概念与意义的持续关注（Bulmer，1987）。该术语有很多组成部分，并且学界提供了许多不同定义，因此"社区"概念在社会科学中的重要实在价值并不是很清晰。作为一个概念，"社区"似乎被灌输了过多规则和意识形态，以至于在分析上缺少有效性。其次，在整个 20 世纪，伴随城市工业化而来的广泛社会经济转型不可避免地破坏了地方以及社区在构建人们生活方面的重要性。从最初的社会调查以来，社会生活的"去本土化"（de-localization）就一直引发了人们对"社区问题"（Wellman，1979）的兴趣，但随着更高"流动性"与"全球化"生活方式的不断涌现，人们减少了对"地方"组织的关注。在 Bell 和 Newby 的批判性评述中，社区生活研究已经不再处于主流社会学话语的中心地位（Crow & Allan，1994）。

同样，在可靠性和严密性上，社区研究所采用的标准方法也受到了质疑。其中一个重要方面就在于，社区研究能对拓展或积累社会学理论层面的知识做出多大程度的贡献。与这一批评相关的看法是，民族志——社区研究中较受欢迎的研究方法——并不便于生成其他人可以复制的数据。因此，社区研究常常被描绘成印象派，其发现受到研究者个人特征和被研究的社会结构的影响。对于以往的研究发现，人们很难理解并找到可以复制研究结果的地方，正是这种不确定性强化了人们对社区研究的上述看法。许多研究，例如 Stacey 对班伯里（Banbury）的两项研究（Stacey, 1956；Stacey, Batstone, Bell, & Murcott, 1975），可以看到首次研究和后期研究之间出现了显著不同的分析结果（Bell & Newby, 1971）。然而人们很难知道这种显著不同是来源于所研究社区真实地发生了变化，还是研究人员在该领域的理论观点或经验发生了转变。

到 20 世纪 70 年代，传统意义上的社区研究已经变得有点过时了——Pahl（2005：626）总结道，"20 世纪 60 年代末的时代精神……正在摆脱传统和过时的'社区'概念"。在某种意义上，社区研究仍旧被用来研究小众且特殊的地方，但它们对于理解 20 世纪后期主流社会生活模式变革的作用就不那么突出了。相反，学者开始寻求新的方法，以便更好地了解社会契约与团结是如何随着社会经济条件的改变而改变的。特别值得关注的是，地域"去中心化"的分析框架得到了发展。毫无疑问，这里最受欢迎的创新是网络分析，这一观点在 20 世纪 60 年代引起了社区研究人员的广泛关注（参见 Frankenberg, 1966；Stacey, 1969；Bell & Newby, 1971），继而在 20 世纪 70 年代和 80 年代迅速发展。在 Bott（1957）的开创性工作推动下，网络分析似乎提供了一种不仅基于地理而且能够系统地收集代表性数据的方法。此外，Bott 关于网络结构与夫妻角色隔离关系的论文似乎为理解人们的行为提供了新的解释形式。这些解释既不是明显乏味也不够直观，但似乎能够在一定程度上促进社会学理论的发展，而从社区研究的角度来看，这似乎是不可能的。

二　"个人社区"的兴起

Wellman（Wellman, 1979；Wellman, Carrington, & Hall, 1988）的研究对于发展网络视角在社区问题中的应用尤为重要。他对"个人社区"的重视建立在 Bott（1957）的方法之上，试图找出个人在家庭之外的社会亲密关系网络。其核心论点是，这些网络模式的研究比社区研究更有助于理解当代社会中人们社会融合的多样性。至关重要的是，这种网络研究可以探索关系的本质，而不必受地理位置的局限，从而使研究人员能够更全面地了解人们的社会参与和关系承诺。网络分析有助于系统收集关于不同关系（他们的历史、交换内容、接触方式等）以及涉及其他人社会特征的信息，以便比较不同个体维持的个人网络。此外，正如 Wellman 自己的研究工作所表明的那样（Wellman, Carrington, & Hall, 1988），由此产生的分析能够为关于当代社会出现的社会团结和排斥方面的变革的核心辩论提供信息。

　　然而，尽管网络分析似乎在一些传统社区研究备受批评的方面取得了进展，但它是否真正实现了它所宣称的潜力仍值得怀疑。在回答一些重要问题，特别是关于不同人群的社会融合、隔离和排斥等问题时，它无疑起到了良好的作用（请参阅 Spencer & Pahl, 2006; Terhell, van Groenou, & van Tilburg, 2004）。然而，网络分析对个人社区的关注（定义为个人及其维护的联系）也有其自身的局限性。与 Bott（1957）的原始模型不同，它不太能够提供社会行为的结构性解释。网络分析的数据通常来源于仅涉及中心个体的直接关系，所以不可能对网络中不同成员之间的连接模式进行更全面的分析（Milardo & Allan, 2000）。

　　此外，虽然个人网络方法比传统社区研究更能产生有代表性的关于人们各种关系的数据，但它往往不太深入地关注这些关系所包含的一致性特征。有时，重点仅在于是否存在联结——例如某人是否为人熟知。即使获得了更为详细的关于不同关系社会交换与互动的信息，这些信息通常也主要用于描述性分析中，分析只需要提供有关网络参与者比例的材料、特定的交换形式或对特定活动领域的特征进行说明（Allan, 2006）。

　　更值得一提的是，在网络分析的标准形式中，个人社区研究经常使用访谈或问卷数据。也就是说，在生成更具代表性的数据时，它依赖于人们自己对其关系的描述，从而更多地放弃了民族志方法的一些好处。尽管民族志方法存在公认的困难，当然这也是上面提到的对社区研究批评的一个重要组成部分，但民族志确实具有允许研究人员研究并对人们的行为和言论进行归因的优势。此外，民族志使研究人员能够在原地以一种整体视角来看待各种关系，而不是把它们看作相互影响、难以确定的个体结构。但具有讽刺意味的是，"个人社区"的网络分析方法倾向于将它们关注的关系之间的交互属性"去背景化"（de-contextualize）。

由于这些方法论问题，在一定程度上个人社区研究在理解传统社区研究所关注的许多过程方面的效用有限。例如，尽管这些网络研究可以很容易地揭示具有不同特征的人之间的连接和断裂的模式，但它们不太能够展示社会和经济界限维持的过程。同样，它们可以说明社会排斥的关系模式，但不能说明这种排斥是如何规律性地实现的，或是如何受到挑战的。同样地，个人社区研究对于从自我中心的角度来描绘内部或外部的地位是有用的，但似乎对我们理解这些分歧的微妙和矛盾，以及它们是如何被协商或争论的，收效甚微。需要明确的是，本文的论点并不是说个人社区研究天生就不能解释这些问题——我们也可以想想 Granovetter（1973，1983）的作品。但在实践中，许多个人社区研究的焦点是对个人联系的描述，而不是对社会过程的分析（Morgan，2005）。

毫无疑问，个人关系模式对于考察晚期现代性所特有的重大社会经济转型具有重要意义。人们的个人网络如何受到全球化、去工业化、国际移民加剧等宏观经济变化的影响，是理解这些变化所造成社会影响的一个关键领域。然而，仅仅使用个人社区范式并不能充分说明这些变化对人们所维持的团结和相互依赖性的影响。诸如社会结构中的凝聚、融合与分裂、新对抗和冲突的出现以及人类社会不同部门所能获得的资源积累机会等问题需要采取比这更广泛的方法。我们的论点是，它们受益于一种包含更广泛"社区研究"视角的方法。为了说明社区研究视角在当下依然具有重要性，我们将在本义接下来的部分集中讨论最近备受关注的全球化、移民和地方问题的研究。

三　全球化与地方的回归

与全球化相关的社会变革成为 20 世纪 90 年代学界研究的一个主要领

域。最初，争论的本质似乎只是证实了地方身份可能消失，以及从地理边界
解放出来的新型通信方式的兴起。然而，Savage、Bagnall 和 Longhurst
（2005：3）称之为"微妙不同的全球化方式"，20 世纪 90 年代中期以来在
Castells（1997）、Massey（1994）和 Robertson（1995）等研究者的著作中得
到了发展："这些学者并没有强调地方的侵蚀，而是侧重于新形式的联系和
流动，以及它们重建社会关系和重建地方主义的潜力。"Savage 等（2005：
3）接着从这个角度阐述："……全球化并没有超越地方，而是……透过全
球关系的视角来理解地方。"同时，全球化也可以被视为在地方社会关系结
构中引入新层面的复杂性。跨国社区的崛起就是其中一个例子，移民在其家
庭和东道国社会中维持着"多重参与"（Basch，Schiller，& Blanc-Szanton，
1994：6；Levitt，2001）。Warnes（2006）提到了移民群体的"多重关系和
住所"，个人可以"选择"与欧洲和其他不同的地方保持联系（见下文）。
另外，Urry（2001）也强调了伴随全球化而来的"多样流动性"往往会创
造出新的社区类型——比如退休社区和"第二家园"——而不是直接取代
地方和面对面的联系。

然而，这种对全球化的重新评估并不意味着以一种忽视外部因素的方式
回到对具体地点的单一调查。鉴于上文提到的对社区研究的批评，当然这种
社区研究方法是有缺陷的，尤其是当一些批评本身随着晚期现代性的转变而
变得更有说服力时。如上所述，对于许多生活在发达社会的人来说，现在社
会生活的核心方面不像过去那样深植于"地方"之中。尽管如此，研究当
代社会和经济转型如何影响地方层面的不同个人——当然"本地"本身在
时间和空间上发生变化——仍然重要。因为显然社会生活的不同元素仍在构
建中，至少部分地由人们周边环境的物质和社会条件所决定，有些人比其他
人更真实，有些人生阶段比其他的更真实，有些地方比其他的更真实。但这
本身就解释了为什么对地方的研究仍然很重要。

在"全球"背景下研究什么是"地方"，实际上为基于社区的研究开辟
了新途径。单条街道（例如，牛津的考利路，Atlee，2007；伦敦的布里克
巷，Lichtenstein，2007）以其丰富的文化和生活方式，提供了理解"变化和

多样性如何集中在一个小区域"的可能性（Atlee，2007：18）。在地方层面上，种族多样性几乎肯定是最好的研究对象，因为大量的例子（包括"回访"，Dench，Gavron，& Young，2006）表明了这一点。社区研究的一个重要理论基础是更好地理解贫困和社会排斥（用当下的说法）（Scharf，Phillipson，Smith，& Kingston，2003）。不同类型的地方——从新城（Southerton，2004）到"士绅化"社区（高档社区）（Butler & Robson，2003）为民族志研究提供了独特的挑战。

与此同时，一系列发展变化巩固了以社区为基础的研究。这些发展变化首先反映了人口变化对地方的影响，其次是跨国社区的发展，以及"民选社区"的兴起。有人会说，这些都为开展以地方为基础的调查提供了令人信服的理由，尽管结论也将表明这种研究的困难和紧张关系。

四　社区研究：地方和跨国环境

Frankenberg（1966）、Bell 和 Newby（1971：53）认为影响社区的诸多变化之一是，社交网络变得"不那么受地方限制，而且不那么紧密"。他们同时指出，这种变化在一些社区较另一些社区更容易发生，这些变化远比滕尼斯主义认为的从社区到社会的简单转变复杂得多。他们发表的研究成果明显反映了这些发展趋势，体现了地方性联系的多样性以及使用多种研究方法的必要。

举例来说，市中心人口可能具有两个极端的人口特征：暂住人口被划分为临时暂住的专业人员（主要是单身）和贫困家庭；"常住人口"由居家养老的老年人和一些少数民族群体组成。来自英格兰 39 个实施社区新政（NDC）区域（极度贫困的城市区域）的数据证实了社区保有权（community tenure）的极端情况，所有年龄段居民中有 43% 的人在本地居住不到 5 年，只有 1/5 的人在当地生活了 20 多年（Neighbourhood Renewal Unit，2003）。对具有类似 NDC 区域特征的地域进行的比较研究发现，70% 的老年人（60 岁以上）在他们的社区生活了 20 年，甚至更长时间，近一半

（47%）老年人在该社区生活了 40 多年（Scharf et al.，2003）。因此，多样的生活历程与阶段以及不同的社会阶层和种族可能是非常重要的影响了人们在社区内外"受地域限制"与流动程度的变量（见下文）。

社区跟踪研究表明，老年人对家庭和周边社区有强烈的情感依恋（Phillipson，Bernard，Phillips，& Ogg，2001；Townsend，1957）。实际上 Rowles（1978：200）曾指出"空间感的选择性强化"可能是老年人在面对环境变化时用来保持认同感的普遍策略。虽然这在人口稳定的社区是可能实现的，但一些居住环境可能妨碍老年人保持身份。例如，在人口和建筑物迅速更新的"过渡区"，以及除了最贫穷和最不流动的居民之外的所有人都放弃的不受欢迎的城市街区，情况尤其如此（Newman，2003；Rogers & Power，2000）。随着服务机构逐渐撤出，可获得的基础设施如食品店、电话亭和银行逐渐恶化（Scharf et al.，2003），处于不利地位的城市街区以及居住在那里的人也容易被定义为"制度隔离"（Gans，1972）。

另外，社会排斥也可能发生在不受经济衰退威胁但正在经历各种形式的士绅化的社区（Butler & Robson，2003）。这方面仍有待研究，但 Phillipson 等（2001）和 Savage 等（2005：44）已经证实了这一点。他们曾评论过曼彻斯特市的一个士绅化地区，"这个地区没有过去和历史，也没有公民权。相反，年长的工薪阶层居民被认为是主要的社会残余"。"社会残余"一词明显地揭示了老年居民和新来者之间的分隔，但这种差异几乎可以肯定地说是来源于年龄和社会阶层的不同：老一代工人阶级居民缺乏资源，无法适应年轻中产阶级居民的生活方式。

除了"被排斥的社区"（excluded communities），在一些少数民族群体中还存在"封闭性社区"（encapsulated communities）。这些社区可能同时存在种族隔离现象和类似于 20 世纪四五十年代工人阶级社区中的紧密社会网络。孟加拉国人社区就体现了这种地理上的聚集，在英国，每两个孟加拉国人中就有一个居住在伦敦市中心，其中居住在塔哈姆莱茨村的所占比例最大。一项针对年龄在 35~55 岁的孟加拉国妇女的研究发现，近三分之二（60%）的妇女能够说出住在该行政区内的姐妹、表亲或侄女等亲属的名字

（Phillipson，Ahmed，& Latimer，2003）。在这种情况下，邻里关系与亲属关系相重叠——正如 Ross（1983）、Young 和 Willmott（1957）报道的那样，这是伦敦东区长期传统的延续。Vertovec（1998：97）对生活在基斯利地区年轻穆斯林的研究证实了紧密社会网络（close-knit ties）对高度隔离的巴基斯坦社区的影响，他指出，相当多的人彼此有亲戚关系，而且：

> 某些行为经由紧密的沟通网络被集体强化或谴责……一位亚洲学校的联络官通过一则轶事总结了这一情况，基斯利地区的一位年轻亚洲女性去附近一家商店购物，途中停下来和别人聊天，她的父母会在她回家之前就知道她的偶遇经历，而且往往不赞成这么做。
>
> 地方作为构建和维系身份的场所保持着独特的存在。在这方面，它仍然是发展"混合"身份的重要"试验田"，这些身份融合了宗教、性别、年龄和种族因素，与当地关系相互作用。Eade 通过对伦敦东区第二代孟加拉人的研究阐明了这一发展。
>
> 受访者对集体凝聚力的多元建构也表明，移民经历正在形成新的社会关系。他们的观念是针对新的社会实践发展的一种评论，这种社会实践将他们在某一特定地区（如塔哈姆莱茨村）的日常生活与发生在国内和跨国界的进程联系起来。对这些国家和跨国进程的认识塑造了他们对当地的理解，因为他们仔细研究了"东安德人"、"伦敦人"、"白人"、"黑人"、"英语"、"英国人"、"欧洲人"、"孟加拉人"、"孟加拉国人"和"穆斯林"的含义。（Vertovec，1998：161）

然而，正如上述引文所指出的，与过去相比，当今社区研究给研究者带来了不同的问题和任务。Gardner（2002：15）指出，对于移民群体，与其"研究"固定地点的社区，我们还不如更多关注人们"在不同地方之间的流动，而不仅仅是他们此地或彼地的生活"。Bauer 和 Thompson（2006）对牙买加跨国家庭进行了研究，通过关注这些家庭移居英国和北美的移民经历以及不同大陆间持续的交流回应了这一问题。Levitt（2001：4）对移居波士顿的多米尼加人的研究提供了另一个例子，这项研究重点关注"普通移民是如何融入接受他们的国家而同时在他们原来生活的地方保持活跃的"。Gardner（2002：209）对塔哈姆莱茨村孟加拉国老人的研究为社区研究提出了一个重要问题，即全球化带来了人们对家的本质以及对"最佳生活场所"的不安全感。第一代孟加拉国移民通过这种方式传递了自己的不安全感："人们不断地重新评估哪个地方是最好的家，或无论走到哪里总感觉自己部分地留在'另一个'地方。"（另见 Phillipson et al.，2003）

最后，如果说过去的社区研究重点关注了"受限制"和"被剥夺"的社区（通常是由煤炭、采矿或造船等单一行业主导的社区），那近来提出"民选社区"的想法表明关注点发生了重要的转变。Savage 等（2005）在全球化背景下对生活方式和身份认同的探索中，清晰地表达了"选择性归属"的概念。该观点指出，相较于个人传记和身份认同，特定地区的历史关联和"地方志"对这些群体来说变得不那么重要，人们愈加有意识地选择他们想住的地方和他们想要的生活方式——居所成为这一发展的主要特征。

许多关于退休迁移和退休社区的研究指出人们是依据自己的生平和生活方式偏好选择移民和社区地点的（Warnes, King, Williams, & Patterson, 1999）。同样重要的是，人们也会倾向于移居到那些住宅的经济/文化资本高，且有宾至如归的家的感觉的地方（Savage et al.，2005：207）。其中一个例证是，越来越多的英国退休人群（往往是相对富裕的房产所有者）喜欢在乡村的小型非大都会地区定居，诸如科茨沃尔德、威尔士边境和皮克地区的社区。

从退休移民研究中得出的许多见解——多地依恋、跨国流动、对特定生活方式或社会群体的认同，都包含了退休人员选择在某种程度上与他们的过去和他们对未来生活的期望有关的地点等主题（King, Warnes, & Williams, 2000）。因此，尽管 Gustafson（2001）强调了瑞典移民对西班牙形成不同类型的依恋，但最重要的主题还是人们根据特定的传记选择和优先事项来塑造他们的新居住地点。然而，在这种情况下，人们对他们的新社区没有统一形式的归属感：一些移民注重适应西班牙的文化；一些人强调他们与当地瑞典社区的联系；而其他人仅仅把自己看作不同文化的猎奇者（另见 O'Reilly，2000）。退休移民的定居特征验证了 Savage 等（2005：29）的观点，即在某些情境中，归属感的体验可以与固定社区的体验分离开来。Longino 和 Marshall（1990）同样指出了这一点，他们研究加拿大的"候鸟族"（季节性迁移于加拿大和佛罗里达之间的退休者）时指出：在某种程度上，他们是游牧民族，他们最主要的社会网络是同社区内具有相同迁移经历的移民。"他们的联系不在于地方，而在于移民社区本身。"（引用 Katz，2005：222，重点补充）

这里也隐含了一个关于老年空间使用和控制的例子。Laws（1997：99）重点关注了"年龄关系的空间性"，并指出"这并不是简单地说老年人住在空间里，而是说空间在建构老龄身份认同中扮演了更重要的角色。例如，来自不同环境的人对老龄化的体验明显不同。因而情境会极大地影响老龄体验"（另见 Katz，2005）。

人们对养老地点的选择可能意味着新型的社区融合、团结和归属。对涉及其中的个人来说，家庭关系在某种程度上可能仍然很重要，但几乎可以肯定的是，它们只是更广泛、更不稳定的人际关系传播中的一部分，Wellman 和 Wortley（1990）认为这是"个人社区"的特征（见上文）。规模大小受空间和个人社会网络影响的老年社区概念提醒人们，伴随着维持和发展身份认同的策略的发展，空间可以经由不同的方式表达人类的生命历程（Tulle，2004）。老年社区在空间和个人关系方面具有"选举"的维度，这一想法也提醒我们，空间可以作为人类在整个生命过程中表达能动性的一种方式，同时也可以用来发展维持和强化身份认同的策略。

同样值得关注的是，近来诸多口述史研究表明，长期定居一地的移民对移民和社会变化的反应是多种多样的。例如，在讨论埃塞克斯郡威文霍地区的工薪阶层居民对中产阶级新移民的反应时，Thompson 和 Corti（2007）举例阐释了已有居民如何利用不同视角来突出他们的地方身份认同和归属感，这与 Savage 等（2005）强调的能动性是一致的。Thompson 和 Corti 指出，一些居民认为移民涌入是破坏先前占主导地位、对乡村整合有价值的社会网络的原因。新来者仅仅因为他们在社区的存在，就被认为需要对原有社会网络的消失负责，同时他们也被排除在社区遗产之外。然而，其他的工人阶级原住民认为新来者在未来会给当地带来活力。那些活跃在当地俱乐部和社区协会中的人非常认同这一观点，认为这些组织是他们"社区"建设的核心。

五　结论

本文试图通过借鉴近期的研究成果，为重新将社区研究纳入社会学主流做出贡献。我们认为，在局部的相对微观层面研究社会生活对于理解更抽象的社会转型理论仍然是有意义的（Crow，2002）。"关注特定的"社区研究可以"阐明一般情况"（Charles & Davies，2005：678）。虽然全球化主题一开始似乎表明了地方在人们生活中的重要性有所下降，但它很好地说明了社区研究视角如何有助于更全面地理解大规模结构变化的影响。特别是不同的人口阶层显然对跨国经济重组的影响有不同的感受。本文试图展现移民在个人层面和社会层面的后果，尤其包括人们跨地区建立和维持多样化的团体、保护文化身份认同的方式以及民族融合与隔离的模式，这些问题都存在地方和社区层面的考量。

然而，这并不意味着当代社区研究可以简单地遵循以往研究的老路。首先，以往研究的英国城市社区类型已经基本消失。工业化尤其对社会学家和社会人类学家分析的许多领域产生了重大影响，产业单一的工业地区尤其受到经济重组的影响。此外，正如 Buonfino 和 Mulgan（2006：6）指出，社区贫困面貌也发生了变化，他们看到了"英国穷人和工人阶级从公众视野和权力中部分地消失"。另外，许多资源严重匮乏的社区也变得更加多样化（Hoggett，1997）。尤其有必要将白人工人阶级社区与许多共存于广大少数民族群体中的社区区分开来。这样看来，社区研究的重心已从一种以同质性和公众性为主的文化转向一种更加多样化和在许多方面更加私人化的文化。

如上所述，更大范围经济变迁带来的城市空间的转型对当代社区研究关注的主题产生了影响，同时也影响了社区研究对学科理论发展的贡献。社区研究人员现在可以使用更先进的研究方法，与 40 年前相比，这些方法无论如何都变得更加复杂。正如我们已经讨论过的，多重分析方法、系统化的定性数据分析方法以及更优良的数据记录方法的运用，使得实证导向的社区研究做出更加精确的结论。总体而言，与 40 年前许多方面备受批评相比，当代社区研究已有很大不同了。虽然"社区"一词在概念上仍然存在问题，但对地方研究的批评，无论是从理论还是从方法的角度，对当代研究的影响都比以前小得多。开展以社区为基础的研究的机会仍然很大，特别是考虑到许多影响城市人口的变化和挑战因素。在 21 世纪，发展研究城市社区的新观点和新方法仍然是激发社会学想象力的一项任务。

参考文献

Allan, G. 2006. "Social Networks and Personal Communities." pp. 657 – 671 in *The Cambridge Handbook of Personal Relationships*, edited by A. Vangelisti & D. Perlman. Cambridge: Cambridge University Press.

Atlee, J. 2007. *Isolation*. Chicago, IL: Chicago University Press.

Basch, L., Schiller, N., & Blanc-Szanton, C. 1994. *Nations Unbound: Transnational Projects, Post-colonial Predicaments and de-Territoralised Nation-states*. Langhorne, PA: Gordon & Breach.

Bauer, E. & Thompson, P. 2006. *Jamaican Hands Across the Atlantic*. Kingston: Ian Randle.

Bell, C. & Newby, H. 1971. *Community Studies*. London: Allen & Unwin.

Bott, E. 1957. *Family and Social Network*. London: Tavistock.

Bulmer, M. 1987. *The Social Basis of Community Care*. London: Allen & Unwin.

Buonfino, A. and Mulgan, G. 2006. "An Introduction." pp. 1 – 14 in *Porcupines in Winter*, edited by A. Buonfino & G. Mulgan. London: Young Foundation.

Butler, T. & Robson, G. 2003. *London Calling: The Middle Classes and the Remaking of Inner London*. Oxford: Berg.

Castells, M. 1997. *The Information Age: The Power of Identity* (Vol. 2). Oxford: Blackwell.

Charles, N. & Davies, C. 2005. "Studying the Particular, Illuminating the General: Community Studies and Community in Wales." *Sociological Review* 53: 672 – 690.

Crow, G. & Allan, G. 1994. *Community Life*. Hemel Hempstead: Harvester Wheatsheaf.

Crow, G. 2002. "Community Studies: Fifty Years of Theorization." *Sociological Research Online*, 7. Retrieved 17 February, 2008, from http: //www. socresonline. org. uk/7/3/crow.

Dench, G. , Gavron, K. , & Young, M. 2006. *The New East End: Kinship, Race and Conflict*. London: Profile Books.

Eade, J. 1997. "Reconstructing Places: Changing Images of Locality in Docklands and Spitalfields. " pp. 127 – 145 in *Living the Global City*, edited by J. Eade. London: Routledge.

Frankenberg, R. 1966. *Communities in Britain*. Harmondsworth: Penguin.

Gans, H. 1972. *People and Plans: Essays on Urban Problems and Solutions*. London: Routledge.

Gardner, K. 2002. *Age, Narrative and Migration*. Oxford: Berg.

Goldthorpe, J. , Lockwood, D. , Bechhofer, F. , & Platt, J. 1969. *The Affluent Worker in the Class Structure*. London: Cambridge University Press.

Granovetter, M. 1973. "The Strength of Weak Ties. " *American Journal of Sociology* 91: 481 – 510.

Granovetter, M. 1983. "The Strength of Weak Ties: A Network Theory Revisited. " *Sociological Theory* 1: 201 – 233.

Gustafson, P. 2001. "Retirement Migration and Transnational Life Styles. " *Ageing and Society* 21: 371 – 394.

Hoggett, P. , ed. 1997. *Contested Communities*. Bristol: Policy Press.

Katz, S. 2005. Cultural Aging. Peterborough: Broadview.

King, R. , Warnes, A. M. , & Williams, A. 2000. *Sunset Lives: British Retirement to the Mediterranean*. Oxford: Berg.

Laws, G. 1997. "Spatiality and Age Relations. " pp. 90 – 100 in *Critical Approaches to Ageing and Later Life*, edited by A. Jamieson, S. Harper, & C. Victor. Buckingham: Open University Press.

Levitt, P. 2001. *The Transnational Villagers*. Berkeley, CA: University of California Press.

Lichtenstein, R. 2007. *Brick Lane*. London: Hamish Hamilton.

Longino, C. F. & Marshall, V. W. 1990. "North American Research on Season Migration. " *Ageing and Society* 10: 229 – 235.

Massey, D. 1994. *Space, Class and Gender*. Cambridge: Polity.

Milardo, R. & Allan, G. 2000. "Social Networks and Marital Relationships. " pp. 117 – 133 in *Families as Relationships*, edited by R. Milardo & S. Duck. Chichester: John Wiley.

Morgan, D. H. J. 2005. "Revisiting Communities in Britain. " *Sociological Review* 53: 641 – 657.

Neighbourhood Renewal Unit. 2003. *The National Evaluation Annual Report* 2002/3 (*Research Report* 7) . North Yorkshire: Office of the Deputy Prime Minister.

Newman, K. 2003. *A Different Shade of Gray*. New York: New Press.

O'Reilly, K. 2000. *The British on the Costa Del Sol*. London: Routledge.

Pahl, R. 2005. "Are All Communities Communities in the Mind?" *Sociological Review* 53: 621 – 640.

Phillipson, C., Ahmed, N., & Latimer, J. 2003. *Women in Transition*. Bristol: Policy Press.

Phillipson, C., Bernard, M., Phillips, J., & Ogg, J. 2001. *The Family and Community Life of Older People*. London: Routledge.

Robertson, R. 1995. "Globalisation: Time-space and Homogeneity-heterogeneity." pp. 25 – 44 in *Global Modernities*, edited by M. Featherstone, S. Lash, & R. Robertson. London: Sage.

Rogers, R. & Power, A. 2000. *Cities for a Small Country*. London: Faber.

Ross, E. 1983. "Survival Networks: Women's Neighbourhood Sharing in London Before World War One." *History Workshop Journal* 15: 4 – 27.

Rowles, G. 1978. *Prisoners of Space? Exploring the Geographical Experience of Older People*. Boulder, CO: Westview.

Savage, M., Bagnall, G., & Longhurst, B. 2005. *Globalization and Belonging*. London: Sage.

Scharf, T., Phillipson, C., Smith, A., & Kingston, P. 2003. *Growing Older in Socially Deprived Areas*. London: Help the Aged.

Southerton, D. 2004. "Cultural Capital, Social Networks and Social Contexts: Cultural Orientations Toward Spare Time Practices in a New Town." pp. 97 – 116 in *Social Networks and Social Exclusion*, edited by C. Phillipson, G. Allan, & D. Morgan. Aldershot: Ashgate.

Spencer, L. & Pahl, R. 2006. *Rethinking Friendship: Hidden Solidarities Today*. Princeton, NJ: Princeton University Press.

Stacey, M., Batstone, E., Bell, C., & Murcott, A. 1975. *Power, Persistence and Change*. London: Routledge.

Stacey, M. 1956. *Tradition and Change*. Oxford: Oxford University Press.

Stacey, M. 1969. "The Myth of Community Studies." *British Journal of Sociology* 20: 134 – 147.

Terhell, E., van Groenou, M., & van Tilburg, T. 2004. "Network Dynamics in the Long-term Period After Divorce." *Journal of Social and Personal Relationships* 21: 719 – 738.

Thompson, P. & Corti, B. 2007. *Whose Community? The Shaping of Collective Memory in a Volunteer Project*. Presented to Oral History Society Conference, London.

Townsend, P. 1957. *The Family Life of Old People*. London: Routledge.

Tulle, E., ed. 2004. *Old Age and Agency*. New York: Nova Science.

Urry, J. 2001. *Sociology Beyond Societies*. London: Routledge.

Vertovec, S. 1998. "Young Muslims in Keighley, West Yorkshire: Cultural Identity, Context and 'Community'." pp. 87 – 101 in *Muslim European Youth*, edited by S. Vertovec & A. Rogers. Aldershot: Ashgate.

Warnes, A. M., King, R., Williams, A. M., & Patterson, G. 1999. "The Well-being of British Expatriate Retirees in Southern Europe." *Ageing and Society* 19: 717 – 740.

Warnes, A. M. 2006. "The Future Life Course, Migration and Old Age." pp. 208 – 217 in *The Futures of Old Age*, edited by J. Vincent, C. Phillipson, & M. Downs. London: Sage.

Wellman, B. & Wortley, S. 1990. "Different Strokes by Different Folks: Community Ties and Social Support. " *American Journal of Sociology* 96: 556 – 588.

Wellman, B. , Carrington, P. , & Hall, A. 1988. " Networks as Personal Communities. " pp. 130 – 184 in *Social Structures: A Network Approach*, edited by B. Wellman & S. Berkowitz. Cambridge: Cambridge University Press.

Wellman, B. 1979. "The Community Question. " *American Journal of Sociology* 84: 1201 – 1231.

Young, M. & Willmott, P. 1957. *Family and Kinship in East London.* London: Routledge.

《社会学刊》第 2 期
第 205 ~ 229 页
© SSAP, 2019

网络、邻里和社区：社区问题研究的方法

Barry Wellman　Barry Leighton*著

邓小玲　蔡子燕**译

摘　要：为了区分邻里研究与社区研究，我们提出了一种针对社区问题的网络分析方法，并对有关社区议题的三种理论观点——"社区消失论"、"社区幸存论"和"社区解放论"的发展、网络模式、表象、政策影响以及当前的学术地位进行了阐述。"社区消失论"认为，工业官僚社会中的社区关系已经减弱；"社区幸存论"则认为，社区仍然是人们获得社交、支持以及与正式机构调解的重要渠道；而"社区解放论"认为，社区关系虽然仍然蓬勃发展，但它们已经从邻里发散出去，不再聚集在固定的社区内部。通过文献回顾我们发现，在适当的条件下，社区幸存论和社区解放论都为社会系统和个人提出了可行的网络模式。

一　邻里还是社区？

城市社会学目前的倾向是一种邻里社会学。这意味着在对社区进行小规模研究的倾向下，忽视对大规模城市现象（例如，国家财政危机）的分析。

---

* Barry Wellman，多伦多大学城市与社区研究中心和社会学系副教授；Barry Leighton，多伦多大学城市与社区研究中心博士候选人。
** 邓小玲、蔡子燕，复旦大学社会发展与公共政策学院硕士研究生。

这也意味着对这些社区的研究已经深深扎根于邻里，无论是 Park（1936）的"共生社区"还是 Liebow（1967）的"街角"。这是对第二种趋势的梳理，即本文所强调的"邻里"与"社区"的融合。

不少原因导致"社区"概念被"邻里"所取代。

第一，城市研究人员必须有一个可着手之处。邻里（neighborhood）是一个易于识别的研究地点，而街角是一个明显并可见，映射了小规模的互动的地方。

第二，许多学者将邻里解释为城市的微观机制，而城市是邻里的集合。基于一种元建构的基础方法，他们更强调本地化而非世界化，因此很少关注大范围的城市结构。

第三，行政官员会根据自己的需求在城市地图上定义邻里边界，形成政府的管辖范围。把不同的空间区域标记、处理为同一个邻里社区，已经被视为一种自然的现象。

第四，城市社会学对于空间分布的关注正在趋于局部化，空间领域对于城市社会关系来说，已经不仅仅是一个潜在因素，而被视为最重要的内在组织性因素。

第五，也是最为重要的一点，很多学者在分析时常常专注于如何保持团结，这也反映了社会学对于整合和共识的持续性关注。而邻里是容纳规范性团结的显见区域，因此成为被研究对象。

基于上述原因，学界对于邻里的关注极大地影响了社区研究的定义和理论化。邻里研究产生了大量对于城市生活的精致描绘，强有力地展现了不同社会背景下小规模社会系统如何运作。但是，"邻里"的概念是否就等同于"社区"呢？二者真的完全相同吗？

"社区"（community）的定义往往包括三个要素：（家庭之外）为成员提供社交与支持的人际关系网络、同一地域内的住宅、具有团结性的情感与活动（Hillery，1955）。这一定义主要强调了共同的地域，而较少强调团结，促使"社区"被定义为"邻里"。

然而，社会学家最关心的是社会结构，对其所在的空间位置及规范整合的关注必然处于次要地位。与地理学家不同，对于社会学家而言，空间分布本身并不是固有的重要变量，只有在影响人际网络形成和资源的流动等社会结构问题时才具有重要性。

（一）社区议题（The Community Question）

由于对区域内人口活动的特别关注（Tilly，1974），城市社会学似乎常常与更广泛的理论性关注有所不同。然而，将邻里作为社区进行的研究，很大程度上是一个基础性的社会学议题。这个极具社会学思想的基础议题就是社区议题：研究社会系统中大规模的劳动分工如何影响人际关系的组织和内容。

社会学家一直特别关注的社区议题，是关于过去两百年来北美和欧洲大规模工业化、官僚化转变如何影响了各种初级关系：在家庭、社区和工作场所，以及亲戚朋友和利益集团之间。在当代社会，这些关系是有所减弱还是仍然活跃？它们在何种网络中进行组织？这些关系的内容是否仍然像前工业化社会所谓的那样具有整体性，抑或变得专门化和工具化了？

这样，社区问题就在其宏观和微观分析之间建立了重要的联系：它不仅直接涉及社会系统的结构整合，还包括了其成员获得稀缺资源的人际关系方式。据此，我们强烈要求对社区问题的研究从邻里研究的定义中解放出来。

（二）邻里 ≠ 社区（Neighborhood ≠ Community）

社区关系的研究和邻里研究的混淆，给社区议题的分析带来了诸多问题。

第一，将小区作为社区关系容器的认定假设了其具有先天的空间组织能力，这是一种空间决定论。即便我们承认时空成本促使某些关系是局部的，并非表明所有社区关系都组成/形成了固定的邻里社区。这些邻里关系的存在可能是因为少数人的易于接触/易于交往，而不是因为有形的邻里社会组织。

第二，即使存在许多局部关系，也不一定会产生绝对分离的社区。这些局部联系很可能存在重叠，它们的范围受到参与者需求和流动的影响。

第三，将社区研究定义为邻里研究会忽略重要的交往领域。即使在制度完备的社区中，在邻里社区之外也存在重要的联系（Breton，1964）。工作关系也许是社区研究中最严重和最普遍的遗漏：居民往往在早晨从视野中消失，并在黄昏时神秘地重新出现。

第四，对邻里的关注可能过分重视将空间特征作为原因变量。城市并非只是结构力量的凝聚和集中。例如 Castells（1976）就认为，通过研究资本主义生产方式可以对大多数的西方城市社会学进行阐释。

第五，对邻里的许多分析都专注于在何种条件下才能保持团结。因此，一旦观察到当地的组织性行为和情感的缺乏，便很容易假定社区已经衰退；如果没有在邻里社区中发现这些行为和情感，社区就会被假定不存在。

二　网络视角

我们认为，在城市研究中，网络分析视角比传统的关注点更适合于社区问题研究。社区网络分析以寻找社会联系和资源流动为出发点，探究其相关的空间分布和团结情感。这种方法在空间和规范的基础上，很大程度地解放了社区研究，从而我们可以发现一种基于网络的社区，这种社区既不与特定邻里社区相对应，也不与一系列团结性情感相关联。

网络视角本质上并非反对邻里关系，而是从一开始就放宽对于空间分布的限制，使得我们能在发现一个"城中村"（urban village）（Gans，1962）的同时，也能发现一个"没有邻里关系的社区"（community without propinquity）（Webber，1963）。通过网络分析，我们可以知道强关系依旧广泛而重要，但它们几乎不再限于邻里社区的内部。采用这种方法，我们可以更好地评估邻里关系在社会关系的整体结构中所处的位置。

针对社区议题学者们已经开展了广泛的讨论。本文将从网络角度评估社区问题中三个具有学术争论的观点。前两种观点都集中于邻里：强调地域团结已消失的社区消失论，和坚持地域团结仍然存在的社区幸存论。相反，社区解放论则否定了社区就是小区的观点。我们对每种观点的一般趋势都进行了总结，但并非所有文章提出的观点都完全符合我们设定的分析框架。本文回顾了每种观点的发展历程，包括其对于城市网络的描绘、潜在的规范性现象、政策含义以及在当前学术界的地位。本文设定了不同的情境，最终发现社区幸存论和社区解放论的网络结构可能具有更好的普遍性和更高的适用度。

三　社区消失论

（一）发展

社区消失论认为，西方社会工业化和官僚化的转变严重削弱了初级关系和社区力量，使得个人维持生计更加依赖正式化的组织资源（见 Stein，1960；Nisbet，1962；Gusfield，1975；Castells，1976；Mellor，1977）。世纪之交进行了社区议题的第一次探讨（如 Tonnies，1887），当时与之紧密相关的社会学议题是，工业改革对公共关系和规范整合产生了怎样的影响（例如，Durkheim，1893；Simmel，1908）。

专注于社区消失论的学者们开始分析大规模的社会变革对社区结构的影响。并非所有人都认为社区消失会是最终的结果，但他们还是提出了社会中很多显著的变化。

（a）民族国家活动规模的扩大，伴随着地方性社区自治和团结的减弱。

（b）生产和再生产的官僚机构的发展，这些机构已经代替了许多家庭、小区和友恤性的活动。

（c）大规模城市在人口和组织方面所具有的潜力，为利益集团的增加和多样化奠定了基础。

（d）（即使空间上的密度在降低）不同群体之间社交互动的高密度，随之而来的是生态分类和社会安排的复杂性。

（e）随着个体流动性的增加，城市居民可以接触到更为多元化的人群。

（f）廉价、高效、广泛的交通和通信设施的普及提高了联系的便利性，但减弱了城市居民与邻里之间的联系。上升的交易速度增加了个体的社交密度，也使得同时维系多个社交圈变得更加容易。

社区消失论得到了学界的持续性关注。它奠定了 20 世纪 20 年代到 30 年代主流"芝加哥学派"城市研究的理论基础（尽管芝加哥学派的学者在他们的实证研究中发现了许多有关社区组织的证据）。Robert Park 在其早期的规划声明里就提出，"城市的发展，是通过间接的'次级关系'取代直接的、面对面的'初级关系'来完成的"（Park，1925a：23）。十多年之后，Louis Wirth（1938）在"作为生活方式的城市化"的经典陈述中，对社区消失论做了一个很好的总结：相较于传统的团结社区中蓬勃发展的关系，初级关系依然存在，但变得更为薄弱，工具性也变得更有限（narrowly instrumental）。近期针对社区消失论的研究，并不紧密联系实证研究，而更多地关注规范的理论化和道德化（如 Kornhauser，1959；Nisbet，1962；Banfield，1968；Slater，1970）。

持社区消失论的学者认为现代都市人都是被疏远的孤立者，他们独自承受着社会变革所带来的冲击。许多研究程序通过一些调查技巧强化了这种观点，他们将个人归类为个体，却忽视他们之间的结构性联系（对独立性的统计假设被提升为一种世界观）。这种将个体作为单位的研究方式，非常符合社会心理学的解释，即将个体内化的态度作为社会行动的决定性因素；然而对于社会结构效应的直接研究，这种方式并不那么适用。

（二）网络消失（Lost Networks）

社区消失论针对初级关系、社会网络和社区结构的类型做出的一些断言，都会在其假设下呈现。使用网络分析的术语描述社区消失论，能够更好地比较社区幸存论和社区解放论。

（a）城市居民不再是一个团结社区的正式成员，而是成为若干社交网络的（就互动的数量、强度和付出程度而言）有限成员。

（b）从狭义上解释初级关系：一种拥有较少链接的关系。

（c）这种狭义的关系往往强度较弱。

（d）人际关系往往被分割成独立的二人连带，而不是广泛网络的一部分。

（e）那些真正存在的网络变得松散（成员之间的潜在联系存在比例很低）而不是紧密交织在一起（潜在联系存在比例很高）。

（f）网络的界限较为松散，因此离散的集群和初级群体数量都非常少。

（g）低密度、边界松散和这种狭义的连带，很难为团结活动或情感提供结构基础。

（h）分散于网络的狭义连带，增加了网络成员之间互助的难度。

（三）表象（Imagery）

社区消失的表象对于学术界产生了很大的影响，同时吸引了激进派（如 Engels，1845；Castells，1976）、自由派（如 Kornhauser，1959；Stein，1960；Slater，1970）和保守派（如 Nisbet，1962；Banfield，1968；Grant，1969）的关注。所有政治派别的消失论派学者一直关注的是工业官僚社会的大规模转型所造成的动荡，以及由传统公共关系的削弱而造成的社会失序和堕落。有一个隐含的假设贯穿了社区消失论的大量研究，即人类本质上是邪恶的（或者很容易被工业主义、官僚主义或资本主义驱使而变成邪恶的）。工业革命已经破坏了控制公共结构的社会机制，城市中充满了暴乱、抢劫和强奸。

在北美人的思想中，社会失序的主题仍然很流行（可回顾 White & White，1962；Marx，1964；Bender，1978）。人们怀念着"失落天堂的神话"（Gusfield，1975），同时又将现代城市定义为"无家可归者的容身之所"。从杰弗逊田园主义，到进步的改良主义（如 Woodsworth，1911），再到近年上映的城市恐怖电影《死亡愿望》（1974），都在延续着社会失序的传统。无论是在富裕的郊区（可参考 Popenoe，1977）还是在贫穷的城市内部，人们都对私有化、孤立和疏远感到绝望。

（四）政策影响

社区消失论显著影响了北美和西欧的城市政策。人们设计了大量的"社区发展"项目，以结束这种疏离并建立城市的根基，比如扶贫计划等。这些项目所期望的，是再次形成结合紧密、边界牢固、团结的邻里社区。回归田园的理想仿佛是不可能实现的，但这些由社会解体的绝望所催生的社会控制政策，经过精心制定，真正的目的是控制那些被认为是疏离的、非理性的、有着暴力倾向的大众。当实现社会控制似乎都不可行时，一些不怀善意或是其他什么的政策就出现了。行政人员撤销了市中心小区的服务，声称他们无法应对社会失序的行为，剩下的居民只能自谋生路。像普鲁特－伊哥和南布朗克斯这样的美国内陆城市的居民已经被认为是有"无可救药的罪过"，因为他们只能各自为战。

（五）当前地位

社区消失论主要的学术价值在于它对一些重要理论问题的关注。首先，它加深了人们对工业官僚社会体系如何影响传统社区性质的认识。其次，它提出了有关居住和社会流动性对维持社区关系的影响的问题。介于它认为社区只存在于小区，所以社区消失论将这种流动性解释为社区的消失。然而，如果社区以非空间的术语重新定义，那么社区消失论就成为最近社区解放论的一个重要先驱（见下文）。

尽管社区消失论很强势，却几乎未曾获得经验实证。事实上，自二战以来社区幸存论和社区解放论背后推动性的经验证据，很大程度上都反驳了社区消失论的观点（见 Craven and Wellman，1973；Feagin，1973；Hunter，1975；Fischer，1976）。由于社区幸存论和社区解放论学者对初级关系提供了大量的文献，社区消失论近来也得到了修正（见下文）。这一修改后的版本承认初级关系仍然存在，但坚持认为现在它们的范围明显在缩小；以前存在于亲属关系、邻里关系和友谊关系的广泛内容已经减少为社交和情感支持，而这些内容中的大部分已经被正式机构和核心家庭所接管（如 Sennett，1970；Lasch，1977）。社区消失论的新版本为其学者提供了一个从规范性意识形态转向系统性调查的机会，但就其论点的广泛实证证明尚未出现。

四　社区幸存论

（一）发展

社区幸存论坚持认为，邻里社区作为支持和社交性的重要来源，一直存在于工业官僚社会体系中。这种观点认为，官僚机构极其正式、集中的倾向反而更好地维持了初级关系，使之成为更灵活的社交和支持来源。城市居民继续通过邻里关系、亲戚关系和工作中的团结情感来组织安全的公共避难所，协调和应对官僚机构。

社区幸存论与社区消失论都将"社区"的定义与"邻里"相等同。但社区幸存论的学者们并不赞同一些社区消失论学者对邻里社区进行次级分析，但不进行初级分析的做法。

与社区消失论学者倾向于纸上谈兵形成鲜明对比的是，社区幸存论的大部分论据都建立在纯粹的/绝对的实证基础上，证明了在那些被宣告消失的城市中，初级关系依然保持着活力。二战以来，大量的学者通过系统的调查与实地考察，以及详细记录的社区研究报告，建立了社区幸存论。这些研究集中于描述邻里社区的社会结构，而不仅仅是把城市居民描述成独立个体的集合。研究表明，城市居民仍然是邻居，也还具有当地社区的意识，依旧通过邻里关系进行社交，并获得支持（见 Keller，1968；Wellman and Whitaker，1974；Warren and Warren，1976；Fischer，1976；Warren，1978）。

（二）幸存的网络（Saved Networks）

社区幸存论从网络分析的角度与社区消失论相比，存在很大的差异。

（a）城市居民都希望成为单个邻里社区（neighborhood community）的活跃成员，即使此身份会与其他社交网络的成员身份相结合。

（b）这些邻里社区的成员之间存在多重的关系。

（c）网络连带的强度虽然各不相同，但其中许多都很牢固。

（d）邻里关系往往以广泛的网络进行组织。

（e）网络间往往紧密交织在一起。

（f）邻里网络紧密相连，极少有外部关系的介入。这种连带往往是循环的，并最终回到相同的网络成员中。

（g）高密度、强边界和多重连带为大量团结性活动的开展和情感的存在提供了结构性基础。

（h）多重牢固的强连带建立在紧密交织的网络中，更便于调动援助，处理日常和紧急事务。

（三）表象（Imagery）

社区幸存论学者更倾向于认为人类本质上是善良的，生来就是社交动物。在任何情况下，即使是极度贫困、受到压迫或遭遇灾难，人们都会恰当地组织一些能够自我调节的团体。

因此，社区幸存论与社区消失论一样，都有着对于邻里社区的理想假定，但是它认为这种理想的假定是能够实现并早已存在的。（邻里）社区之所以受到重视，正是因为它们能够提供小规模的互动场所，并有效地调和城市居民与大型机构之间的关系。高密度、强边界的社区作为一种结构，能够有效保护内部资源，维护区域内部自治，在强大的外部力量冲击下也能维系对成员（和入侵者）的社会控制（如 Jacobs，1961；Newman，1972）。

（四）政策影响

在过去的 20 年里，公众对社区幸存论的接受程度有着大幅提高。活跃的邻里社区如今被视为对"非人格性"、"专业化关系"和"不近人情"的工业官僚社会的"解毒剂"。"街角社会"（Whyte，1955）、"城中村"

（Gans，1962），以及"Tally 的角落"（Liebow，1967）都成为社区幸存论的经典范例。

邻里社区是 20 世纪新住房规划的理想单元，持社区幸存论的理论家们也认为有必要保护现有的小区，防止无知且贪婪的机构组织蚕食。大力抵御高速公路建设、反对开发商的翻新拆迁（如 Powell，1972）等社区运动都基于社区幸存论发起。尽管甘斯（Gans，1962）的波士顿西区和 Clairmont 与 Magill（1974）所提到的哈利法克斯的 Africville 已经沦陷，但也有一些小区在"城市革新"的浪潮中幸存。

在政治分析中，暴民们非但不是社会失序的表征，如今看来反倒是根基深厚、人脉广达的社区成员（见 Feagin and Hahn，1973；Tilly，1973，1978）。他们往往是为了维护公共利益或是提出新的利益主张，而不像社区消失论学者所声称的那样是一种非理性的、个人主义的、心理主义的反应。事实上，城市居民如何参与暴乱，与他们的社交网络的竞争、联盟和团结连带密切相关。

许多社区幸存论的社会病理学家鼓励建立团结紧密、边界清晰的社区，作为缓解贫困、种族隔离和身心疾病等压力的结构性良药（见 Caplan and Killilea，1976；Ratcliffe，1978）。据称，通过社区获得非正式帮助对一些有特殊需求的人而言更为有效，并能保护个人免受官僚主义的侵害。而且这些项目受到了管理者的欢迎，相较于社区消失论所建议的正式制度干预，他们认为这些项目成本更低（或者正如一些批评人士所声称的，只是运营成本更低）。

（五）当前地位

在 20 世纪 60 年代早期，随着 Gans（1962）的《都市村民》、Greer（1962）的《战后调查研究综合》以及 Jacobs（1961）的《美国大城市的死与生》的出版，社区幸存论成为社区研究新的正统观念。诸如 Young 和 Willmott（1957）对伦敦工人阶级社区的研究，Gans（1967）对中产阶级、新郊区网络的描述，以及 Liebow（1967）对城市内部黑人对网络关系极度依赖的描述等，都是强有力的证明。

因此，这些强调社区持续存在的研究，在理论和实证上都对假定城市社会解体的社区消失论进行了反驳。然而在这个过程中，社区消失论有用的出发点可能被忽略了，即工业化与官僚化所带来的劳动分工对社会结构中的初级关系产生了重要的影响。社区幸存论学者往往只寻找和关注邻里社区功能的持续存在。因此，我们知道了邻里社区仍然存在并且蓬勃发展，但不知道以邻里为基础的关系在整个社会网络中的地位。

最近许多有关社区幸存论的研究认识到这一难点，并通过引入"有限责任社区"的概念试图解决。此概念将邻里视为一种城市居民在其中能够明确其成员资格的社区（见 Janowitz，1952；Greer，1962；Suttles，1972；Kasarda & Janowitz，1974；Hunter，1975；Warren，1978）。例如，Hunter 和 Suttles（1972：61）将这种社区描绘成一组从街区向"城市的整个区域"辐射出来的同心区域。这些研究虽然意识到城市居民成为不同社会网络成员的可能与其有限参与程度，但"有限责任社区"的构想仍然以"邻里社区"概念为基础，将城市关系视为某个区域辐射出来的网络。

五 社区解放论

（一）发展

对社区问题的第三种回答，即社区解放论，认同了社区消失论关于社会系统工业化和官僚化导致邻里社区弱化的观点。但社区解放论也同意了社区幸存论的观点，即初级关系仍然是可行、有用且重要的。社区解放论与社区幸存论同样认为社区在城市中依旧很繁荣，但坚持认为，这样的社区很难在邻里中组织起来。

社区解放论主张，各种结构和技术的发展使社区摆脱了邻里的限制，并且使网络连带从包罗万象的团结社区分散到更狭义的社区，包括：（a）廉价而有效的交通和通信设施；（b）将工作关系和亲属关系区分为非本地的、不团结的网络；（c）社会和居住的流动率高（如 Crump，1977）。

与其他两种理论类似，社区解放论也始于空间概念。然而，在其他观点将社区视为邻里居民居住的地方时，社区解放论对于空间限制的考量是为了超越之前的理论。回顾文献发现，虽然 Simmel（1902 - 1903：最后一部分，1908：121）提出了关于城市生活的解放效应，Park（1925b：65 ff）也有一些更为乐观的著作，但在西方世界普及私家车、航空线路和电子通信的最近20 年中，这一论点才开始显得突出。解放论认为，目前有可能出现一种"没有邻里关系的社区"（community without propinquity）（Webber，1964），在这种社区中，距离和行程时间仅受到最低程度的限制（如 Hiltz and Turoff，1978）。

（二）网络解放（Liberated Network）

由于社区解放论强调的是非空间限制的社区，其在方法上一直与网络分析技术相关联（如 Kadushin，1966；Walker，1977；Wellman，1979）。但是必须强调的是，网络分析并不是仅认同社区解放论特有的观点，因此可以被用来评估全部的三种社会模式的存在：消失、幸存和解放。

在网络方面，社区解放论的观点有如下几点。

（a）城市居民现在往往是几个社交网络的有限成员，其中可能包括一个位于他们邻里中的社交网络。

（b）网络成员之间关系链的宽度存在差异：有些关系是多链关系，有些关系是单链关系，有些关系是中等宽度的关系。

（c）连带的强度不同：有些是强连带，有些虽然是弱连带，但仍旧有价值。

（d）个人的关系往往被组织成一系列网络，但彼此之间的直接联系很少。

（e）网络往往是松散的，尽管网络的某些部分，例如基于亲属关系的网络，可能会比较紧密。

（f）这些网络是边界松散的分支结构，广泛地向外扩展，与更多人员和资源建立联系。

（g）低密度、松散的边界和狭义的关系很难为城市居民的整体网络中的团结活动和情感提供结构基础，尽管一些团结的强连带群经常出现。

（h）一些网络关系能够动员起来，以便在处理日常或紧急情况时提供一般性的或特殊的帮助。动员的可能性则更多地取决于两人关系的质量，而不是更大网络结构的性质。

（三）表象（Imagery）

社区解放论从根本而言，对于城市生活抱有一种乐观的态度。它欣赏城市的多样性，社会失序和社会病理学的观点在其理论体系里几乎看不到。其对于人类行为的观点强调了可创造性和可控制性，认为人们本身具有形成初级关系的倾向，这不是出于固有的善或恶，而是为了实现特定的、功利主义的目的。

和社区消失论一样，社区解放论最大限度地弱化了邻里社区的重要性。但是，社区消失论认为这促使都市人开始利用正式组织的资源，而社区解放论则认为在非邻里网络中有可用的初级关系，能够提供重要的社会支持和社交能力。此外，它认为这些网络之间的各种联系将城市组织成一个"网络间的网络"（Craven and Wellman，1973），提供了一种灵活的协调结构，这无法通过一个非正式的、官僚的等级制度或一个保存下来的邻里社区而得到。

社区解放论从社区消失论和社区幸存论所讨论的村庄式社区中剥离出来，提倡一种结构上的自主性，社区能够在各种社交网络之间移动（例如，Cox，1966；Burt，1976）。它认为固定的社区会衍生出令人窒息的社会控制，并对外界接触和资源产生隔离。交叉性义务和可替代的逃离路径，使得多重社交网络受到重视，限制了任何一个社区声称对其成员具有所有权。

（四）政策影响

社区解放论的研究人员呼吁，除了邻里和家庭的传统社交网络之外，还要加强其他社交网络。尽管工业力量的壮大阻碍了工作场所中团结网络的发展，人们更着重于构建能够预防或治愈身体和精神疾病压力的"互助网络"（如 Caplan and Killilea, 1976; Hirsch, 1977; Ratcliffe, 1978）。邻里社区不再被视为安全、支持性的避风港，也不再是所有治疗所依赖的正式机构。相反，网络将被动员起来，在不存在网络的地方可以建立网络，让城市居民能够找到提供支持的地方。但是，这种故意构建的"自然支持系统"（使用现在的行话）的功效尚未得到充分证明。

社区解放论的观点对政治现象的思考产生了重要的影响，尤其是关于集体失序的政治现象。Charles Tilly（1975, 1978）与其同事的研究表明，这种集体失序是相互竞争的利益集团争夺权力的更广泛竞争的组成部分。除了社区幸存论所强调的内部团结外，竞争团体成功的机会还与那些能够提供跨网络联系的外部联盟建立联系的能力密切相关（Gans, 1974a, 1974b; Granovetter, 1974b）。

最近英国的新城规划（如 Milton Keynes）就基于社区解放论所预见的私家车的高流动性。其中一个对策提倡增加对电子通信的依赖，以维持远距离的社区联系。计算机技术的新发展预示着电子通信能力的大幅提高。例如"电子邮件"和"计算机会议"（Hiltz and Turoff, 1978）。然而，社区解放论的优势并不一定取决于技术革新。最近对前工业社会系统的研究表明，在没有电话或者私家车的情况下，只要这种长距离的联系在结构上嵌入亲属系统或共同的本地起源（local origins）中，也可以进行保持（如 Belshaw, 1965; Cohen, 1969; Laslett, 1971; Jacobson, 1973; Howard, 1974; Mayer & Mayer, 1974; Ross & Weisner, 1977; Bender, 1978）。

（五）当前地位

当前的研究使得社区解放论的观点在过去的十年中不断扩展。他们研究了多重社交网络的成员性质（如 Kadushin, 1966; Laumann, 1973; Boissevain, 1974; Breiger, 1976; Bell & Newby, 1976; Shulman, 1976）；利用网络关系获取必要的资源（如 Cohen, 1969; Lee, 1969; Granovetter,

1974a；Jacobson，1975）；在社交网络之间的联系中能够构建社会系统的方式
（如Granovetter，1973；Wireman，1978；Laumann，Galaskiewicz，& Marsden，
1978）。

社区解放论的优势在于，它可以同时解释并提出能够长距离延伸的亲密
社交社区。"社区"不再需要与"邻里"联系在一起。然而，在提出非本地
社区（nonlocal communities）的优点时，社区解放论可能过度忽略了快速局
部可达性的作用以及密集相连、紧密有界、多股联系的团结行为所带来的优
势。声称一个人不应该像网络视角那样一开始就寻找团结，这和社区解放论
所谓不存在这种团结的观点是完全不同的。

六 社区：消失，幸存，还是被解放？

社区是消失，幸存，还是被解放？通常情况下，这三种观点被认为是对
西方工业化、官僚化社会体系的本质的另一种描述，或进化的后继者，前工
业幸存的社区让位于工业的消失，却被后工业的解放所取代。

相反，我们认为将它们的观点放到基本的网络结构时，这三个论点都是
有效的。事实上，把它们看作稀疏、密集和分散的网络模式的做法，能够突
出它们的结构性特征。不同的网络模式往往会对资源的获取和控制产生不同
的后果（见 Wolf，1966，关于亲属系统的讨论）。然后我们可能会发现关于
社区是消失、幸存还是被解放的观点的流行程度会因它们所处的社会环境的
不同而有所变化。

（一）幸存的社区/密集网络

在幸存的网络中，密集的连带和紧密边界往往会一起出现。这可能是
源于网络成员有限的社交能力，所以如果他们在网络内部联系中投入大部
分精力，那么他们就没有太多的空间以维持外部联系。相反，由于个人将
主要期望通过内部联系获取资源，紧密边界也可能促进社区内新关系的
建立。

这种密集的、有边界的幸存网络，无论是邻里关系、亲属关系还是其他初级关系，在情感和行动上都是团结一致的。它们良好的结构能够保持对成员和入侵者的非正式社会控制。紧密的连带和社区团结将有助于随时动员社区资源，为有着良好信誉的成员提供帮助，但团结并不一定意味着平均主义，因此并不是所有的社区资源都能够被平均地收集或分配。

社区研究表明，在社区成员没有很多个人资源和处于形成外部关系的不利条件的情况下，幸存模式非常普遍，某些少数民族和工人阶级社区明显遵循这一模式（如 Liebow，1967）。此时，成员一方面关切保护、控制和有效汇集陷入困境的社区所拥有的资源，另一方面也担心无法在其他地方获得额外资源，这会给幸存社区的内部关系造成巨大的压力。

（二）解放的社区/分散网络

如果幸存的网络模式特别适合资源稀缺和受保护的情况，那么解放的网络模式就特别适合资源丰富和可获取的情况。这种组织稀疏、界限松散的网络在结构上不具备良好的内部社会控制的能力。在人们进入新的领域之前，他们家庭的基本安全必须得到保证。

松散的边界和稀疏的密度促进了网络的散播，进而与新成员建立联系。这些解放的网络结构良好，可通过大量的直接和间接外部联系获得额外资源。与幸存的网络相比，它们的结构易于将解放网络的成员与更多样化的资源联系起来，虽然在这种解放的网络中相对缺乏团结，很可能导致其他的网络成员能够获得的资源变少。

这种解放的模式很可能特别适合当代西方社会的富裕阶层。它高度重视个人安全、在网络之间移动的创新技能以及在没有成员安全问题的情况下运作的能力。然而，它在其他社会背景下的出现，意味着它对幸存的社区模式是一种更为基本的替代选择。

无论是幸存的还是解放的社区模式，都可以作为彼此理想的替代品。对于那些不满意解放网络的不确定性和多样性的人而言，整体的、团结的幸存社区似乎是一种值得欢迎的选择。对于那些感觉受困于包罗万象的幸存网络的人来说，解放的初级网络的可用性或许提供了一种不错的备选方案。农村地区的大量移民可能会遵循这一趋势。

（三）消失的社区/稀疏网络

如果没有其他的网络来源以供逃跑或撤退将如何？正是在这种情况下，消失模式中与正规机构的直接联系会变得有吸引力：军队、教会、公司和大学（见 Shorter，1973）。然而，随着与正式机构的关系发展成复杂的初级网络，对于个人和社区来说，这种社区消失论的模式往往并不稳定。因此，随着组织内部初级关系的发展，我们可以期望寻找采用幸存或解放社区模式的网络。

（四）个人社区

在研究邻里和社区时，我们可能会发现多种，而不是某种当地网络或个人网络的普遍模式。我们已经提出，密集的幸存网络模式更适合于资源的内部控制，而分散的解放模式更适合获取外部资源。虽然我们提出的每一种模式都可能在一种社会中相比另一种社会中更普遍，但很可能某个社区的整个网络会由这两种模式以不同的比例混合而成。也就是说，网络中的某些连带是密集相连、具有强边界的，而另一些则松散连接。不同的模式适用于不同的情况，好比 Merton（1957）在早期提出的那样，大多数社区会有一些网络成员与外部世界交换资源（"世界主义者"），而有的则参与内部分配（"本地人"）。

我们在多伦多东约克区的研究表明，某个个体也可能同时作为幸存模式与解放模式的成员。一些城市居民的关系倾向于聚集成密集相连、强边界的网络，他们的团结往往通过亲属关系结构、住宅或工作场所的邻近而加强。有效的通信和结构上强制执行的规范能让这种幸存的网络更好地动员紧急情况下的援助。它们的密度和边界往往让这些集群更具有切实的集体形象，使得网络成员拥有一种对团结的依恋。

然而，我们发现（Wellman，1979）这样的集群很有可能仅仅包含了一个重要网络连带中的一小部分，其他的连带往往没有那么紧密。它们不是在边界内相互循环，而是倾向于分散并连接那些与原始网络成员没有直接接触的新成员。这些稀疏相连、松散界限的解放网络在结构上并不能有效地为其成员进行集体援助的动员，但是它们的分散特性能够让他们获得额外的资源。此外，解放的关系虽然不像幸存的集群那样有利于内部团结，但更好地促进了网络之间的联盟建设。

（五）邻里和社区

几乎所有我们的研究对象都存在很多强连带，并且他们能够通过一些亲密的关系获得帮助。不过，这些"亲密"关系中只有一小部分位于同一个小区（Wellman，1979）。尽管邻近的关系在东约克依旧普遍且重要，但这些很少能达到亲密的程度（见 Gates，Stevens，and Wellman，1973）。

邻里关系仅作为整个初级网络的特殊部分持续存在。城市居民可以参与的各种关系——与远方的父母、亲密的朋友、不太亲密的朋友、同事等的关系——以及组织这些关系的各种网络能够为处理日常工作和紧急事务提供灵活的结构基础。

总之，我们必须关注邻里与社区，而不是邻里或社区。我们认为这两个概念是相互独立的，可能有密切的联系，也可能没有。在某些情况下，我们可以将幸存社区的模式视为团结的邻里。在许多其他情况下，如果我们去寻找基于邻里的网络，会很容易找到它们。接触便利是能让它们经常受到研究的一种优势。但如果我们把视野扩大到其他初级关系，明显的邻里团结在目前就可能会被视为城市居民整体网络中相当稀疏、松散有界的结构中的集群。

七　笔记

（1）网络分析本质上是一个侧重于个人和集体之间的结构化关系的视角，目前尚无受到普遍认可的定义。我们认为网络分析的显著特点在于它关

注：（a）关系的结构化模式，而不是单个单元的聚合特征，分析时不参考它们之间的相互关系；（b）复杂的网络结构，而不仅仅是二元关系；（c）通过具体的权力、依赖和协调系统分配稀缺资源；（d）网络边界、集群和交叉联系的问题；（e）互惠关系的结构，而不仅仅是简单的等级制度。关于网络视角的摘要，请参阅 White（1965）；Mitchell（1969，1974）；Barnes（1972）；White，Boorman，and Breiger（1976）。另见 Wellman 和 Whitaker（1974）的书目；Freeman（1976）；Klovdahl（1977）。

（2）一种心理健康技术，存在一定问题的被冠为"网络疗法"，其主要目标是对与患者密切接触的人进行"再分配"（见 Speck & Attneave，1973）。

（3）也许只有 Banfield（1958）、Vidich 和 Bensman（1958）开始寻找团结的社区，但没有找到它们。

（4）我们对社区幸存论的文献的回顾表明，在当代西方社会系统中存在密集相连、强边界的社区的大量证据（如 Whyte，1955；Young and Willmott，1957；Gans，1962；Liebow，1967）。虽然只有 Bender（1978）明确地试图论证前工业化社会系统中解放模式的普遍存在，但历史学家们已经开始报道前工业化时期西欧的一些不稳固的方面（例如，Laslett，1971；Scott and Tilly，1975；Shorter，1975；Tilly，1975）。我们可以参考有关同辈群体、利益集团、外出旅行以及具有各种外部联系的复杂家庭（主人、仆人、劳动者；多代人，非本地婚姻）的研究，为解放模式的存在提供了某种基础。在现代非西方社会系统中，远距离、解放关系的流行被更广泛地记录（详见社区解放论的文献）。

（5）这些数据来自 1968 年收集的随机样本，由 Donald B. Coates 指导，Barry Wellman 担任协调员，完成了对 845 名纽约成年人的调查。东约克（1971 年人口为 104646 人）是一个拥有上层工人阶级、下层中产阶级，主要由英国裔加拿大人组成的多伦多市郊区。它是这个城市最团结的地区之一。受访者被问及"除了你的家人之外你觉得最亲近的人是谁"时，最多只能回答六人。见 Wayne（1971），Shulman（1972，1976），Crump（1977），Wellman（1979），以及 Wellman、Shulman、Wayne 和 Crump（即将出版）。

参考文献

Banfield, E. 1958. *The Moral Basis of a Backward Society*. New York: Free Press.

Banfield, E. 1968. *The Unheavenly City*. Boston: Little, Brown.

Barnes, J. A. 1972. *Social Networks*. Reading, MA: Addison-Wesley.

Bell, C. & H. Newby. 1976. "Community, Communion, Class and Community Action." Pp. 189 – 207 in *Social Areas in Cities II: Spatial Perspectives on Problems and Policies*, edited by D. T. Herbert and R. J. Johnson. London: John Wiley.

Belshaw, C. 1965. *Traditional Exchange and Modern Markets*. Englewood Cliffs, NJ: Prentice-Hall.

Bender, T. 1978. *Community and Social Change in America*. New Brunswick, NJ: Rutgers University Press.

Boissevain, J. 1974. *Friends of Friends*. Oxford: Basil Blackwell.

Breiger, R. L. 1976. "Career Attributes and Network Structure: A Block Model Study of a Biomedical Research Specialty." *American Sociological Review* 41 (February): 117 – 135.

Breton, R. 1964. "Institutional Completeness of Ethnic Communities and the Personal Relations of Immigrants." *American Journal of Sociology* 70 (September): 193 – 205.

Burt, R. 1976. "Autonomy in a Social Topology." Unpublished paper. Chicago: National Opinion Research Center, University of Chicago.

Caplan, G. and M. Killilea. 1976. *Support Systems and Mutual Aid*. New York: Grune & Stratton.

Castells, M. 1976. *The Urban Question*. London: Edward Arnold.

Clairmont, D. and D. Magill. 1974. *Africville*. Toronto: McClelland & Stewart.

Cohen, A. 1969. *Custom and Politics in Urban Africa*. Berkeley: University of California Press.

Cox, H. 1966. *The Secular City*. New York: Macmillan.

Craven, P. and B. Wellman. 1973. "The Network City." *Soc. Inquiry* 43 (December): 57 – 88.

Crump, B. 1977. "The Portability of Urban Ties." Paper presented at the annual meetings of the American Sociological Association, September, Chicago.

Durkheim, E. [1893] 1933. *The Division of Labor in Society*. New York: Macmillan.

Engels, F. [1845] 1969. *The Condition of the Working Class in England*. St. Albans, Herts.: Panther Books.

Feagin, J. R. 1973. "Community Disorganization: Some Critical Notes." *Soc. Inquiry* 43 (December): 123 – 146.

Feagin, J. R. and H. Hahn. 1973. *Ghetto Revolt: The Politics of Violence in American Cities*. New York: Macmillan.

Fischer, C. S. 1976. *The Urban Experience*. New York: Harcourt Brace Jovanovich.

Freeman, L. C. 1976. *A Bibliography of Social Networks*. Monticello, IL: Council of Planning Librarians, Exchange Bibliographies Nos. 1170 – 1171.

Gans, H. J. 1962. *The Urban Villagers*. New York: Free Press.

Gans, H. J. 1967. *The Levittowners*. New York: Pantheon.

Gans, H. J. 1974a. "Gans on Granovetter's 'Strength of Weak Ties'." *American Journal of Sociology* 80 (September): 524 – 527.

Gans, H. J. 1974b. "Gans' Response to Granovetter." *American Journal of Sociology* 80 (September): 529 – 531.

Gates, A. S., H. Stevens, and B. Wellman. 1973. "What Makes a Good Neighbour?" Paper presented to the annual meeting of the American Sociological Association, August, New York.

Granovetter, M. 1973. "The Strength of Weak Ties." *American Journal of Sociology* 78 (May): 1360 – 1380.

Granovetter, M. 1974a. *Getting a Job*. Cambridge, MA: Harvard University Press.

Granovetter, M. 1974b. "Granovetter Replies to Gans." *American Journal of Sociology* 80 (September): 527 – 529.

Grant, G. 1969. "In Defence of North America." pp. 15 – 40 in *Technology and Empire*. Toronto: Anansi.

Greer, S. 1962. *The Emerging City*. New York: Free Press.

Gusfield, J. R. 1975. *Community: A Critical Response*. New York: Harper & Row.

Hillery, G. A. Jr. 1955. "Definitions of Community: Areas of Agreement." *Rural Sociology* 20 (June): 111 – 123.

Hiltz, R. S. and M. Turoff. 1978. *The Network Nation: Human Communication via Computer*. Reading, MA: Addison-Wesley.

Hirsch, B. 1977. "The Social Network as a Natural Support System." Paper read at the annual meetings of the American Psychological Association, August, San Francisco.

Howard, L. 1974. "Industrialization and Community in Chota Nagpur." Ph. D. dissertation. Cambridge, MA: Harvard Univ.

Hunter, A. 1975. "The Loss of Community: An Empirical Test Through Replication." *Amer. Soc. Rev.* 40 (October): 537 – 552.

Hunter, A. and G. Suttles. 1972. "The Expanding Community of Limited Liability." pp. 44 – 81 in *The Social Construction of Communities*, edited by G. Suttles. Chicago: University of Chicago Press.

Jacobs, J. 1961. *The Death and Life of Great American Cities*. New York: Random House.

Jacobson, D. 1973. *Itinerant Townsmen: Friendship and Social Order in Urban Uganda*. Menlo Park, CA: Cummings.

Jacobson, D. 1975. "Fair-weather Friend: Label and Context in Middle-class Friendships." *Journal of Anthropological Research* 31 (Autumn): 225 – 234.

Janowitz, M. 1952. *The Community Press in an Urban Setting*. New York: Free Press.

Kadushin, C. 1966. "The Friends and Supporters of Psychotherapy: On Social Circles in

Urban Life. " *Amer. Soc. Rev.* 31 （December）： 786 – 802.

Kasarda， J. D. & M. Janowitz. 1974. "Community Attachment in Mass Society. " *Amer. Soc. Rev.* 39 （June）： 328 – 339.

Keller， S. 1968. *The Urban Neighborhood.* New York： Random House.

Klovdahl， A. S. 1977. "Social Networks： Selected References for Course Design and Research Planning. " *Mimeographed.* Canberra： Department of Sociology， Australian National University.

Kornhauser， W. 1959. *The Politics of Mass Society.* New York： Free Press.

Lasch， C. 1977. *Haven in a Heartless World： The Family Besieged.* New York： Basic Books.

Laslett， P. 1971. *The World We Have Lost.* London： Methuen.

Laumann， E. O. ， J. Galaskiewicz， & P. Marsden. 1978. " Community Structure as Interorganizational Linkages. " *Annual Review of Sociology* 4： 455 – 484.

Laumann， E. O. 1973. *Bonds of Pluralism.* New York： John Wiley.

Lee， N. H. 1969. *The Search for an Abortionist.* Chicago： University of Chicago Press.

Liebow， E. 1967. *Tally's Corner.* Boston： Little， Brown.

Marx， L. 1964. *The Machine in the Garden.* New York： Oxford University Press.

Mayer， P. and I. Mayer. 1974. *Townsmen or Tribesmen.* Capetown： Oxford University Press.

Mellor， J. R. 1977. *Urban Sociology in an Urbanized Society.* London： Routledge & Kegan Paul.

Merton， R. K. 1957. "Patterns of Influence： Local and Cosmopolitan Influentials. " pp. 387 – 420 in *Social Theory and Social Structure.* New York： Free Press.

Mitchell， J. C. 1969. " The Concept and Use of Social Networks. " pp. 1 – 50 in *Social Networks in Urban Situations*， edited by J. C. Mitchell. Manchester： University of Manchester Press.

Mitchell， J. C. 1974. "Social Networks. " *Annual Review of Anthropology* 3： 279 – 299.

Newman， O. 1972. *Defensible Space.* New York： Macmillan.

Nisbet， R. 1962. *Community and Power.* New York： Oxford University Press.

Park， R. E. 1925a. " The City： Suggestions for the Investigation of Human Behavior in the Urban Environment. " pp. 1 – 46 in *The City*， edited by R. E. Park， E. W. Burgess， and R. D. McKenzie. Chicago： University of Chicago Press.

Park， R. E. 1925b. " The Urban Community as a Spatial Pattern and a Moral Order. " pp. 55 – 68 in *Robert E. Park on Social Control and Collective Behavior*， edited by R. H. Turner. Chicago： University of Chicago Press.

Park， R. E. 1936. " Human Ecology. " *American Journal of Sociology* 42 （July）： 1 – 15.

Popenoe， D. 1977. *The Suburban Environment.* Chicago： University of Chicago Press.

Powell， A. ， ed. 1972. *The City： Attacking Modern Myths.* Toronto： McClelland & Stewart.

Ratcliffe， W. 1978. "Social Networks and Health. " *Connections* 1 （Summer）： 25 – 37.

Ross， M. H. and T. S. Weisner. 1977. " The Rural-urban Migrant Network in Kenya. " *American Ethnologist* 4 （May）： 359 – 375.

Scott， J. and L. Tilly. 1975. "Women's Work and the Family in Nineteenth Century Europe. "

Comparative Studies in Society and History 17 (January): 36 – 64.

Sennett, R. 1970. *Families Against the City*. Cambridge, MA: Harvard University Press.

Shorter, E. 1973. "Female Emancipation, Birth Control, and Fertility in European History. " *American Historical Review* 78 (June): 605 – 640.

Shorter, E. 1975. *The Making of the Modern Family*. New York: Basic Books.

Shulman, N. 1972. "Urban Social Networks. " Unpublished Ph. D. dissertation, Department of Sociology, University of Toronto.

Shulman, N. 1976. "Network Analysis: A New Addition to an Old Bag of Tricks. " *Acta Sociological* 19 (March): 307 – 323.

Simmel, G. [1902 – 1903] 1950. "The Metropolis and Mental Life. " pp. 409 – 424 in *The Sociology of Georg Simmel*, edited by K. Wolff. Glencoe, IL: Free Press.

Simmel, G. [1908] 1971. "Group Expansion and the Development of Individuality. " pp. 251 – 293 in *Georg Simmel: On Individuality and Social Forms*, edited by D. N. Levine. Chicago: University of Chicago Press.

Slater, P. E. 1970. *The Pursuit of Loneliness*. Boston: Beacon.

Speck, R. V. and C. Attneave. 1973. *Family Networks*. New York: Pantheon.

Stein, N. 1960. *The Eclipse of Community*. Princeton, NJ: Princeton University Press.

Suttles, G. D. 1972. *The Social Construction of Communities*. Chicago: University of Chicago Press.

Tilly, C. 1973. "Do Communities Act?" *Social Inquiry* 43 (December): 209 – 240.

Tilly, C. 1974. "Introduction. " pp. 1 – 35 in *An Urban World*, edited by C. Tilly. Boston: Little, Brown.

Tilly, C. 1975. "Food Supply and Public Order in Modern Europe. " pp. 380 – 455 in *The Formation of National States in Western Europe*, edited by C. Tilly. Princeton, NJ: Princeton University Press.

Tilly, C. 1978. *From Mobilization to Revolution*. Reading, MA: Addison-Wesley.

Tonnies, F. [1887] 1955. *Community and Association*. London: Routledge & Kegan Paul.

Vidich, A. J. and J. Bensman. 1958. *Small Town in Mass Society*. Princeton, NJ: Princeton University Press.

Walker, G. 1977. "Social Networks and Territory in a Commuter Village, Bond Head, Ontario. " *Canadian Geographer* 21 (Winter): 329 – 350.

Warren, D. I. and R. B. Warren. 1976. "The Helping Role of Neighbors: Some Empirical Findings. " Unpublished paper, Department of Sociology, Oakland University December.

Warren, R. 1978. *The Community in America*. Chicago: Rand McNally.

Wayne, J. 1971. "Networks of Informal Participation in a Suburban Context. " Unpublished Ph. D. dissertation, Department of Sociology, University of Toronto.

Webber, M. 1963. "Order in Diversity: Community Without Propinquity. " pp. 23 – 54 in *Cities and Space: The Future Use of Urban Land*, edited by L. Wingo, Jr. Baltimore: Johns Hopkins.

Webber, M. 1964. "The Urban Place and the Non-place Urban Realm. " In *Exploration into*

Urban Structure, edited by M. Webber et al. , Philadelphia: University of Pennsylvania Press.

Wellman, B. , N. Shulman, J. Wayne, and B. Crump. (forthcoming) *Personal Communities in the City*. New York: Oxford University Press.

Wellman, B. 1979. "The Community Question. " *American Journal of Sociology* 84 (March): 1201 – 1231.

Wellman, B. and M. Whitaker. 1974. *Community-Network-Communication*: An Annotated *Bibliography*. Toronto: Centre for Urban and Community Studies, Bibliographic Paper No. 4, Univ. of Toronto.

White, H. 1965. *Notes on the Constituents of Social Structure*. Cambridge, MA: Department of Social Relations, Harvard University (mimeographed).

White, H. C. , S. A. Boorman, and R. L. Breiger. 1976. " Social Structure from Multiple Networks I: Blockmodels of Roles and Positions. " *American Journal of Sociology* 81 (January): 730 – 780.

White, M. & L. White. 1962. *The Intellectual Versus the City*. Cambridge, MA: Harvard University Press.

Whyte, W. F. 1955. *Street Corner Society*. Chicago: University of Chicago Press.

Wireman, P. 1978. "Intimate Secondary Relations. " Paper presented at the Ninth World Congress of Sociology, August, Uppsala, Sweden.

Wirth, L. 1938. "Urbanism as a Way of Life. " *American Journal of Sociology* 44 (July): 3 – 24.

Wolf, E. R. 1966. "Kinship, Friendship, and Patron-client Relations in Complex Societies. " pp. 1 – 22 in *The Social Anthropology of Complex Societies*, edited by M. Banton. London: Tavistock.

Woodsworth, J. S. [1911] 1972. *My Neighbour*. Toronto: Univ. of Toronto Press.

Young, M. and P. Willmott. 1957. *Family and Kinship in East London*. London: Routledge & Kegan Paul.

"Death Wish" . 1974. Directed and Co-produced by Michael Winner. Written by Wendell Mayes. Produced by Hal Landers and Bobby Roberts. Starring Charles Bronson. A Dino De Laurentis Production. From the novel by Brian Garfield.

《社会学刊》征稿启事

　　《社会学刊》创办于1928年，复旦大学社会学系于2018年以集刊形式复刊，目前为半年刊。本刊以"追求对社会的真知，崇尚对学术的创新；注重本土经验，具有全球视野"为宗旨，致力于为海内外不同志趣的社会学者，提供一个探索社会真知的高端展示平台。

　　本刊刊发海内外学者的前沿性、有学理创新、方法适当的研究论文，鼓励把本土经验转变为普遍性概念和理论的研究，倡导有全球视野的比较研究。本刊还刊登国内外社会学及相关领域的最新研究述评、学术争鸣和书评。主要栏目包括：专题研究、社会学理论、社会研究方法、研究论文、学术述评、学术争鸣与书评等。

　　本刊选稿坚持学术性与规范性。对经验研究，强调其清晰的理论脉络和理论创新关怀；对应用性研究，则强调其学理基础和实践操作性。本刊谢绝一般调查报告和原则性的政策建议，不刊登时评和国内外已经公开发表的文章（译介论文除外）。

　　投稿请提供 Word 或其他格式的电子文本。学术论文篇幅以1万~2万字、书评以不超过5000字为宜。请在来稿首页写明：文章标题、作者简介（姓名、工作单位全称、职称、研究方向、联系电话、详细通信地址、电邮地址等）。文稿须完整，包括标题、作者姓名、作者单位、摘要（300字左右）、3~5个关键词、正文、参考文献等。来稿请附标题、作者姓名、作者单位、摘要和关键词的英文翻译。所投稿件如受基金资助，请在标题上加脚注说明，包括基金项目名称和编号。

　　来稿须符合学术规范，不得抄袭、剽窃他人成果，不得伪造、篡改数据，也不允许任何其他学术不端行为，不涉及国家机密。稿件采用他人成说，需在文中以括号注方式说明出处，比如，费孝通先生的差序格局概念指的是……（费孝通，1985：23～28）。作者自己的注释均作为当页脚注。凡引用文献，须在篇末列入参考文献。中外文参考文献分开列出，并以作者姓氏英文字母顺序排列。中文文献参照《社会学研究》的格式，外文文献参照 ASA 格式（American Sociological Association Style）。

来稿正文层次最多为 4 级，标题序号依次采用一、（一）、1、（1）。一级标题居中，二级标题左对齐，三四级标题左缩进 2 格。来稿中的图表要清晰，符合出版质量要求。

本刊实行匿名审稿制度，来稿均由编辑部安排专家审阅。稿件请直接投寄本刊编辑部电子邮箱，切勿一稿多投。编辑部将在收到稿件三个月内联系作者，告知刊用或修改意见。本刊不收取任何费用，稿件一经刊用，即赠送样刊两册。来稿一经本刊发表，版权即为本刊所有，未经授权，不得转载或翻译。本刊所发表的稿件，作者若无特别要求，均加入数字化期刊网络系统。稿件的国内外版权事宜，均遵照《中华人民共和国著作权法》及有关国际法规。

编辑部联系方式：

投稿邮箱：shxk@ fudan. edu. cn；电话：+86 - 21 - 65648471。

《社会学刊》编辑部

2019 年 5 月 14 日

Journal of Sociological Studies

August 2019

Table of Contents & Abstracts

No. 2

Abstract: Residential segregation manifests heterogeneity of spatial distribution between social classes in China. In the western world, racial residential segregation is associated with racial stereotyping and discrimination, and is a source of persisting racial inequality and poverty aggregation that impede interracial communication. Based on the review of market transition, labor mobility and housing reform in China, this research analyzes the residential segregation of classes between new and old regions of city and spatial differentiation within the middle class. This research finds that, firstly, the residential segregation in the new city region is higher than that in the old city region. Secondly, the local and in-system middle class account for a higher proportion in the old city region, and the residential segregation reinforces established hierarchies. The conclusion suggests it is to enhance the governance of population distribution in urban areas and to increase the heterogeneity of residents within communities.

Keywords: residential segregation; spatial differentiation; middle class

State Power, Social Capital and Community Participation:

Analyses based on Shanghai Community Survey

Felicia F. Tian, Xue Li / 22

Abstract: Community autonomy is the premise of most of the classic theories about social capital and community participation. However, the Chinese urban communities are characterized as a mixture of governance and community, as places for both government administration and interactions among residents and. Therefore, it is necessary to consider the state power in terms of mediating the relationship between social capital and community participation. This paper proposed a state intervention framework: The state power affects the way community social capital is generated as well as its relationship to community participation. The analyses from 2016 Shanghai Community Survey (SCS) show that, voluntary social capital promotes recreational participation but hinders contentious participation; Linking social capital only hinders contentious participation. These findings help us to understand the relationship between state power and civil society in urban China.

Keywords: social capital; community participation; state power; governance

Internal and External Merit: Elite in Grass-roots Social

Governance and Its Production

Guoqiang Chen / 40

Abstract: In grassroots social governance, they are increasingly relying on some elites to play the role of "lead goose" to promote the integration of top-down and bottom-up forces. Therefore, understanding the elite and its mode of production has become a key link in promoting the development of grassroots social governance. This research establishes an elitist anchoring mode of "emergent event", and carries out a new look at the elites at the grass-roots level of social governance. Through the second study of the existing literature, it is found that the elites currently playing a role in grassroots social governance are a group of middle groups between "state and society". The production of the elite presents a complicated process of internal and external development. Individuals Cognitive, emotional experience, nature of behavior and position in the social structure all play an influential role. The embedding of the elite into the structure of social governance at the grassroots level is the key to elitism from incident management to normal management.

Keywords: grassroots social governance; elite; the production of the elite; internally and externally

Spatial Order and Safety in Shanghai Residential Communities:

Revisiting the Broken Windows Theory

Hania Wu, Xin Liu / 67

Abstract: The "broken windows theory" (Wilson & Kelling, 1982), one of the core propositions in sociology of crime and deviance, had suggested that the minor disorders in community space would lead to deviant and even criminal behaviors. Despite of its significant roles in generating academic investigations and relevant policies in Western societies, little was known about the relationship between spatial order and community safety in China. Using a representative sample of Shanghai residential communities (Shanghai Community Survey, SCS), the current study provided the first empirical evidence on the interplay between spatial order and community safety. SCS randomly selected 328 residential communities, and implemented systematic social observation and interview to collect information on community spatial order, crime records and perceived community disorder. We measured community safety with the total number of deviance and crimes in each community during past year, and designed a revised version scale for community spatial disorder based on the classic one

(Sampson & Raudenbush, 1999). Item Response Theory (IRT) models were implemented to evaluate the validity of this revised scale. Multivariate analyses revealed the following major findings: (1) The higher degree of physical disorder in residential community, the more deviant behaviors and crimes; (2) While disorder did not influence safety through perceived disorder, mainly because perceived disorder was not significantly correlated with safety; (3) Although community safety management can effectively lower physical disorder, but it cannot help to bring down crime rate. All these findings suggested that although the "broken windows theory" was partially applicable in China, the existing mechanisms were not validated. In addition, physical disorder and social disorder should be examined separately, rather than summing up to a single disorder indicator. Relevant policy implications were discussed in the conclusion section.

Keywords: Shanghai Community Survey; broken windows theory; community disorder; crime rate; community coherence

Aging in Place, Community Aging, and Social Capital:
An Analysis based on Shanghai Community Survey

Anning Hu, Junqing Xing / 99

Abstract: The rapid aging of Chinese society poses great pressure on eldercare. Due to the low level of adoption of professional eldercare institutions in contemporary China, most older individuals follows the model of aging in place. Against this background, this study, based on analysis of the Shanghai Community Survey, examines how community aging affects the social capital in local communities. We find that the extent of aging is enhanced as we move from the peripheral area to the central area. Community aging reshapes the ecology of communal social capital, mostly by virtue of the proportion of those aged 80 and above instead of those aged 60 and above. As the increase in the proportion of older residents who are aged 80 and above, the local community, on the one hand, would establish more service and entertainment organizations for older residents (e. g. , seniors' association, calligraphy association, reading club, disabled persons' association). On the other hand, the communal associations for the youth (e. g. , sports association and travelers' association) have been suppressed. This finding suggests the tension in terms of the spatial aspect of community. In addition, the increase in the proportion of 80 − and − above old residents can significantly give rise to the emergence of community-building collective activities and family activities. This means that the existence of older people group is good for the communal altruism and volunteerism. Lastly, the proportion of older residents, regardless of their age, can improve the communications and the rapports between neighbors, suggesting a kind of positive externalities.

Keywords: aging in place; community aging; social capital; Shanghai Community Survey

Specialization or Organizational Implants: The Influence of

Organizational Types on the Performance of Government

Procurement Community Public Service

Ping Wang / 117

Abstract: Government background and civil background social institutions are two main types of organizations that government purchased community public service from. Organizational types affect service performance through two routes: the first is the professional level of the institution; The second is the organizational social capital of the institution in community. Based on the macro analysis of government purchasing community public service, the study used organizational ethnography for tracking two social institutions in 8 years, and collected considerable empirical data in organization operation and service performance. The study found that the structural and cognitional social capital have significant influence on public service performance among the less specialized community public service projects. The author suggests that the competition mechanism which adopted the professional evaluation and the citizen involvement will boost the performance of government purchasing community public service, and promote community governance innovation.

Keywords: government procurement of services; organizational social capital; social service specialization

Life Amenity on Aging: Functional Adaptation and Spatial Mismatch of Urban Community in Shanghai

Yu Xia, Yu Li / 135

Abstract: Using survey data from Shanghai Community Study (SCS), this paper examines the relationship between the life amenity and distribution of aging population. The finding shows that the supply of community-based care services and facilities is not based on the size of aging population but on the total population size of a community. Also, the matching of services and facilities varies across community locations. Policy implication includes that elderly-adaptability need to be considered in the administrative-oriented low-level equalization allocation process.

Keywords: elderly-adaptability; life amenity; community-based care services; senior services and facilities

Evaluation of Cultural Heritage in Urban Area: An Empirical Study from Shanghai

Xuefeng Li, Junchao Tang and Xin Liu / 153

Abstract: To evaluate cultural heritage by investigating its effect on housing prices is one of the popular ways, which, however, still lacks empirical study in developing countries by now. Starting from the spatial relationship between cultural heritage and houses, the present paper uses data from "Spatial structure, social structure and living satisfaction of Shanghai Community" (also called as Shanghai Community Survey) and investigates the effects of different spatial relationship types on housing price. Multivariable linear regression analysis shows that among all of the three types of spatial relationships, only cultural heritage cluster has a significant positive effect on housing prices, cultural heritage periphery and cultural heritage island do not. It then concludes that spatial aggregation plays an important role in the value of cultural heritage in urban area. This study also highlights the necessity of research on general mode of cultural heritage value mechanism.

Keywords: cultural heritage; evaluation; hedonic price model; Shanghai experience

How to Maintain Rural Communities:

The Approach of Community Consciousness

Yanhui Xu, Lei Xu / 172

Abstract: The impact of modernity has caused the rural areas to lose their original state. The development of urbanization, the intensification of social mobility and the extensive use of modern technology have changed the primitive rural community, and community awareness is the core and key of the rural community. Based on empirical research, this paper explores the development and changes of rural communities from the perspective of community consciousness, and draws the following conclusions: First, the rural community still exists, but also faces a series of problems and challenges; Second, good relationship between villagers is the condition and result of the establishment of rural communities; Third, community consciousness plays an important role in cultivating and maintaining rural communities. The article concludes with a discussion of the governance of contemporary rural communities.

Keywords: rural community; community governance; community consciousness

Community Studies Today: Urban Perspectives

Graham Allan, Chris Phillipson, Translate by Zhipeng Zhou and Zishu Qiu / 189

Abstract: This article is concerned with current understandings of the relevance of urban community studies within sociology. It starts by revisiting some of the major critiques made of community studies in the 1960s and 1970s, and briefly reviews whether network analysis, and in particular a focus on "personal communities", provided a satisfactory alternative approach. The main part of the article argues that despite the criticisms there have been there is still much to be gained from a focus on people's attachments to locality, including the networks to which they are linked. Taking processes of globalization and migration as its major themes, the article explores how research has demonstrated the continuing relevance of "locality" and "community" for understanding the ways that contemporary social and economic transformations shape people's experiences. As well as considering different aspects of social exclusion, the article reviews how recent studies have explored the increasingly complex interplay of locality and identity.

Keywords: community studies; locality; identity; personal networks; urban

Networks, Neighborhoods, and Communities:
Approaches to the Study of the Community Question

Barry Wellman, Barry Leighton, Translate by Xiaoling Deng and Ziyan Cui / 205

Abstract: We propose a network analytic approach to the community question in order to separate the study of communities from the study of neighborhoods. Three arguments about the community question-that "community" has been "lost," "saved," or "liberated" -are reviewed for their development, network depictions, imagery, policy implications, and current status. The lost argument contends that communal ties have become attenuated in industrial bureaucratic societies; The saved argument contends that neighborhood communities remain as important sources of sociability, support and mediation with formal institutions; The liberated argument maintains that while communal ties still flourish, they have dispersed beyond the neighborhood and are no longer clustered in solidary communities. Our review finds that both the saved and liberated arguments proposed viable network patterns under appropriate conditions, for social systems as well as individuals.

图书在版编目（CIP）数据

社会学刊. 第 2 期 / 刘欣主编. -- 北京：社会科学
文献出版社，2019.8
ISBN 978 - 7 - 5201 - 5398 - 0

Ⅰ.①社… Ⅱ.①刘… Ⅲ.①社会科学 - 丛刊 Ⅳ.
①C55

中国版本图书馆 CIP 数据核字（2019）第 180195 号

社会学刊（第 2 期）

主　　编／刘　欣
副 主 编／李　煜　胡安宁

出 版 人／谢寿光
责任编辑／易　卉
文稿编辑／张真真

出　　版／社会科学文献出版社·群学出版分社（010）59366453
　　　　　　地址：北京市北三环中路甲 29 号院华龙大厦　邮编：100029
　　　　　　网址：www.ssap.com.cn
发　　行／市场营销中心（010）59367081　59367083
印　　装／三河市尚艺印装有限公司

规　　格／开　本：787mm × 1092mm　1/16
　　　　　　印　张：15.25　字　数：233 千字
版　　次／2019 年 8 月第 1 版　2019 年 8 月第 1 次印刷
书　　号／ISBN 978 - 7 - 5201 - 5398 - 0
定　　价／89.00 元